金融行政の
現実と理論

木下信行 著
Nobuyuki Kinoshita

社団法人 金融財政事情研究会

はじめに

● 金融行政の現実

　本書は、1997年秋以降のわが国金融システムについて、筆者が当時現場で経験した金融行政の現実と、筆者のこれまでの研究に基づいた理論的な説明を紹介する書物である。

　筆者は、社会人としての生活のほとんどの期間、金融行政に関与してきた。1977年春に大蔵省に入省し銀行局に配属されて以来、34年間にわたる職歴のうち、過半の期間は金融行政を担当する部局に在籍してきた。また、それ以外の部局に在籍した時期も、おもに金融システムに関する調査や調整に従事してきた。金融以外の分野の業務に従事した期間はわずかに数年にすぎない。大蔵省という官庁が予算や税金を中心とした組織であったことを考えると、きわめて特異な経歴である。

　これは、筆者自ら希望していたことでもあるが、この時期には、わが国の金融システムが他に例をみない激動下にあり、金融行政がかつてない課題に直面し続けていたなかで、人事当局としては、業績のいかんを問わず、担当官を取り換える余裕がなかったという事情にもよるものではないかと推察している。

　とりわけ、1997年秋の大規模金融機関の連続破綻に際しては、わが国が世界的金融恐慌の震源地となるのではないかという懸念が表明された。そして、これ以降の7年間にわたって、公的資金の投入をはじめとする金融システムの安定化方策が国政上の重要課題であり続けた。しかも、この課題を担当していた大蔵省に対しては、いわゆる接待疑惑をめぐる検察当局の捜査が行われるとともに、行政改革の一環として、財政と金融の分離という組織の抜本的改編が実施された。こうしたなかで、筆者は、金融監督庁の発足と同時に、大蔵省銀行局から配置換えされ、以後、主として同庁およびそれを引き継いだ金融庁において、激動のなかに身を置くこととなった。

この間を振り返ってみると、わが国金融システムが1997年秋の金融恐慌の淵から立ち直るまでには、長期にわたる多方面の取組みが必要であった。1997年秋のわが国の経済社会は、長く続いた経済的繁栄の後で、企業と銀行の窮境に対処するための枠組みがほとんど存在しないまま、金融危機に直面する事態に陥ったからである。

　わが国経済社会がこうした難局から脱却するためには、銀行のディスクロージャーに対する信頼の確立、ディスクローズされた実情をふまえた銀行の業務と財務の再構築、経済活性化に向けた金融と産業の一体再生という3段階の目標を達成することが必要であった。金融監督庁とそれを引き継いだ金融庁は、こうした課題に直面し、さまざまな個別事案を処理しながら、企業と銀行の窮境に対応するための枠組みの整備に取り組み続けた。わが国の金融システムは、こうした長年の取組みを1つの要因として、2005年春には不良債権問題を克服することができた。筆者は、金融行政のこうした取組みの担当官の1人として、1997年秋から2004年夏までの7年間、悪戦苦闘を続けてきた。

　金融行政の課題は、銀行を中心とする金融システムの安定化に限られているわけではない。不良債権問題の克服後においては、長年にわたってわが国の金融システムに大きな影響を与えてきた郵便貯金に関し、総選挙にまで至る激しい政治論争の末、郵政民営化が決定された。そして、民営化完了までの間の郵政各社の業務範囲等を審議するため、郵政民営化委員会が設置された。郵政民営化の枠組みについては、現在も引き続き、国政上の巨大な課題となっている。

　また、証券市場に関しては、ライブドアの不正取引事件やカネボウの粉飾事件等、大きな不祥事が次々に顕在化し、金融庁には、抜本的な制度変更を含む緊急の対応が求められることとなった。この対応の一環として、組織面では、公認会計士・監査審査会の創設や証券取引等監視委員会の拡充等が行われた。

　筆者は、近年、これらの行政機関の事務局において、実務対応の一端を担

ってきた。

　筆者は、このような金融行政上の課題に取り組んできたなかで、さまざまな具体的課題に直面し、筆者なりの工夫と対応を行ってきた。しかし、当時においては、その内容について、現に責任を負っている担当官として、組織的決定を経た慎重かつ正確な説明を行わざるをえなかった。このため、わかりにくい説明となって、残念ながら、世の中の十分な認識をいただけなかったうらみもある。かねてから、いずれ機会を得て、もう少しわかりやすく説明したいと願っていたところである。

● 金融行政にかかわる理論

　一方、筆者は、担当官として職務に取り組むことと並行し、これらの課題に関連する金融理論について、個人として研究を続けてきた。こうした活動は、他にも例が多いとは考えられるものの、近年は埼玉大学で客員教授をしてきたこと、研究の成果を著書や論文等として公表してきたこと、出身大学では法学部を卒業したのに経済学を研究していることをあわせてみれば、やや変わった存在であったといえなくもない。

　筆者の研究は、専門の学者からみれば、不十分なサーベイに基づくものにすぎないかもしれないし、理論的な厳密さが欠けているかもしれない。しかし少なくとも、金融行政の現実に基づく問題意識をふまえて研究している点では、独自の意義があると考える。また、2004年夏から翌年にかけては、コロンビア大学で集中的に研究させていただいたので、ある程度の基礎は備えているつもりである。

　筆者は、金融行政に関する報道が個別具体的な論点に集中しているなかで、その背景にある構造的な課題についても、こうした理論的枠組みをふまえて、体系的に理解していただきたいと考えてきた。このため、2005年秋には、コロンビア大学における研究の成果等に基づき、『銀行の機能と法制度の研究』を出版させていただいた。ただしこれは、筆者として可能な限り理論的な説明を純化させた書物であり、金融行政の現実とのかかわりがさほど

鮮明ではなかったうらみがある。この点についても、かねてから、時期がくれば、もう少し具体的な内容の説明を行いたいと考えていたところである。

さて、筆者は、2010年夏、このようにして長年奉職してきた金融行政の職場を卒業することとなった。この結果、上記のような職務の現実と研究の成果について、筆者なりのこれまでの蓄積を整理し、関係者の参考に供するべき時機が到来したと考えるに至ったものである。

● 金融行政における担当官の役割

ここで、現場からみた金融行政の現実を記述するにあたり、読者のご理解に資するため、金融行政上の政策決定における担当官の役割について紹介しておくこととしたい。

金融システムに対する政府の関与については、当時から激しい議論が行われ、その対応にあたって、担当官としてどのような役割を果たすべきかがむずかしいことが多かった。この点に関しては、筆者は、以下のように考え方を整理したうえで、その時々の職務に取り組んできた。

第一に、筆者としては、いずれの時期においても、金融行政の目指すべき目標が一方向であったことはなく、必ず二律背反が存在していたと認識している。金融危機への対応に際しては、金融システムの安定性確保という目標が比較的明確なようであるが、この場合であっても、たとえば、公的資金の投入は当面は有効な施策であっても将来の副作用が大きいといったように、「時間の非整合性問題」がつきまとうことは否定できない。

第二に、金融システムに対する政府の関与は、集合的意思決定に基づいて、多角的に行われるものでもある。わが国では、金融行政の課題に限らず、経済社会にとって重要な事項の決定が、特定の者だけの判断で行われることはありえない。すなわち、法律や予算に関する事項については、国会の審議と議決によって決定される。また、それ以外の行政上の措置であっても、主要なものは大臣等の政策判断に基づいて行われるうえ、国会の方針や報道機関等の意見が大きな影響力をもっている。さらに、企業の倒産や買収

に関する判決等、裁判所の判断が甚大な影響を与えることも多い。

　第三に、金融システムの機能は、多数の当事者の活動により発揮されるものであるから、政府が影響を及ぼすことのできる範囲はおのずと限られている。たとえば銀行の破綻処理については、政府が大きな決定を行っているようにみえるが、実質的には、それまでに累積していた問題を認識するにすぎない。その後における事業再生の成否も、当該銀行の役職員による効率化と創意工夫にかかっている。

　こうしてみると、かつて行われた激しい議論は、二律背反する目標の間のバランスや、考えられる措置の効果の予測にかかわるものが主であったと考えられる。こうした場合に担当官として考えるべきことは、まず、二律背反の間のバランスについて、きちんと集合的意思決定が行われるように、事実関係を的確に説明することである。しかし、この点については、金融システムの性格が障害となった。たとえば不良債権については、一般的には、ある債権が不良か否かの二分法が成立し、それについて客観的かつ恒久的な真実が存在すると認識されていたようである。しかし、金融システムにおいては、リスクとリターンの連続的な関係に基づいて、資産価格が市場や相対の取引のなかで変動していくことが現実である。したがって、不良債権について、一般的な認識に沿うようなクリアカットな区分とその額のディスクロージャーを行うことは不可能である。筆者にとっては、この認識と現実の乖離にどう折合いをつけていくかが大きな課題となった。

　次に、目標に関する意思決定がなされた場合には、担当官としては、示された目標に向けて可能かつ有効な措置を提案し、認められた範囲で実施することが職務になる。この点についても激しい議論が行われ、担当官としては、措置の実行可能性や有効性に関する技術的な優劣がおもな論点となることを期待していた。しかし、この議論に際しては、責任追及等の価値判断と当事者のインセンティブに関する技術的判断の間で、大きな抵触が生じた。たとえば、事業再生にあたって、企業を窮境に陥らせた経営者の責任を追及すべきだという価値判断は人情として当然である。しかし、そのことを事前

に明確化した場合には、窮境企業の経営者に対し、責任追及を回避するために粉飾や先送りを行うインセンティブを与えることとなる。筆者にとっては、この抵触が円滑に調整されるような工夫が大きな課題となった。

このように、金融システムに対する政府の関与については、しばしば激しい議論がなされたものの、筆者にとって具体的な課題となった事項は、規範的な決定ではなく、実践的な工夫であった。そこで、本書において金融行政の現実を説明するにあたっては、当時行われていた議論を現在の見方で論評するのではなく、当時の金融行政の動きにあわせて、担当官としての筆者が考えていたことを、いわば等身大で記述することとしたい。これによって、今後の金融行政にかかわる政策課題を検討するための参考情報を提供できれば、本書のねらいの半ばが達成されることとなる。

● 金融システムの構造的課題への寄与

金融システムにおいて、政府による関与を要するような事象が発生した場合には、その背景に構造的課題が存在していることが常である。これまで、こうした背景については、激しい議論の行われることが比較的少なかったようにみられる。しかし、筆者としては、具体的事象が発生してから短期的対応に追われるよりも、構造的課題を見通して長期的に取り組んでいくほうがより有効であると考えている。

ただしその際、この分野でも、政府が影響を及ぼせることにはおのずと限界があることに留意する必要がある。

この点に関し、筆者が従事してきた金融行政の分野を振り返ると、金融仲介や決済等の金融取引を対象とするものと、金融サービスを提供する金融機関を対象とするものに分けることができる。

政府による関与の直接的効果に限界があることは、前者においてとりわけ明白であると考えられる。たとえば、金融市場については、信頼性の高い情報に基づいて多様な金融商品が提供されれば、企業と投資家の利便性を大きく向上させ、ひいては経済社会の活性化にも寄与するものと期待される。そ

してそのためには、市場流動性が確保されるとともに、価格発見機能が確立することが必要である。しかし、政府としては、そうした取引が行われる場合に不適正な行為がなされないよう監視することはできても、望ましい金融商品の取引に能動的に取り組むよう、事業者に強制することはできない。

これに対し、金融機関、とりわけ銀行に対しては、政府が個別に直接的関与を行う。特定の事項については、具体的に改善を求めることもしばしばである。しかし、筆者としては、長期的にみれば、その効果にもおのずと限界があると考える。たとえば、公的資金による資本増強は、適切に実施されれば、対象とした銀行の当面の信用状況を改善する。しかし、その後資本増強に見合う収益増強が行われなければ、資本が減耗して元の木阿弥に陥りかねない。また、収益増強のために、銀行が業務運営を高リスクのものへとシフトさせれば、経済的にみた銀行経営の安全性は低下する。したがって、金融システムの安定性確保のために重要な課題は、公的資金による資本増強そのものではなく、銀行の経営の効率化と提供するサービスの付加価値向上である。これは、銀行の役職員自身の創意工夫による以外には達成できない。

このように、金融システムの構造的課題に関しても、政府による関与の直接的な効果より、金融市場や金融機関による経済合理性に沿った長期的な取組みが重要である。政府には、当事者が適時に的確な判断を行えるような環境を整備するという観点から、金融システムの枠組みを体系的に構築していくことが求められる。筆者としては、こうした考え方のもとで、枠組みを構築する基礎となる金融理論を勉強してきたつもりである。

そこで、本書で金融行政にかかわる理論的説明を行うにあたっては、金融取引の基本にさかのぼって整理を行うことにより、その時々の現象への対症療法ではなく、長期的な方策について、さまざまな角度から考えていただく切り口を提供するように努めていくこととしたい。

その具体的な論述にあたっては、情報を切り口として、経済学と法律学、学問と実務にまたがった議論を行うこととする。わが国においては、学者や実務家が縦割りで専門化しており、こうした横断的な分析に希少性があると

考えるからである。なお、論考にあたっては、主としてわが国とアメリカの比較を念頭に置くこととなる。これは、筆者の説明の基礎となる理論の多くは、背景にある経済メカニズムは両国で共通であるとしても、アメリカの学者が自国の制度を暗黙裡に前提として構築したものであることによる。また、わが国とアメリカでは、共通の国際金融市場に直面する一方で、異なる経路依存性が存在するため、生ずる現象が鮮明なコントラストを示すことにもよる。

こうした記述によって、読者に、わが国金融システムの構造的課題について認識いただき、その対応に向けて持続的な取組みを行っていただくための契機を提供できれば、本書のねらいのもう半分が達成できることとなる。

●本書の構成

以上をふまえて、本書は、1997年秋以降にわが国金融システムが直面した課題について、各々、筆者の目からみた金融行政の現実と、それを含む金融システムの動きを説明する理論を述べることとする。この組合せにより、各々の課題に関し、筆者としての最大限の情報提供を行うことができると考える。

ただ、この両者の内容は、かなり性格の異なるものである。双方に等しく関心のある読者は必ずしも多くないかもしれない。そこで、記述にあたっては、現実編のみ、あるいは理論編のみを続けて読んでいただいても、第10章を併せれば1冊の書物としてご理解いただけるようにした。

その内容として、まず、金融行政の現実に関しては、筆者が大蔵省銀行局調査課長として1997年秋を迎えてから、2010年夏に証券取引等監視委員会事務局長として金融行政の職場を卒業するまでの間、職務上関与した課題について、順次、筆者の当面した現実を紹介することとしたい。これは、この時期がわが国の金融システムと金融行政にとって例をみない変革期だったこと、筆者が管理職となっていたために紹介できる事柄が多いことによる。

なお、このような記述を行う際には、独りよがりな見方に陥るおそれもあ

る。この点に関しては、筆者の直接経験した事実については、脚色なしにいわば等身大で記す一方で、それ以外のことがらについては、個人を特定した記述はできる限り行わず、事実関係は主として公表資料に依拠することで、そうしたゆがみを極力避けるよう努めたい。

その具体的な内容としては、まず、金融行政の現実に関して、わが国金融システムが1997年秋以降に達成せねばならなかった目標に応じ、以下のように記述することとする。

すなわち、1997年秋以降の金融システムにおいては、まず、市場における疑心暗鬼を払拭するために、銀行のディスクロージャーに対する信頼性の確立が第一の目標となった。この目標に向けて、金融行政は、金融監督庁による一斉検査と改正銀行法の執行を進めることとなった。このなかで筆者が具体的に取り組んだ課題は、不良債権額のディスクロージャー、銀行の経営破綻、早期是正措置制度という3点であり、本書では、これらについて、筆者の目からみた現実を紹介する。

次いで、金融システムの安定化のためには、洗い出された実情をふまえて、銀行の業務と財務を再構築することが第二の目標となった。この目標に向けて、金融行政は、公的資金による資本増強、金融検査マニュアルに基づく銀行検査、監督部局によるオフサイトモニタリングを活用して、銀行のガバナンスの確立を促すこととなった。このなかで筆者が具体的に取り組んだ課題は、公的資金による資本増強、銀行監督の態勢整備という2点であり、本書では、これらについて、筆者の目からみた現実を紹介する。

さらに、不良債権問題の長期化につれて、金融システムの安定化は経済政策全般とかかわるものとなり、金融と産業の一体再生が第三の目標となった。この目標に向けて、金融行政は、主要行における不良債権のオフバランス化、地域銀行におけるリレーションシップバンキングの強化を推進することとなった。このなかで筆者が具体的に取り組んだ課題は、事業再生の枠組整備、中小企業金融の円滑化の2点であり、本書では、これらについて、筆者の目からみた現実を紹介する。

その後、不良債権問題が克服された後においては、筆者は、郵政民営化委員会、公認会計士・監査審査会、証券取引等監視委員会において、順次、事務局長を務めてきた。これは、郵政民営化への対応、監査法人の検査、証券市場の監視等について、実行面での課題に取り組んできたものである。本書では、これらに関し、金融機関としてみた郵便貯金、ディスクロージャーと証券市場という2点について、筆者の目からみた現実を紹介する。

　一方、金融行政の理論的整理に関しては、上記の課題ごとに、関連する金融理論を紹介し、金融行政の現実の理解に資することとしたい。なお、現時点での知識に基づいて当時の現実を説明することは、いわゆる後講釈に陥るおそれもある。この点については、筆者なりにわかりやすい説明を心がけるなかでも、価値判断にわたるような記述を可能な限り回避することで、弊害を除去するように努めたい。

　説明の具体的内容としては、銀行のディスクロージャーに対する信頼性の確立を目指した課題のうち、まず、不良債権額のディスクロージャーに関しては、預金と銀行のディスクロージャーの意義や銀行貸出の契約の特性等について、また、銀行の経営破綻に関しては、銀行の資産負債のリスク特性、預金保険制度、銀行の倒産制度等について、さらに、早期是正措置制度に関しては、銀行経営の窮境防止、早期是正措置の構成要素と実質的効果等について記述する。

　次に、銀行の業務と財務の再構築を目指した課題のうち、まず、公的資金による資本増強に関しては、銀行の業務、信用収縮、政府の役割等について、また、銀行監督の体制整備に関しては、銀行経営に対するガバナンス、インターバンク市場と銀行監督、自己資本比率の意義等について記述する。

　さらに、金融と産業の一体再生を目指した課題のうち、まず、事業再生の枠組整備に関しては、企業の資金調達、企業の整理と金融商品の設計、企業のガバナンスの市場等について、また、中小企業金融の円滑化に関しては、銀行による情報生産活動、制度の経路依存性、不動産担保と流動資産担保等について記述する。

不良債権問題が克服された後の課題のうち、まず、郵便貯金に関しては、民営化の経済学、郵政事業のおかれた環境、郵便貯金の財務構造等について、また、証券市場と情報開示に関しては、証券市場のインテグリティ、法制度のエンフォースメント等について記述する。

　最後に、本書においては、以上のような金融行政の現実と理論の紹介に加え、2008年秋におけるリーマン・ブラザーズの経営破綻をピークとする世界的金融危機についても、筆者なりの考え方を述べることとする。長年にわたり金融システムにかかわってきた者としてみると、この金融危機は、自らの職務上取り組んできた課題に世界各国の政府が取り組むものであったとともに、さまざまな理論的課題に関する研究の素材を提示する歴史的な事態であった。こうした理由から、筆者個人としても、ささやかながら、考えたり、行動したりしてきた。本書では、こうしたなかから、デレバレッジング、倒産手続の限界、金融規制のグランドデザインという3点に関する筆者の考え方を紹介することとしたい。

【著者略歴】

木下　信行（きのした　のぶゆき）

1977年	東京大学法学部卒業、大蔵省入省
1977年	大蔵省銀行局金融制度調査官室（調査課）
1985年	大蔵省銀行局検査部管理課
1992年	東海財務局理財部長
1994年	大蔵省銀行局金融市場室長
1997年	大蔵省銀行局調査課長
1998年	金融監督庁官房企画課長
1999年	金融監督庁銀行監督第2課長
2000年	金融庁監督局銀行第2課長
2001年	金融庁監督局総務課長（兼不良債権問題調査室長）
2003年	金融庁総務企画局参事官
2004年	コロンビア大学日本経済経営センター客員研究員
2005年	九州財務局長
2006年	郵政民営化委員会事務局長
2008年	公認会計士・監査審査会事務局長
2009年	証券取引等監視委員会事務局長
2010年	日本銀行理事、現在に至る

〈著書〉

『銀行の機能と法制度の研究—日米の金融制度の形成と将来』（東洋経済新報社、2005年）

『改正銀行法』（編著、日本経済新聞社、1999年）

『電子決済と銀行の進化』（共著、日本経済新聞社、1997年）

『日本の財政・金融問題』（共著、東洋経済新報社、1986年）

目　次

第1章　不良債権額のディスクロージャー

A　現　実 …………………………………………………… 1
- 疑心暗鬼 ………………………………………………… 1
- 筆者の立場 ……………………………………………… 4
- 銀行法改正への盛込み ………………………………… 6
- 分類債権との関係 ……………………………………… 9
- 金融検査マニュアル …………………………………… 14
- 不良債権額のシミュレーション ……………………… 16
- 企業再建と不良債権 …………………………………… 21
- 近年における基準の見直し …………………………… 24

B　理　論 …………………………………………………… 26
- 預金と銀行のディスクロージャー …………………… 26
- 銀行と窮境企業の関係 ………………………………… 29
- 銀行貸出の不完備契約 ………………………………… 30
- 日米の不良債権の対比 ………………………………… 33

第2章　銀行の経営破綻

A　現　実 …………………………………………………… 37
- 金融監督庁の発足 ……………………………………… 37
- 平和相互銀行と岐阜商銀の経験 ……………………… 39
- 特別公的管理 …………………………………………… 42
- 地域銀行の経営破綻 …………………………………… 46
- ペイオフ解禁 …………………………………………… 50

ペイオフの実施 …………………………………………………53
B 理　　論…………………………………………………………54
　銀行の資産負債のリスク特性 ……………………………………54
　預金保険制度の機能 ………………………………………………56
　銀行の倒産手続の実施機関 ………………………………………59
　銀行の倒産手続 ……………………………………………………62
　銀行経営者の責任 …………………………………………………64

第3章　早期是正措置制度

A 現　　実…………………………………………………………67
　早期是正措置制度の導入 …………………………………………67
　引当率の設定 ………………………………………………………71
　地域銀行に対する早期是正措置 …………………………………74
　繰延税金資産 ………………………………………………………76
　ペイオフ解禁後の早期是正措置 …………………………………79
B 理　　論…………………………………………………………84
　銀行経営の窮境防止 ………………………………………………84
　早期是正措置発動の基準 …………………………………………86
　自己資本比率の算定方法 …………………………………………88
　監督上の措置の実効性 ……………………………………………90
　早期是正措置制度の実質的効果 …………………………………91

第4章　公的資金による資本増強と銀行の業務再構築

A 現　　実…………………………………………………………95
　早期健全化法 ………………………………………………………95
　金融再生委員会代行室 ……………………………………………97

資本増強の基本コンセプト ………………………………………98
　　主要行による申請の表明 …………………………………………101
　　引受条件 ……………………………………………………………102
　　金融再生委員会による審査 ………………………………………104
　　資本増強行に対するフォローアップルール ……………………106
　　公的資金による資本増強と地域銀行の再編 ……………………107
　　地域銀行と主要行の再編 …………………………………………109
　　地域銀行相互の再編 ………………………………………………112
　　金融再生と公的資金 ………………………………………………116
　Ｂ　理　　論 ……………………………………………………………118
　　商業銀行業務 ………………………………………………………118
　　商業銀行業務の競争環境 …………………………………………120
　　銀行の業務革新と規制 ……………………………………………122
　　銀行の過少資本と信用収縮 ………………………………………124
　　公的資金の役割 ……………………………………………………125
　　政府の役割の二元性 ………………………………………………126

第5章　銀行監督の態勢整備

　Ａ　現　　実 ……………………………………………………………129
　　リスク管理モデルに関する研究会 ………………………………129
　　銀行監督のオペレーションの再構築 ……………………………132
　　モニタリングシステムの構築 ……………………………………134
　　銀行監督の業務サイクル …………………………………………136
　　早期警戒制度 ………………………………………………………138
　　総合的な監督指針 …………………………………………………141
　　フォワードルッキングな銀行監督 ………………………………144
　Ｂ　理　　論 ……………………………………………………………145

銀行経営のガバナンス ……………………………………………145
　インターバンクの短期金融市場の機能 …………………………146
　銀行規制 ……………………………………………………………148
　銀行システムのセーフティネット ………………………………150
　銀行経営にかかわるモラルハザード ……………………………151
　銀行監督の機能と限界 ……………………………………………153
　自己資本比率規制の金融行政上の意義 …………………………154
　自己資本比率と市場規律 …………………………………………156
　銀行監督と市場規律の相互作用 …………………………………158

第6章　事業再生の枠組整備

A 現　　実 ……………………………………………………………161
　不良債権のオフバランス化 ………………………………………161
　私的整理に関するガイドライン …………………………………165
　RCCと企業再建ファンド …………………………………………171
　産業再生機構 ………………………………………………………176

B 理　　論 ……………………………………………………………182
　情報の非対称性 ……………………………………………………182
　残余請求者の決定権 ………………………………………………183
　企業の資金調達とガバナンス ……………………………………184
　企業の整理と倒産手続 ……………………………………………185
　倒産制度の形成 ……………………………………………………188
　企業の整理と金融商品の設計 ……………………………………189
　DIPファイナンス …………………………………………………191
　スポンサー …………………………………………………………193
　企業のガバナンスの市場 …………………………………………194
　事業のファイナンスと資産のファイナンス ……………………196

第7章 中小企業金融の円滑化

A 現　　実 …………………………………………………………199
中小企業金融のモニタリング ………………………………………199
新しい中小企業金融の法務に関する研究会 ………………………203
関係省庁との連携 ……………………………………………………205
流動資産担保の活用 …………………………………………………207

B 理　　論 …………………………………………………………212
貸出市場における情報生産 …………………………………………212
企業と銀行の継続的関係 ……………………………………………213
担保の機能 ……………………………………………………………215
不動産担保への依存 …………………………………………………216
制度の経路依存性 ……………………………………………………217
不動産担保に依存しない貸出 ………………………………………219
日米の貸出慣行の対比 ………………………………………………221
流動資産担保の環境整備 ……………………………………………222
流動資産担保を用いた貸出の将来 …………………………………223

第8章 郵便貯金

A 現　　実 …………………………………………………………227
郵政民営化委員会 ……………………………………………………227
郵便貯金金利の交渉 …………………………………………………228
委員会事務局の業務 …………………………………………………231
郵便貯金の新規業務に関する調査審議 ……………………………232
郵便貯金銀行及び郵便保険会社の新規業務の調査審議に関する所見 ……………………………………………………………………235

B 理　　論 …………………………………………………………239

民営化の経済学 …………………………………………………239
郵政事業の競争環境 ……………………………………………241
郵政事業の環境変化 ……………………………………………244
郵政事業を取り巻く制度改正 …………………………………245
郵政事業の会計制度 ……………………………………………247
郵便貯金の財務構造 ……………………………………………249
預託金利と金利体系 ……………………………………………250
郵便貯金と行政運営 ……………………………………………253
郵便貯金の民営化の機能 ………………………………………254

第9章　ディスクロージャーと証券市場

A　現　実 …………………………………………………257
合議制行政機関 …………………………………………………257
証券市場におけるインテグリティの確保 ……………………259
監査法人の検査 …………………………………………………263
虚偽開示に対する検査と犯則調査 ……………………………265
市場行政の国際的連携 …………………………………………267
行政規制と民事法による規律 …………………………………269

B　理　論 …………………………………………………273
金融商品としてのエクイティとデット ………………………273
金融仲介システム ………………………………………………274
証券市場を通じた金融仲介 ……………………………………276
インサイダー取引のもたらす弊害 ……………………………277
法制度のエンフォースメント …………………………………282
不完備法律の理論 ………………………………………………283
証券法のエンフォースメントに関する実証分析 ……………285
公的エンフォースメントと私的エンフォースメント ………287

わが国におけるエンフォースメントの整備 …………………………………289

第10章　世界的金融危機

A デレバレッジング …………………………………………………………292
　今回の金融危機の特徴 ………………………………………………………292
　緊急的対応 ……………………………………………………………………295
　公的資金の投入方法 …………………………………………………………296
　家計のデレバレッジング ……………………………………………………298
B 倒産制度の限界 ……………………………………………………………301
　公的資金による企業救済 ……………………………………………………301
　倒産制度の意義 ………………………………………………………………303
　個別企業に関する倒産制度の限界 …………………………………………304
　他の企業への影響 ……………………………………………………………307
　取引ネットワークに対する影響 ……………………………………………308
　個別企業の救済の範囲 ………………………………………………………309
　将来の金融規制に関する検討 ………………………………………………311
C 金融規制のグランドデザイン ……………………………………………313
　OTDモデル ……………………………………………………………………313
　市場規制の見直し ……………………………………………………………315
　執行面からみた市場規制の課題 ……………………………………………317
　金融規制の迂回 ………………………………………………………………319
　OTDモデルの形成 ……………………………………………………………320
　金融規制のグランドデザイン ………………………………………………321
　私的エンフォースメント ……………………………………………………322

むすび

 金融システムに対する政府の役割 ……………………………………325
 金融システムのシステムエンジニア ……………………………………327

関連年表 ……………………………………………………………………331
参考文献 ……………………………………………………………………358
事項索引 ……………………………………………………………………374

第1章 不良債権額のディスクロージャー

A 現　実

■ 疑心暗鬼

　1997年秋に北海道拓殖銀行が破綻した時点で、金融システムの最大の問題は、不良債権額のディスクロージャーの信頼性であった。それまでに破綻したわが国銀行について、事後的に判明した不良債権額は、いずれも、破綻前に公表されていた数字よりも遥かに大きな額だったからである。たとえば、北海道拓殖銀行の直前に破綻した京都共栄銀行は、預金量3,400億円の小規模な銀行であったが、破綻後に行った検査結果では、151億円の債務超過であり、不良債権額は1,290億円にのぼった。この銀行が破綻前に公表していた不良債権額は250億円程度であったから、5倍もの増額である。当時、銀行が破綻するたびに、このような巨額の不良債権額の乖離が判明するという醜態が重なったため、わが国の銀行はすべて不良債権を隠しており、破綻した場合にのみそれが露見しているという見方が一般的となっていた。

　ここからすると、公表された計数によれば破綻していないことになってい

る銀行も、実はすべて破綻しているかもしれないという疑心暗鬼が横行することは当然の帰結であった。当時の大蔵省銀行局は、銀行の破綻に伴って取引先の資金繰りが苦しくなるので、急激に不良債権が発生する等という説明を行っていた。しかし、こうしたメカニズムでは、これほどの巨額の乖離を説明することは不可能であった。むしろ、大蔵省の接待疑惑も相まって、当局が不良債権の隠蔽に加担しているのではないかという憶測すら横行していた。

銀行のディスクロージャーに対する疑念は、金融市場等の参加者はもちろん、一般国民にまで広がっていた。北海道拓殖銀行の破綻に引き続いて生じた山一證券の破綻の直後には、わが国の各地において、経営上の問題がささやかれる銀行の店頭に預金引出しの行列ができるという事態が発生した。これは、金融行政にとって悪夢というほかないものであった。預金を含む銀行の負債全額の保護を宣言することで小康を得たものの、預金保険機構の財政自体も破綻に瀕しており、いつパニックが再発してもおかしくない状況にあったのである。

こうしたなかで、新たに破綻した北海道拓殖銀行についても、預金保険制度の適用の基礎資料を得るため、破綻後の清算検査が行われることとなっていた。当局としては、その結果、もし、破綻前にディスクローズされていた額を大幅に上回る不良債権額が明らかになった場合には、都市銀行の一角においてすら、不良債権の隠蔽や不良債権額のごまかしが行われていたという致命的なニュースを世界に発信することに追い込まれるという状況にあった。しかも、これまでの破綻銀行の前例や当行の融資の仕振りからみて、そうなる可能性は高いとみざるをえなかった。

すでに国際金融市場においては、図表1に示すように、大幅なジャパンプレミアムが発生していた。こうしたなかで、わが国金融システムが大混乱に陥らないためには、北海道拓殖銀行の不良債権額のニュースを打ち消すに足る抜本的な措置がぜひとも必要であった。

ちなみに、その後公表された北海道拓殖銀行の破綻後の1998年3月期決算

における不良債権額は、基準の変更はあるにせよ、2兆3,433億円にのぼり、破綻前の1997年9月中間期について公表されていた実績値に比べ倍増した。1997年秋当時の懸念は的中していたのである。

ここで考えられる抜本的な措置とは、国際的に信認されるに足る不良債権額のディスクロージャーを行うことしかありえなかった。その第一歩として、わが国の銀行がアメリカのSEC（証券取引委員会、Securities and Exchange Commission）の定めた基準に基づく不良債権額をディスクローズすることが緊急の課題となった。

しかし、わが国の金融行政においては、銀行のディスクロージャーは長年にわたる鬼門だった。法律上、「銀行の業務及び財産の状況に関する説明書類の縦覧」と題されるディスクロージャーの規定は、この時点から20年近くさかのぼる1981年の銀行法改正に盛り込まれたが、法制化の過程において関係者からの強い働きかけを受け、きわめて緩やかな内容となっていた。すなわち、銀行の努力義務が記述されるにとどめられ、違反に対して当局がなんらの措置も講じえない訓示規定とされた。また、ディスクローズの対象となる事項についても、積極的な規定がないうえに、信用秩序等に関する事項は対象としない旨の宥恕規定までが盛り込まれていた。

図表1　ジャパンプレミアム

（注）ジャパンプレミアム＝東京三菱銀行オファーレート―バークレイズ銀行オファーレート
（出所）日本銀行、British Bankers' Association

こうしたなかでも、銀行のディスクロージャーを少しずつであっても前進させるための場となったものが金融制度調査会であった。同調査会は、まず、1985年に銀行の財務諸表を比較可能とするための統一的基準の作成を提言し、全銀協統一開示基準の整備を促した。その後は、バブル崩壊後の状況を背景として、ディスクロージャー作業部会で議論を進め、上記但書に該当するとして開示対象から除かれていた不良債権額についても、業界の自主的なディスクローズが行われるように促してきた。

しかし、1997年秋時点では、なお、不良債権とされる債権の定義が狭いうえに、その基準に基づく計数についても上記のような破綻前後の乖離が表面化していた。これまでのような自主的なディスクロージャーでは、だれからもまったく信頼が得られなくなっていたのである。

■ 筆者の立場

ところで、筆者は、1997年夏、銀行局調査課長を拝命していた。実は、20年前に大蔵省に入省した際に配属された部署は、直後に銀行局調査課に改編される金融制度調査官室であった。中央省庁の仕事に人生を投じた者にとって、課長の時期に何をするかが最も重要だと前々から意気込んでいただけに、初任の課長のポストが社会生活の振出しの課であったことは、深い因縁を感じさせるものであった。

銀行局調査課のおもな事務分掌は、金融制度調査会の事務局の業務であった。これに加え、当時は、大蔵省全体で金融システム改革の作業を大車輪で進めていたことから、銀行局でも制度改革に関する膨大な業務が生じており、この多くが調査課の担当となっていた。日中の時間のほとんどは、多数の関係先への説明等に投入し、夜になってから役所に戻り、明け方まで、局内の打合せや自分なりの勉強を行うという生活であった。そのなかでも、1997年夏からの数か月では、銀行持株会社制度の導入に関する法律案の準備と、その後の与党や国会における審議への対応が最も重要かつ緊急な課題であった。この制度の法制化の過程では、当時の連立与党間の協議等、筆者に

とっては荷が重すぎるほどの難関がいくつもあったが、上司や部下とのチームワークのおかげで、1997年10月には法案が衆議院大蔵委員会で可決され、多少は一息つくことができていた。

　そうした筆者が1997年秋の金融危機の渦中に投げ込まれたのは、山一證券の破綻の直後であった。全国的な取付騒ぎとなり、局内のほとんどの管理職が血相を変えて事態収拾に取り組んでいるなかで、筆者には比較的余裕があったので、遊軍として投入されたのである。そのなかでも、おもに担当する分野として筆者に割り当てられた業務は、もともと金融制度調査会のテーマでもあった不良債権額のディスクロージャーの改革と、自民党に設けられた「緊急金融システム安定化対策本部」の関係議員への説明等であった。前者は上記のような金融行政の鬼門であり、後者は巨大な政治課題である公的資金の導入の審議を主眼としたものであった。いずれも、通常は、当時の筆者クラスにとっては考えられないような重責である。

　そのなかで、銀行のディスクロージャーは、筆者にとっても長年にわたる関心事であった。1977年の入省直後に所属していた銀行局調査課では、アメリカのディスクロージャー等に関する金融制度調査会の審議関連の事務処理に従事していたからである。また、1994年には、筆者にとって初めての本省管理職ポストである金融市場室長として、預金金利自由化とディスクロージャーの拡充について、「預金を考える懇談会」という研究会の報告の取りまとめに従事していたのである。さらに、1997年夏における銀行持株会社制度の説明の過程でも、不良債権額のディスクロージャーの不備について、多くの方からの批判に対ししどろもどろの説明しかできず、問題の所在を痛感していたところでもあった。

　当時、筆者としては、こうした批判をふまえ、わが国の銀行の不良債権額のディスクロージャーについては、定義が十分包括的でないこと、第三者による正確性担保の制度が設けられていないこと、ディスクローズの方法等が十分でないこと等の欠陥があると考えていた。金融危機に陥った1997年秋には、こうした欠陥のうち、せめて銀行が自主的に対応しうることだけでも、

次の決算から是正することを早急に決定し、公表することが不可欠であった。

そこで、筆者は、担当が決まってすぐに、銀行界のカウンターパートに改革を打診した。しかし、先方の反応は、当初は、破綻した銀行は特殊な存在であって全部の銀行が対応する必要はないこと、不良債権の判定が非常に困難であること等から、消極的であった。当時の筆者としては、後者の理由については一理あるかもしれないと思ったものの、あまりに危機感が足りないのではないかと驚いたことが実情であった。しかし、その後、上司がさらに要請してくれたおかげで、銀行界としても責任をもって事態を再検討したようである。数日後には、全銀協で統一的に定めている不良債権額のディスクロージャーの基準を拡充する旨の申出が行われた。

その内容は、わが国銀行のディスクロージャーに対する国際的な信認を回復する観点から、開示対象の不良債権の定義を、アメリカのSECが定めた基準に沿って拡充するものであった。具体的には、延滞債権について、従来、税法で利息不計上が認められる6カ月延滞であったものを3カ月延滞に短縮するとともに、従来、公定歩合以下に貸出金利を減免した場合に限られていた金利減免債権を、通常の条件よりも金利等の条件を緩和したものである貸出条件緩和債権とする等の見直しを行うものとされた。

これによって、北海道拓殖銀行の破綻に伴う不良債権額のディスクロージャーに関する懸念には、さしあたりの対策が講じられたことになる。筆者は、その後年末までの間、ほとんど睡眠時間もなく、自民党の緊急金融システム安定化対策本部での議論への対応に追われることとなった。

■ 銀行法改正への盛込み

この全銀協統一基準の見直しは、不良債権額のディスクロージャーの問題への対応の第一歩にすぎなかった。わが国銀行のディスクロージャーに対する不信は、業界による自主的対応程度では到底打ち消すことができないほど深刻なものだったからである。当局としては、法律の改正を含め、さらに抜本的な改革を検討することが必要であった。

筆者としても、自民党の関係議員による議論や、市場関係者等の発言を拝聴しているうちに、徹底的な制度改革が不可欠であると認識するようになっていた。こうしたなかで、筆者としては、1997年末には、公的資金の導入を中心とする自民党の「金融システム安定化のための緊急対策」が取りまとめられたことに伴い、その関連業務が一段落した。それ以降、再度、不良債権額のディスクロージャーの制度改正に関する検討を行うことが可能となった。

　制度改正の具体的な実現方法としては、1998年春には、証券取引法の改正を中心とする金融システム改革のための法律案を提出することが予定されており、それにあわせて、銀行法も全面改正することとされていたので、これにディスクロージャー関連規定を盛り込むこととした。盛り込むべき内容としては、全体を義務規定とし、宥恕規定を削除することは当然であるが、不良債権としての計上基準の詳細をどう定めるか、どのように計数の正確性を担保するか、公表の範囲や方法をどうするか等、さらに詰めるべき事項が数多く残っていた。

　実は、筆者とすれば、このディスクロージャーを銀行法による制度とするかどうかも思案のしどころであった。証券取引法による制度とすれば、計上基準の詳細決定と、公表計数の正確性担保について、公認会計士制度を援用することが可能ではないかと考えたからである。そうすれば、企業会計の一環として、商社等の事業会社と整合性のある計上基準とすることができるであろうと考えた。また、正確性の担保に関しても、決算の一環として監査を受けることが可能だろうと考えた。さらに、国際的な兼合いでも、アメリカにおけるSEC基準が証券取引法上の制度であることと平仄のとれたかたちとなり、説明が容易になるとも考えた。

　しかし現実には、この筆者の思案はまったく議論されることもなく、不良債権額のディスクロージャーを銀行法上の制度とすることが既定路線となった。これは、協同組織金融機関等には証券取引法が適用されない等の理由もあったが、銀行局と証券局の縦割りのなかで、銀行について生じた難問を証券取引法につけまわしするのかという雰囲気があり、局をまたいだ議論とし

て持ち出せなかったという記憶もある。

　ただしそのなかでも、筆者のチームは、当時進められていた企業会計の改革とのシナジーは実現することができた。たとえば、銀行の子会社や関連会社の具体的な範囲について、企業会計上の連結基準によることとしたことである。これは、銀行グループの経営のインセンティブと整合的でもあった。また、当時ささやかれていたペーパーカンパニーへの不良債権の「飛ばし」について、銀行のディスクロージャーで網羅できるようにすることにつながるものでもあった。

　こうした論点への対処を含め、銀行局調査課のスタッフが昼夜兼行の大作業を行った結果、大蔵省として策定した銀行法改正案におけるディスクロージャー規定の内容は、以下のとおりとなった。

① 　義務規定とする。
② 　最低限の開示項目を監督当局が決定する。
③ 　子会社等を有する場合は、連結ベースでの開示を義務づける。
④ 　すべての営業所および代理店で縦覧に供する。
⑤ 　開示を宥恕する但書を削除し、自主的な開示を促す規定を追加する。
⑥ 　ディスクロージャー義務違反に対し、罰則の適用を可能とする。

　また、正確性担保の手段に関しては、別途、銀行の財務書類の公告に関する政令の規定を工夫することにより、銀行に関しては、不良債権額も公認会計士の監査対象とすることとした。

　この改正案は、かつての金融制度調査会における遅々とした歩みを知る者からすれば、極地にまでたどりついた感のあるほど、厳正な規定であった。筆者は、自らが社会人として初めて従事した業務の対象である金融制度調査会において、入省後20年目になって、ここまで整備された規定を説明できることに個人的にも大きな意義を感じた。

　一方、筆者が与党の関係議員に本案の説明に回っている間には、東京地検による大蔵省の捜査が行われた。こうした動きに伴って、筆者のかつての同僚が相次いで自殺する等の悲劇が起こっていた。筆者としては、この惨状に

たまらない思いをするとともに、この世界水準のディスクロージャーの規定によって、従来とは断絶した透明性のある金融行政を構築していく第一歩をしるしたいと考えていた。

■ 分類債権との関係

1998年春には、このように、銀行のディスクロージャーについて、アメリカ等と比べても遜色のない規定を盛り込んで、金融システム改革法案の一環としての銀行法改正案を国会に提出することができた。しかし、この頃になると、わが国の銀行について、従来になく巨額の不良債権額の存在が主張されるようになってきた。これは、大蔵省銀行局からすれば、ゆえなく信用不安をあおるような主張であり、容認できなかった。当局としては、報道機関はもとより、国会議員、有識者、市場関係者等の多くの方々に対し、不良債権額のディスクロージャー規定の抜本的整備によって疑念が解決される旨を説明し続けた。しかし、多勢に無勢といった感があり、次第に、わが国の不良債権問題は底が知れないというイメージが定着してしまった。この背景には、日本長期信用銀行等の個別金融機関の経営不安がささやかれていたこと、地価が引き続き低迷する等の経済環境の悪化が続いていたことがあったものと思われる。

しかし、担当官としての職務からすれば、どうしても明確に説明しておくべき問題があった。それは、不良債権と分類債権の関係である。

そもそも、不良債権とは、約定どおりの弁済がなされない債権である。銀行の貸出は、実行時に金利や返済期限等を約定するので、債務者がその約束を守らない場合には、銀行は、法的手段により弁済を強制することができる。債務者としては、それを防止するために、倒産手続に入ることも選択肢となるが、現実には、それ以前に、弁済猶予や条件緩和を銀行に申し出ることが一般的である。不良債権とは、こうしたイベントが生じた債権であり、その額を銀行の財務報告で開示する意義は、約定時に見込んでいた収益がどの程度実現できないでいるかという、銀行のリスク管理の度合いを示すところに

ある。ここから、不良債権の公式の名称は「リスク管理債権」とされている。

一方、分類債権は、債権の償却・引当作業の中間的な計数整理の結果である。会計処理にあたって、債権の元本返済に不足が生ずると認識した場合には、その不足見込額について、認識時の損益計算書に損失として計上し、引当金を積む等の処理を行う必要がある。銀行の場合、その具体的な手順としては、債務者等を、破綻先・実質破綻先、破綻懸念先、要注意先および正常先という4種類に区分することから始めることとなっていた。

そのうえで、引当の基礎となる債権額を計算することになる。まず、破綻先・実質破綻先に対する債権のうち回収が不可能であることが確実な部分については、Ⅳ分類として全額を損失処理する。次に破綻懸念先に対する債権については、担保等で保全されていない額をⅢ分類とし、過去の実績等から倒産手続等で配当されないと見込まれる額を損失処理する。一方、破綻先・実質破綻先および破綻懸念先に対する債権のうち担保等で回収が確保されている額については、要注意先に対する債権の全額とあわせてⅡ分類とする。このⅡ分類額については、こうした区分の債権に関する過去の実績等から統計的に算定した見込額を損失処理する。なお、正常先に対する債権については、非分類として、Ⅱ分類と同様の統計的な損失処理を行う。

この債権の償却・引当作業は、長年にわたって行われてきた銀行検査と税務処理の実務を下敷きとして、後述の早期是正措置制度の導入に向けた銀行の自己査定作業として組み立てられたものである。銀行実務の感覚では、破綻先・実質破綻先および破綻懸念先は最終的に回収不能が発生するデフォルト先であり、かつては、個別に銀行検査官が償却証明を出していた。これをもととして、決算にあたってⅣ分類およびⅢ分類に該当する債権を償却・引当したうえで、税務申告において損金処理してきたのである。一方、要注意先は、いつかは全額を回収できる先であって、焦げ付きはしていてもデフォルト先ではないと認識されていた。担保で保全された額を合わせたⅡ分類額については、回収に時間がかかることに見合った一般引当金を計上することで処理してきたのである。

こうした処理手順は、高度成長期には資産価格の上昇等により純損失の発生がまれであったこと、国税当局が債権償却に伴う損金処理にきわめて制限的であったこと、銀行の会計処理が一般企業の会計処理とは異なる体系と位置づけられていたこと等を背景に定着していたものである。わが国銀行業界では、長年にわたって確立していた慣行であった。
　このように、不良債権と分類債権はまったく異なる概念であり、外国の銀行との比較等のためには、不良債権額のディスクロージャーのみが意味をもつものであった。
　しかし、当時、現実には不良債権と分類債権が混同される場合も多かったように見受けられる。特に、貸出条件緩和債権と要注意先に対する債権は、実態的には重なり合うものも多く、きわめて紛らわしいものであった。こうしたなかで、1998年春には、不良債権額よりも、分類債権額のほうが銀行の財務の実態を反映しており、かつ計数的には、著しく多額になるという見解が流布された。そして、個別銀行における分類債権額をディスクローズさせるべきだという主張が行われるようになった。
　1998年春における公的資金導入のための法案審議の基礎情報として、銀行全体としての分類債権額を公表したことは、こうした主張に拍車を掛けた。この公表額は、その後ディスクローズされたSEC基準の不良債権額よりもかなり大きく、市場関係者においては、これこそが銀行の隠蔽している不良債権の実態を示しているという見方が浸透していった。
　筆者は、この問題の担当者として、一貫して、個別銀行による分類債権額のディスクロージャーに反対する主張を行い続けた。その理由は、まず、分類債権額の計数自体は監査の対象とならないので、銀行間の比較を行うに足る正確性の担保がないということにあった。簡単な統計的試算をしてみれば明らかなように、要注意先の線引きを変えると、それに見合って引当率が変わるので、一貫性のある作業をしている限り、一般引当金の額は同じになるはずである。したがって、分類債権の額自体を監査することには意味がないのである。

また、この時点での分類債権は、銀行の自主的作業の結果であって、貸出先管理の保守性の観点から、健全な銀行ほど、広めに計上している可能性もあった。特に外国の多数の関係者に対しては、こうした事情を詳細に説明することは不可能であるから、分類額を公表することは、不良債権額を大幅にふくらませて公表することと同じ効果をもち、日本の金融システムに誤った打撃を与えかねないという心配もあった。
　さらに、銀行の信用供与への影響にも問題があった。実務の認識では、分類債権額は将来の損失予測と事前の貸出方針に対応するので、その個別行ごとの公表は、すでに決定した貸出条件緩和等に基づいて事後的に計上する不良債権額の公表と異なり、貸出を行うインセンティブを強く抑制するということである。これは、筆者がヒアリングの対象とした銀行の役職員が等しく主張していたところでもあった。また、インセンティブに関する経済理論からみても説得的だと思われた。
　筆者のこの説明は、直接お話を聞いてもらえた方には、ある程度は納得していただけたのではないかと思う。しかし、何分わかりにくい技術的な違いであったし、半年前には不良債権額のディスクロージャーがまったく信頼を失っていたのである。したがって、SEC基準導入に向けた銀行の自主的な努力を弁護することは困難であり、分類債権額を公表せよという主張の勢いはまったく衰えなかった。
　この問題は、1998年夏のいわゆる金融国会においても、銀行の破綻処理制度や公的資金による資本増強制度をめぐる議論の陰で、大きな論点であり続けた。金融監督庁官房企画課長の任にあった筆者にとっては、最大の問題の1つであり、機会をとらえては上記の説明を続けた。しかし、スタッフの乏しい金融監督庁は、孤立無援に近い状況であった。重圧と疲労で、筆者には、すべての食物が砂の味となった。
　金融国会では、途中から完全に政治レベルだけでの論争が行われるようになり、筆者ははらはらしながら見守るという立場となった。しかし、最終的には、さまざまなやりとりを経て、SEC基準による不良債権と分類債権の折

図表2　リスク管理債権、金融再生法開示債権および自己査定の関係

リスク管理債権	金融再生法開示債権	自己査定			
銀行法等に基づく開示	再生法等に基づく開示	適切な償却・引当を行うための準備作業			
対象：貸出金	対象：貸出金、外国為替、未収利息、仮払金、支払承諾見返等	対象：総資産			
担保・引当カバー分を含む	担保・引当カバー分を含む	担保のカバー状況は分類において勘案			
破綻先債権 未収利息不計上貸出金のうち、更生手続き開始等の事由が生じているもの	**破産更生債権及びこれらに準ずる債権** 破産、会社更生、再生手続等の事由により経営破綻に陥っている債務者に対する債権及びこれらに準ずる債権	破綻先 実質破綻先			
延滞債権 未収利息不計上貸出金であって、上記破綻先債権及び債務者の経営再建又は支援を図ることを目的として利息の支払いを猶予したもの以外のもの		第Ⅰ分類	第Ⅱ分類	第Ⅲ分類	第Ⅳ分類
	危険債権 債務者が経営破綻の状態には至っていないが、財政状態及び経営成績が悪化し、契約に従った債権の元本の回収及び利息の受取りができない可能性の高い債権	破綻懸念先			
		第Ⅰ分類	第Ⅱ分類	第Ⅲ分類	
3カ月以上延滞債権 元金又は利息の支払が、約定支払日の翌日を起算日として3カ月以上延滞している貸出債権（破綻先債権、延滞債権に該当するものを除く）	**要管理債権** 3カ月以上延滞債権及び貸出条件緩和債権	要注意先			
		第Ⅰ分類	第Ⅱ分類		
貸出条件緩和債権 経済的困難に陥った債務者の再建又は支援を図り、当該債権の回収を促進すること等を目的に、債務者に有利な一定の譲歩を与える約定条件の改定等を行った貸出債権（上記に該当するものを除く）					
		正常先 第Ⅰ分類			

(出所)　金融庁

衷のような定義の金融再生法開示債権の額の公表という制度を設けることで決着した。具体的な開示対象としては、破綻・実質破綻先債権に対応した破産更生債権と破綻懸念先債権に対応した危険債権のほか、延滞債権の一部と貸出条件緩和債権に対応した要管理債権の額を開示することとなった。これを整理すると図表2のとおりであり、前二者は分類債権の概念に対応しているが、要管理債権の範囲はSEC基準の不良債権の概念に対応したものである。合計額としては、SEC基準の不良債権額とほぼ同じとなるものであった。金融監督庁の担当官としては、適正な判断をしていただけたと深く安堵することができた。

■ 金融検査マニュアル

その後、不良債権額のディスクロージャーが大きな論点となった局面は、金融検査マニュアルに基づく銀行検査の実施であった。

金融検査マニュアルは、金融検査の基本的考え方および検査に際しての具体的着眼点等を、文書として整理したものである。これは、1999年春、検査官の手引書というかたちで公表された。かつての大蔵省銀行局検査部でも、たとえば筆者が配属されていた1985年当時には、検査官に対する部内の手引書が作成されていた。しかし金融検査マニュアルは、各金融機関がこれを前提として創意工夫するように、金融監督庁が文書を公表したところが画期的であった。またその内容も、COSO（トレッドウェイ委員会支援機構、Committee of Sponsoring Organizations of the Treadway Commission）が1992年に公表した「内部統制に関する包括的フレームワーク」を全面的に採用した先進的なものであった。金融検査マニュアルは、金融機関に基準達成を求めるものではないが、実質的な影響力はきわめて大きなものとなった。

さて、上記のように、SEC基準によれば、貸出条件緩和債権は、通常の条件よりも金利等の条件を緩和したものであると定義される。しかし、何が「通常の条件」であるかという判定の基準は、わが国の貸出慣行ではきわめてあいまいであった。

長年の間、わが国の銀行は、貸出先企業にとってのメインバンクとして、日常的な資金決済を行いながら、運転資金や設備資金を供給してきた。その際、銀行取引約定という基本契約を前提として、個別の手形割引や融資等が行われており、個々の貸出にあたって、あらためて詳細な条件が約定されることはなかった。また、企業の業況が悪化した場合には、信用リスクの増大に応じたプレミアムを求めるよりも、支援のためにそれまでと同じ条件で資金を供給することがしばしばであった。

　こうした貸出慣行のもとでは、アメリカでみられるように、その貸出の実行時に約定された条件を経済合理的な「通常の条件」とすることは現実適合的でない。かといって、たとえば業況が悪化した先への貸出について、稟議書に「支援する」と記載されているか否かで判定するような機械的な処理も適当ではない。こうした状況において、ある貸出が貸出条件緩和債権に該当するか否かを判定することは、銀行のディスクロージャーの実務のうえで最も重要な課題の1つとなった。

　しかも、前述したように、不良債権額のディスクロージャーは銀行法上の制度であるから、こうした詳細に関する基準は、当局が定めるべきものとなっていた。一般の会計基準の詳細であれば、公認会計士が監査を行う際の手引として、たとえば公認会計士協会による実務指針が定められる。しかし、不良債権の範囲の詳細については、そうした会計専門家による基準形成の枠組みではなく、行政判断の枠組みにより定めることとなっていたのである。

　特に、1999年夏から金融検査マニュアルに基づく検査を開始するにあたっては、不良債権の具体的な判断基準の設定が不可欠となっていた。そこで、検査部局を中心とする関係部署の職員が侃々諤々の議論を行った結果、債務者の業況を判定し、その信用リスクに見合う金利水準を「通常の条件」に相当する「基準金利」として想定することとされた。現実の貸出実行の条件が基準金利よりも有利に設定されていれば、それは貸出条件緩和債権として不良債権額にカウントされることとなる。また、この考え方を逆に当てはめると、貸出条件緩和債権にカウントされるような貸出の対象となっている債務

者は、一般の要注意先とは違って、実質的にはデフォルト先に近い先だということになる。そこで、そうした先については、要注意先の内訳として、「要管理先」という債務者区分を補充的に設けることとなった。このように、不良債権への該当基準と要管理先への債務者区分の基準は、相互循環的な概念となり、その判断は、債務者の業況の実質判定に基づくものとなった。

さらに、この考え方は、償却・引当についても、要管理先に関しては、それ以外の「一般要注意先」とは別の統計的処理を行って、異なる引当率を適用するという手続を定着させることとなった。

銀行検査の現場においては、これらを基本として、銀行の自己査定をチェックするために、精密な工夫が積み重ねられていったようである。

当時、筆者は地域銀行の監督を担当する銀行監督第2課長であった。筆者にとっては、こうした計上基準は、イベントに基づいて各銀行のリスク管理の状況を客観的に計数化するという、もともとの制度導入の趣旨から乖離したかもしれないと感じられるものであった。また、要管理先に対する要管理債権以外の債権をどう認識するのかという論点もあると思った。

しかし、筆者は直接の担当ではないうえ、かりに自分が検査を行うと仮定した場合に、これ以外に実行可能な案を提示できるわけでもなかった。貸出実務には、多くの関係者が従っている長年の慣行があり、国際的な基準を輸入しても、当てはめにあたっては実情にあわせて修正を加えていくしかないとも考えた。

この要管理債権に関する基準は相当有効だったようである。金融検査マニュアルに基づく銀行検査においては、ほぼ恒例のように、相当額の不良債権額の増額と引当の追加の必要性が指摘された。地域銀行の監督を担当する銀行監督第2課のスタッフは、そのたびに当該地域銀行に関する対応に追われることとなった。

■ 不良債権額のシミュレーション

さて、筆者は、2001年の夏に監督局総務課長に任命されるとともに、不良

債権問題調査室というプロジェクトチームのリーダーとなることを命じられた。このチームの設置は、経済環境の悪化等もあって、わが国金融システムの不良債権問題が再度クローズアップされるようになったことへの対応の一環であった。この時点では、不良債権問題は、個別銀行の健全性やシステミックリスクという伝統的金融行政の枠組みを超え、経済活性化のための政策課題という性格を持ち始めていた。

この時点で筆者のチームが考えていたことは、かつての金融危機時とは異なり、不良債権額のディスクロージャーが、格段に透明なものとなっていることをアピールしたいということであった。金融監督庁発足以来の一斉検査で債務者区分が精査され、金融検査マニュアルに基づく検査で要管理債権が洗い出されたのである。また、第6章現実編で述べるように、不良債権を早期にオフバランス化する枠組みも設けられていた。したがって、問題の焦点は不良債権の新規発生の抑制にあるという認識をもっていただきたいと考えていた。

これは、柳澤大臣を中心に徹底的な議論が積み重ねられた結果形成された金融庁としての基本スタンスに対応したものであった。金融庁としては、オフバランス化の推進等、所掌分野において最善の措置を尽くすものの、金融行政のみでは不良債権問題の解決は困難である。特に不良債権の新規発生の抑制については、他の経済政策上の手段も十分に発動する必要があるというスタンスである。

こうしたなかで、大臣が経済財政諮問会議において見解を述べられることとなった。筆者のチームには、そのための資料作成の一環として、上記の認識を明確化するようにという指示が与えられた。それによって、不良債権問題の解決の道筋を示そうという趣旨である。

この指示に対し、筆者の考えた対処案は、将来の不良債権額のシミュレーションを示すことであった。不良債権問題に言及する論者のなかには、銀行の隠蔽していた多額の不良債権のストックが徐々に洗い出されているかのような認識を示す者が多かった。しかし現実は、多額の不良債権を毎期オフバ

ランス化する一方で、多額の不良債権の新規発生が生じているために残高が高止まりしているのである。この現実をシミュレーションの計数で示すことが重要だと考えた。

　そのため、筆者のチームでは、貸出の格付に基づく信用リスク管理システムを活用するというアイデアを具体化することとなった。このシステムは、当時主要行において導入されていたものである。ある時点でたとえば破綻懸念先とされた債権について、次期決算では、どのような確率で、正常先、一般要注意先、要管理先、破綻懸念先、破綻・実質破綻先の形態に遷移するかという確率が組み込まれている。この遷移確率は、各区分から他の区分への遷移すべてについて設定されており、全体として遷移行列と呼ばれている。また、各々の遷移に伴って、損益計算上は、償却・引当やその繰戻しが発生するので、その係数の行列も作成されていた。そこで、筆者のチームは、主要行に協力を求めて、各行の遷移行列等の係数を提出してもらった。そのうえで、係数の平均値により主要行全体の貸出の遷移行列を作成し、当方で把握している債務者区分別の債権残高に逐次掛け合わせていくというシミュレーションモデルを構築した。

　こうしたモデルによる計算にあたっては、シミュレーション一般に妥当することであるが、前提条件をどう設定するかがポイントとなる。まず、不良債権のオフバランス化については、既存の遷移確率が、すでに設定されていた破綻懸念先以下に対する債権の処理ルールに沿って加速されるものとした。これにより、オフバランス化促進措置の政策効果を盛り込むことができる。

　次の論点は、不良債権の新規発生額をどう設定するかであった。正常債権から不良債権への遷移確率を、将来も実績値のまま据え置くこととすると、経済財政諮問会議で掲げられていた経済の集中調整が功を奏しないという前提を置くこととなってしまう。かといって、据置き以外の前提を置くことも恣意的であると考えられた。そこで、当時設定されていた「骨太の方針」に従い、経済の集中調整期間である3年間は、従来同様多額の新規発生がある

と仮定し、調整の奏効後は、不良債権の新規発生が大幅に減少するものと仮定した。

　このモデルに基づくシミュレーションの結果は、当初3年間は、不良債権の合計額は緩やかな減少にとどまるものの、その内訳としては、破綻先・実質破綻先や破綻懸念先に対する債権が減少し、要管理債権が増加しており、質的には改善するというものであった。次に、3年間の経済の集中調整が功

図表3　不良債権問題の解決後のイメージ

(1)　前提条件
　①　集中調整期間（2001年度～03年度）
　　　我が国経済の抜本的な構造改革が進む一方、低成長が継続し、不良債権についても大量の新規発生。地価も相当程度、下落。
　②　集中調整期間終了後（2004年度～07年度）
　　　経済の構造改革が実を結び、我が国経済の再生が実現すれば、不良債権の新規発生も正常化。地価下落も一段落。
(2)　各期間のイメージ（試算）
　①　集中調整期間中（2001年度～03年度）
　　・不良債権についても大量の新規発生が継続することや、地価の下落が続くことから、不良債権残高、不良債権処分損ともに高い水準が継続。
　②　集中調整期間後（2004年度～07年度）
　　・不良債権の新規発生が正常化し、地価の下落が一段落すれば、まず、不良債権処分損が正常化。
　　・更に、集中調整期間中において新規に発生した不良債権の最終処理（発生後3年以内にオフバランス化）が2007年度頃には一段落し、不良債権残高も正常化。

〈試算（主要15行）〉

年　　度	2000（実績）	2001～2003	2004～2007
不良債権残高	17.4兆円	ほぼ横這い	逓減し、7～10兆円に
不良債権比率	5.72%	5%台	逓減し、2～3%に
不良債権処分損	4.3兆円	3兆円前後	0.6～1.0兆円
与信費用比率	1.4%	1%程度	0.2～0.3%

（注）　原資料は年号で表記
（出所）　金融庁（2001年8月26日経済財政諮問会議提出資料）

を奏する4年後以降は、不良債権額や不良債権処分損が急速に減少し、おおむね7年後には不良債権問題が完全に解決するという試算結果となった。この試算結果は、銀行業務に詳しい者にとってはきわめて常識的だと思われたし、筆者がそれまでに勉強していたリスク管理の理論とも整合的であったため、自信をもって図表3の資料を提出し、柳澤大臣に経済財政諮問会議で発表していただいた。

しかし、反応は筆者にとって予想外のものであった。特に株式市場の反応は散々であり、「不良債権問題の解決に7年もかけるのか」という失望から、銀行の株価が大幅に下落した。いわゆるエコノミスト等からも、不良債権処理の速度が遅いことを強く批判されることとなった。

これは、筆者の大きな判断誤りであった。経済学の論文発表であれば、対象とする経済現象の変動メカニズムを的確にとらえていることや、感度分析やケース分けシミュレーションを示す等によって当方の意図を正確に示すことができたであろう。しかし、経済財政諮問会議での発表時間は、たとえ大臣が行われる場合であってもごく短いので、そうした多様な計算結果を示すことができない。せめて資料のなかでは、経済環境面の前提等を記述しておくことで、シミュレーションの性格を明示しておいたけれども、それに気がついてくれたのは、ごく一部の専門家だけであった。ほとんどの者は不良債権額の総額の推移のみに着目し、与信比率の変化や新規発生の効果には何の注意も払わなかった。しかも、金融庁が不良債権のストックの総額を直接制御できるかのようなイメージを暗黙のうちに想定していたので、金融庁は不良債権を早く処理するつもりがないといった短絡的な結論につながったのである。

この混乱に対しては、柳澤大臣以下の上司が総出で対応し、今回の試算では、経済財政の基本方針で最終処理の対象とされている破綻懸念先以下の債権が着実に減少するという見通しを説明していくこととなった。そのおかげでショックは徐々に薄らいでいった。しかし、担当官としては、チームのスタッフとともに長期にわたる徹夜の努力を重ねた末に、巨大なオウンゴール

を犯してしまったという自責に耐えなかった。組織のなかで指弾されなかったことに感謝しながらも、世の中に対する情報発信に関する自らの考えの至らなさを痛感した。

それにしても、試算を構築していく過程で気がついたことは、要管理債権をどうするのかという問題であった。破綻懸念先以下は、デフォルト先として認識され、オフバランス化のツールが設けられているので、ルールを設定して処理を加速することができる。しかし要管理先は、前述のような税務上の取扱いに対応した区分では要注意先の一部である。したがって、回収不能額を個別に引き当てるデフォルト先ではないということが銀行の担当者の一般的認識であった。これでは銀行が債務調整の負担を負うインセンティブがないので、私的整理を含むオフバランス化が困難である。不良債権でなくなるためには債務者自身の努力に期待するしかない。これを促進する手段は金融庁の所掌外である一方、外部からは不良債権問題の解決こそが経済の集中調整の手段とされていた。このままでは、要管理先の扱いがポテンヒットとなり、問題が深刻化していくのではないかという漠然とした懸念をもっていた。

■ 企業再建と不良債権

さて、上記のような失敗はあったものの、金融庁の総力をあげた努力もあって、不良債権額のディスクロージャー自体の信頼性に疑問を呈するむきは次第に減少してきた。2001年冬になると、不良債権問題の焦点は、いわゆるゾンビ企業をどうするかというところに移ってきた。

論者によれば、特に主要行が業況不振の大企業に存命のための信用供与を続けていることが、わが国経済全体を停滞させているということであった。主要行は、長年のメイン先であるこれら企業に多額を貸し込んでいるので、企業のリストラに伴う引当金の積増しや過去の与信判断の誤りの発覚をおそれ、実際には破綻している企業をゾンビのごとく延命させているという議論である。

筆者としては、そんなことをいっても、論者が暗黙裡に名指している大企業は、膨大な数の従業員が人生を託している職場なのであるから、ゾンビ等ということ自体いかがなものかと感じていた。第6章現実編に説明するように、「私的整理に関するガイドライン」以来、企業再建のインフラストラクチャーの整備を積み重ねてきたのであるから、企業再建の専門家がより活躍しやすいよう、さらに環境整備を進めればよいのではないかという考え方であった。

　しかし、主要行に対する批判は、公的資金が投入されていることもあって、世論の支持を獲得しやすかった。また、引当不足という批判は、個別銀行の監督を担当していない筆者からみても、かなり信憑性があるように思われた。特に、2001年秋のマイカルの破綻に伴って各行が軒並み追加損失の適時開示を行ったことは、そうした疑念に裏付けを与えるものであった。

　こうしたことを受けて、金融庁としては、特別検査という臨時異例の措置に踏み切る等の抜本的対応を行うこととなった。また、財務省や経済産業省等の他の機関も、金融システムの安定や早期事業再生に向けたさまざまな対策を講ずるようになった。こうした流れは、2002年秋における金融再生プログラムの策定や産業再生機構の設立等につながっていった。

　金融再生プログラムには、主要行の不良債権問題の解決に向けたすべての施策とともに、不良債権比率の半減という数値目標が盛り込まれた。これは、要管理先への対応についても、政府が能動的に働きかけることを意味していた。筆者には、産業再生機構の設立の意義の1つはここにあると考えられた。

　当時の筆者の役割は、監督局総務課長として、たとえば貸出債権の流通市場の形成に向けた働きかけ等、局内のどの課にも属さない事項や、後述する早期警戒制度のような各課共通の事項を調整することであった。そのなかでは、不良債権の定義の整理は引き続き大きな課題となっていた。不良債権のオフバランス化の関連で、企業再建の手続に着手後の貸出をどう扱うかという論点がクローズアップされたのである。これは、銀行検査の実務に密接な

関係を有しており、監督局だけでは対処しえない論点であった。

具体的には、私的整理に関するガイドラインに基づく再建計画や、民事再生や会社更生等の法的整理による再生計画等が実行段階に入った際に、当該企業に対する貸出を不良債権から除外してよいかということが検討対象となった。一般論でいえば、銀行により正常債権と自己査定されたものを、検査官が一定の要件に該当するとして不良債権だと認定できる以上、従来不良債権とされていたものについて、要件からはずれるために不良債権でないと認定することも、同様に可能なはずである。

この点に関し、筆者達が委託した海外調査によれば、アメリカでは、不良債権先となった企業が財務と業務の再構築を行った場合には、再構築後の貸出は、新たに経済合理的な条件で約定されたものとされるので、貸出条件が緩和された不良債権には該当しないということであった。

しかし、当時の銀行検査の実務は、いったん要管理先とした場合には、その後の再生については慎重に実績を見守るべきだというものであった。筆者達は、このままでは、銀行や企業が再建手続に着手するインセンティブを失わせることとなり、ディスクロージャーの国際的な比較可能性からいっても、わが国の銀行を過度に悪くみせるものであると考えた。しかし、なかなか金融庁としてのコンセンサスを得ることはできなかった。

筆者としては、こうした状況は、銀行検査の置かれた当時の環境においては主観的合理性があるものと感じていた。すなわち、近年わが国経済は減速基調であったのだから、結論が出ないときは保守的に考えておいたほうが安全である。また、銀行の自己査定は楽観的なバイアスをもっているので、銀行検査としては悲観的なバイアスをもつことがバランスのとれた結果を得ることができる。さらに、最終的には公的資金による全額保護の下支えがあるので、保守的な査定のもとで抜本的な処理を促すことが望ましいという、事実上の判断があったのかもしれない。

こうした主観的合理性を議論で覆すことは困難であり、取扱いを変更するためには、新たな材料が必要である。筆者にその材料を与えてくれたのは、

産業再生機構の設立であった。すなわち、この機構は、これまでと異なり、不良債権先という状態から企業が脱出するために公的資金を投入している。こうした組織が設立された以上、銀行検査としても、不良債権先というカテゴリーへの出入りをニュートラルに判定することが求められるようになったという理由づけであった。

　この理由づけが功を奏して、2003年の春には、金融庁としてのコンセンサスを得て、不良債権の定義に関するガイドラインを中立的なものに改正することができた。すなわち、一定の条件を備えた企業再建計画を前提として、当該企業が不良債権の要件からはずれると見込まれる場合には、その企業への貸出が不良債権ではなくなるというものである。当然のことを整理しただけの改正であったが、産業再生機構をはじめとする関係者にとっては、大きなインセンティブ付与の効果があったようである。

■ 近年における基準の見直し

　筆者は、2004年夏には、不良債権問題が峠を越してきたこともあり、ニューヨークのコロンビア大学で研究の機会を与えられた。金融再生プログラムに掲げられた不良債権比率半減の目標は、筆者の滞米中に達成された。帰国後は、筆者は、郵政民営化や証券市場等の別の分野の職務に従事しており、銀行の不良債権額のディスクロージャーからは遠ざかっていた。

　その後、久々に不良債権の定義についての決定を目にしたのは、2008年秋からの世界的金融危機に伴う信用収縮への対応の一環としてであった。銀行による貸渋りを防ぐ観点から、不良債権と認定されないために再建計画が備えるべき要件を緩和するとともに、計画策定のための猶予期間をも認めるということである。また筆者からみてドラスチックと思われたことは、債務者の信用リスクに応じた基準金利の概念を廃止したということであった。筆者としては、担当外であり、諸般の情勢をふまえて責任のある部局により決定された以上、組織の一員としてはその判断に従うべきだと受け止めていた。

　しかし、かねてからわが国の金融システムをウオッチしているアメリカの

報道関係者から、「金融庁は不良債権を隠す方向へ転換したのではないか」という個人的な照会を受けた際には、1997年秋の苦闘の記憶がよみがえり、誤解を受けては大変なことになると考えた。

　そこで、決定内容を確認したところ、今回の措置によって不良債権に該当しなくなった金額を別途公表するものとされていたことが重要であった。そのアメリカ人には、この点を告げたうえで、個人的な見方として、「国によって銀行貸出の慣行は異なるので、不良債権の定義も、国際的な基準の考え方を実情に当てはめたものとする必要がある。今回の見直しは、わが国の貸出慣行の透明化と信用収縮対応のバランス判断によるものではないか」と説明した。彼は心から納得した様子であり、以後、この問題を取り上げることはなくなった。

　不良債権の定義は、紆余曲折を経て、銀行法に基づいて銀行のリスク管理のあり方を監督する手段となったものと考えられる。

B 理論

　銀行は預金を受け入れて貸出を行う企業である。以下では、不良債権額のディスクロージャーについて考えるための理論的な説明として、銀行にとってのディスクロージャーの重要性、不良債権の定義と貸出契約の関係、貸出契約の不完備性について整理し、これらをふまえた日米比較を行う。

■ 預金と銀行のディスクロージャー

　企業としてみた銀行の最大の特徴は、預金を受け入れていることにあり、金融商品としてみた預金の最大の特徴は、決済手段として用いられることにある。

　預金は、預金者からみて以下のような性格を有していることから、決済手段として用いられる。

　まず、国内のすべての銀行に共通の商品だということである。その価値については、当該銀行の信用度にかかわらず同一のものであって、ある銀行の預金を他の銀行の預金に振り替える際に、ディスカウントやプレミアムが付されることはない。第二に、預金は、基本的に流動性の金融商品だということである。要求払預金は、期限の定めがなく、1円単位での引出が可能であり、定期性預金であっても、一定のペナルティを支払えば、期限前解約が可能である。第三に、すべての企業が預金口座を有しており、預金口座間の資金決済は銀行間で安全確実に行われることである。これによって、預金者は、危険でコストのかかる現金送金や多数の相手との煩雑な相殺手続を行わずとも、安全で効率的な資金決済を行うことができる。

　これを、資金決済に関する情報処理の効率性からみると、多数の企業間の資金決済に必要な情報通信ネットワークが、中央に銀行システムが位置するハブ＆スポークシステムとなることで、簡素化されていることになる。こうしたことから、預金を通ずる決済は、経済社会におけるインフラストラク

チャーとして機能している。

　一方、資金運用の手段としてみた場合の預金は、他の金融商品に比して特に有利な商品とはいえない。収益性や転売可能性については上場有価証券等に劣っている。また、安全性に関しては、発行体である銀行財務状況は、その資産の大宗が多数の先に対する貸出であることから、判断しづらいものである。しかも、銀行預金には、一般に、担保や保証が付されていないので、預金者は、銀行の財務に問題が生じた際に、自己の資金を保全する手段を持ち合わせていない。

　したがって、預金者は、銀行の財務状況に懸念をもった場合には、資金をとどめておくインセンティブをもっていない。懸念の真偽を確かめることにコストをかけるよりも、まず資金を引き出すことが合理的な選択となる。経済学では、こうした預金者の行動について、ゲーム理論を応用した分析が行われている。これによれば、資金の引出しの判断に際して、預金者が相互に参照し合う結果、銀行預金の残高の均衡としては、だれも資金を引き出さない安定した状態と、資金の引出競争となる取付の状態の両極の均衡が存在することが示されている。

　こうした預金の特性を銀行からみた場合には、ディスクロージャー等に以下のような困難があるために、安定的に残高を維持することに大きなコストがかかる資金調達手段ということになる。

　まず、銀行と預金者の間の情報量の格差が大きいうえ、預金者の数が非常に多いことから、信認の維持に必要な情報の伝達に大きなコストが伴う。また、銀行の資産の大宗が多数の先に対する貸出であることから、その評価に関する情報の正確性を証明することが困難である。さらに、預金者に対する保全の手段としての担保や保証は、預金者数が非常に多く、預金残高が常に変動していること等から、提供することがきわめて困難である。

　一方、預金によって資金を調達している銀行の資金繰りを一般の企業と対比すれば、困難に陥った際の下支えとなる要因が小さいことが特徴と考えられる。すなわち、一般の企業に取引信用を供与している取引先には、自己の

資金を保全しようとするインセンティブの一方で、取引相手が存続することにメリットがあるので、売掛金の回収や買掛金の支払期限設定について配慮しようとするインセンティブもある。しかし、銀行の預金者は、もともと決済手段として預金を保有していたのであるから、資金を保全したいインセンティブはあっても、銀行の窮境に際して資金を引き出さないでいるインセンティブを有していない。また、銀行サイドとしても、預金の払出しの猶予を求めることは、決済手段としての預金の特性を自ら否定することである。それ自体、事業の継続困難につながる恐れがある。

　以上から、銀行が預金残高を維持するためには、預金者に対し、正確な財務状況のディスクロージャーを適時に行い、その内容について十分な信頼を得ることが不可欠である。その際にディスクローズすべき情報としては、一般の企業と同様の財務情報に加えて、健全性を示す指標としての自己資本比率や不良債権額の計数が重要となる。このうち自己資本比率については、企業としての銀行の行動や規制とのかかわりでさまざまな論点があるので、別途後述するとし、ここでは、不良債権額について、銀行の財務情報としての意義を整理しておくこととしたい。

　一般に、不良債権額については、その銀行の財務状況がどの程度悪いかを示す計数として受け止められることが多いものと思われる。しかし、会計上は、適正な償却・引当が行われていれば、不良債権の発生に伴う損失は、すでに毎期の損益計算のなかで処理されている。したがって、不良債権額が多額であること自体が財務内容の不健全性を示すものではないはずである。また、事業としての採算上も、資産全体として、不良債権の発生に伴う損失をまかなうに足る金利収益が得られるのであれば、問題はないはずである。

　不良債権額のディスクロージャーの意義は、そうした結果としての財務の不健全性ではなく、銀行が貸出を行うにあたって、将来のリスクをどの程度的確に予測し、管理しているかの程度を示すところにある。これは、不良債権は、当初約定のとおりに弁済が行われない債権を指すという定義に対応したものである。ここからすれば、不良債権比率が高い銀行は、その事業の環

境やリスク管理体制から、貸出の実行後、予測に反して契約を実行してもらえないことが多い銀行ということになる。

■ 銀行と窮境企業の関係

ここで、不良債権のディスクローズの範囲について説明するにあたって、窮境に陥った企業をめぐる現象について、銀行との関係を中心にみていくこととしたい。

企業が窮境に陥るプロセスにおいては、銀行に対し約定どおりの元利弁済を行うための資金繰りに懸念が生ずることが最初の症状となる。この段階では、銀行の債務者区分においては要注意先に該当するものとされる。銀行は、第7章理論編で論ずるような企業との継続的関係のもとで、この症状を早期に把握して業務の見直しを求めることが想定されているが、現実には、情報生産能力が十分でないために適時の対応が行えないこともしばしばである。また、貸出先の企業の側では、一般的な景気停滞や貸渋りと自社固有の問題との区別ができず、業務見直しの機会を逸することも多い。さらに大企業においては、業況の正確な把握等の能力が事業の規模に比して不十分であるために、この段階で、債権者からの規律づけが発生しない場合もある。

企業の窮境がさらに進行した場合には、取引先との資金決済に困難が発生する。企業は、事業の推進よりも売掛金の早期回収や買掛金のサイトの長期化に注力せざるをえないが、そのことは取引先に信用不安を発生させ、資金繰りの悪化を加速させることとなる。このため、企業は銀行等に対し、借入れの増額や弁済の条件変更を要請することとなる。この段階で、条件変更の要請に対応する債権は不良債権に分類され、その企業の銀行における債務者区分は要管理先となる。ただし、わが国においては、短期の貸出をローリングさせるという慣行があるため、正常な増加運転資金と不健全な貸増しとの区分があいまいであり、こうした局面の変化がはっきりしないことが多い。

企業の条件変更の要請に対し、銀行は、そのままでは自らの損失拡大につながると判断する場合には、要請を拒絶するとともに、事業の抜本的な再構

築を求めることとなる。この段階で、銀行における債務者区分は破綻懸念先に変更される。これによって、企業は整理の局面に入ることとなる。この過程での資金繰りについては、銀行は、追加担保の提供等がない限り、追加融資がそのまま追加損失につながるおそれがあるため、資金の供給に応じないことが多い。特に大企業については、いわゆるメイン寄せ等によって損失拡大を強いられることをおそれるため、資金繰困難が急速に深刻になることがある。なお、銀行の実務家からは、破綻懸念先への分類や個別引当金の計上によって追加融資ができなくなるという主張が行われることもある。この点については、組織のなかでの立場上は理解できる面もあるとしても、こうした経済実態を会計面から逆にみたものであって、因果を逆転した認識であるとせざるをえない。

　こうした局面を経て、企業が抜本的な業務再構築を行おうとする場合、銀行が、他の債権者とも合意のうえ、必要な資金を供給することとなれば、私的整理の実施が可能となる。しかし、企業が適時に業務再構築に着手しない場合や、債権者の間で資金供給の合意が成立しない場合には、担保権の実行や資金繰破綻による混乱に陥るおそれが生ずる。法的整理は、こうした混乱を回避して債権者の間の公平を確保するために裁判所の関与を求める手続である。その内訳としては、民事再生法や会社更生法のような再建型の手続と、破産法のような清算型の手続とがある。こうした企業の整理の機能については、第6章理論編において詳しく説明する。この段階の企業は、銀行における債務者区分において、破綻先・実質破綻先に区分される。

■ 銀行貸出の不完備契約

　以上のプロセスのなかで、ある債権が不良債権に該当するか否かは、企業の要請が条件変更に当たるか否かを判定することによることとなる。その際には、企業が変更を求める対象となる貸出契約がどのような内容で定められていたのかが論点となる。

　そこで、以下、取引としての銀行貸出の性格を考えることとするが、その

際、まず、企業と銀行の関係においては、情報の非対称性（Information Asymmetry）の処理が基本となることに留意する必要がある。すなわち、貸出の弁済の原資を生み出す事業の収益性に関しては、当該企業は豊富に情報を有しているが、銀行は十分には情報を有していない。また、その評価についても、企業は相対的にリスク選好的にとらえるが、銀行は相対的にリスク回避的にとらえることとなる。

　これをふまえて、銀行が企業に貸出を行おうとする際の採算を考えてみると、事前に返済能力を審査するためのコストが必要となるが、これに対応した収益を得られる時期は、貸出を実行し、返済期限に元利が弁済された段階となることが重要である。すなわち、銀行からみた貸出の採算は、情報処理のコストが前払いになるという性格を有している。弁済が十分に行われなかった場合のみならず、審査の結果貸出を行わなかった場合も、銀行にとっては損失が発生する。

　こうしたなかでは、企業と銀行が反復継続して取引を行うことに経済合理性がある。すなわち、銀行がすでに貸出を実行し弁済を受けた企業に再度貸出を行うのであれば、事前の審査コストをかなり節約することができるとともに、元利弁済による利益について確度の高い見通しを立てることができる。企業からみても、銀行への情報提供に要する費用を節約できることが重要である。したがって、銀行貸出の契約は、個別の取引自体は比較的短期間であっても、同一の企業と銀行の間で反復継続されることによって、実質的には長期的な性格をもつこととなる。こうした「長期の黙示的契約」（Implied Long-term Contract）という形態は、雇用契約等、情報の非対称性が重要となる取引分野で広くみられるものである。

　こうした企業と銀行の長期的関係のもとで、具体的にどのような契約が締結されるかに関しては、法と経済学（Law and Economics）において、「不完備契約」（Incomplete Contract）の理論の一環として、さまざまな分析が行われている。この理論によれば、銀行貸出の契約においては、たとえば企業の返済能力が悪化した場合、資金需要が増大する場合、資産価格が変動する場

合、金融市場の状況が変動する場合等、その契約期間中に生じうるさまざまな状況について、どのように処理するかをすべて定める必要が生ずる。しかし、そうしたすべての状態について明確に記述することは、禁止的なコストが必要となるので、現実に行うことが不可能である。この結果、すべての貸出契約は、必ず不完備契約となるものとされている。

そして、不完備契約においては、契約に明確に記述されていないような状況が発生しうるので、その場合には、契約内容を見直すことが必要となる。この理論では、こうした見直しを「再交渉」（Renegotiation）と呼んでいる。

不完備契約の理論では、契約の内容を事前にどの程度詳細に規定し、どの程度再交渉に委ねるかは、当事者が、各々に伴うコストを対比し、効率的な資源配分を行うことによって決まってくるとされる。事前に定めるためのコストについては、多くの事態を想定しておこうとすればするほど、現実には当該事態が発生しないでコスト倒れになる可能性が高まる。一方、再交渉に委ねることに伴うコストに関しては、それまでに行った契約固有の投資が「サンクコスト」（埋没費用、Sunk Cost）となることによって、交渉が「ホールドアップ問題」（Hold-up Problem）となり、妥結しないおそれが大きくなることがあげられる。ただし、当事者の力関係が一方的であるような場合には、結果として小さなコストで妥結することとなる。このほか、両者にかかるコストの対比に関しては、法律の任意規定や判例が整備されているかどうか、契約期間中の状況変化の可能性の大小等が要因として考えられる。

次に、この両者の組合せが経済社会の厚生水準に与える影響については、再交渉に伴って契約期間中に行われた固有の投資が無駄になることを、いかに効率的に排除するかが論点となる。この理論においては、こうした固有の投資の性格に対応し、再交渉の可能性の大きな金融契約とそうでない金融契約とを補完的に用いることの有効性を指摘する分析がある。これを、具体的な金融取引に当てはめて考えると、前者が銀行貸出、後者が社債発行に対応すると考えられる。

また、再交渉に際しては、担保が大きな効果をもつこととなることに留意

する必要がある。すなわち、企業と銀行の間の情報の非対称性は再交渉においても存在している。たとえば企業が資金繰困難に陥った際に、当面の返済繰延べ等によって困難を乗り切れるか否かの判断に関しては、情報量の大きな企業の主張のほうが説得力をもつ可能性が高くなる。第7章理論編で論ずるように、担保は、こうした局面で、情報劣位にある銀行にオプションを与えるものとして機能する。すなわち、担保権の行使によって損失を回避することが可能であれば、銀行は再交渉の打切りと条件変更の双方を選択肢としてもつことによって、企業に対する交渉上強い立場となり、自らに有利な結果を得ることが可能となる。

さらに、再交渉に関しては、関連する当事者の数や決定権の所在等が重要となる。企業と銀行とが1対1で再交渉する場合には、合意形成は比較的に容易であるとしても、当該企業に対する債権者が多数存在する場合には、合意形成は容易ではなくなる。また、多数の者の間の交渉において、各当事者が拒否権をもつような場合には、交渉の妥結しないおそれが高くなる。倒産手続は、こうした場合にも交渉と合意形成が円滑に進められるための枠組みである。このように、倒産先に対する債権と再交渉中の債権との境界は、倒産制度がどの程度間口の広いものになっているかに依存しており、各国間で一律のものではない。

■ 日米の不良債権の対比

以上の基本的整理をふまえ、日米の銀行貸出の契約を対比してみると、顕著な差異がある。すなわち、アメリカでは、貸出契約はきわめて詳細であり、規定内容も具体的であるのに対し、わが国では、貸出契約は基本的に簡素であり、規定内容も抽象的である。アメリカに比し、わが国の銀行貸出の契約は不完備性が高いものである。

その要因として、わが国では、かつて銀行の立場が強かったことの影響が残っていることが考えられる。かつては、銀行は基本的に手形を用いて貸出を行っており、実質的には長期の資金であっても短期でローリングさせるこ

とで、頻繁に貸出実行の決定権を握る機会を確保していた。また、かりに手形を落とせなかった場合、企業に対しては、銀行取引停止処分を受けることにより、預金での決済を伴う取引をまったく行えなくなるという強いペナルティが課されることになる。さらに、銀行は、通例、貸出を保全するに十分な額の担保を徴求している。その多くは不動産であり、かつては継続的に価格が上昇していたため、銀行は、再交渉に際して一方的にオプションを有する立場にあった。なお、かつてのわが国の倒産制度はきわめて制限的であり、一部の大企業を除けば、銀行への弁済を停止しながら事業活動を継続しうるとはあまり考えられなかった。このことも、銀行の立場を強くしていたものとみられる。以上の要因から、わが国の銀行貸出の契約は、再交渉に委ねられるところが非常に大きなものとなっていたと考えられる。

したがって、わが国においては、不良債権の判定にあたり、企業が契約に反しているか否か自体が不明確となっている。たとえば、弁済期限において手形を落とす資金がなかったとしても、銀行が短期のつなぎ融資を行ってくれれば、期限どおり弁済したこととなる。したがって、それが実質的に一時的な流動性対策なのか実質的に延滞なのかを判定することが必要となる。これに対し、アメリカにおいては、貸出契約に反したか否かは客観的に明確である。また、金利の改定に際しても、貸出は市場における取引とされているので、不良債権への該当いかんは、その時々に決まるべき市場金利を基準として判定することになる。たとえば、既存の貸出について条件緩和が行われれば、その年の決算では不良債権として区分されるものの、緩和後の条件が同等のリスクをもつ新規貸出の条件に相応したものであれば、翌年からは不良債権と判定する必要がないとされることになる。

また、銀行貸出の実行状況についても、日米では大きな差異があると指摘される。すなわち、アメリカにおいては、実行された貸出は、期限がくれば全額回収されることが基本であり、企業が引き続き資金を調達しようとする場合には、新規の契約が必要だとされる。これに対しわが国では、形式上は手形割引や手形貸付のような短期の貸出であっても、期限到来後は、そのま

ま更新することが暗黙の前提となっていることが多い。銀行の側では、こうした実質長期の貸出を保全するために、企業の所有する不動産に根抵当権を設定したり、企業の経営者等から包括根保証を提供させたりすることが多い。一方企業の側では、こうした実質長期の借入れについて、あたかも出資を受けているかのように認識していることもある。第7章現実編で論ずるように、これは同床異夢の状況であり、企業が窮境に陥った場合は、貸出の更新拒否が可能と考える銀行と経営関与なしの残高維持が可能と考える企業との間で、決定的な齟齬が生ずることとなる。こうした状況のもとでは、当該貸出が不良債権に該当するか否かの判定はきわめて困難となる。

さらに、企業が抜本的な業務再構築を行った場合においては、以上とは逆に、アメリカでは、その状況を前提に新規に貸出契約が結ばれるという形式から、不良債権には該当しないと判断できる一方、わが国では、継続的な資金供給であるという実態から、貸出が不良債権でなくなったか否かを判定することがきわめてむずかしいという問題がある。

このように、不良債権について同様の定義を設けたとしても、銀行貸出の契約の性格の差異から、アメリカでは客観的な整理が可能であり、わが国では微妙な判断が必要となるという相違が生じてしまうことになる。これが、不良債権額のディスクロージャーの定着過程で生じたさまざまな摩擦現象の背景にあると考えられる。

第2章

銀行の経営破綻

A　現　実

金融監督庁の発足

　1998年夏、金融監督庁は、きわめて強い緊張のなかで発足した。日本長期信用銀行をめぐる信用不安が危機的状況にあったからである。

　設立当初の金融監督庁に対して、報道機関からの質問が集中していた点は、それまで大蔵省が採用していたとされる「主要行は破綻させない」という方針を引き継ぐのかどうかであった。かりに肯定的に答えれば、大蔵省と同様に事態を隠蔽し、問題を先送りするものと攻撃される一方、かりに否定的に答えれば、日本長期信用銀行に対する信用不安に拍車を掛けるおそれがあった。金融監督庁は、「公正で明確なルールに基づく透明な行政」を行うために大蔵省から分離された。しかし、発足当初から、市場からの信認や官庁としての存在意義を失うおそれと、日本長期信用銀行の信用不安と金融システムの危機を悪化させるおそれというジレンマを抱えることになった。

　当時、筆者は、金融監督庁官房企画課長として、こうした質問に対する想

定問答を作成する職責を負っていたが、このジレンマのもとでは、その場しのぎのコメントしか起案できないでいた。個別銀行の経営危機への対応には経験があったものの、多くの方々から、金融危機への対応と従来の金融行政からの脱却が同時に求められる局面では、単なる前例踏襲は意味がないと指摘されていたのである。

　しかも、新設官庁である金融監督庁では、より低次元の困難が山積していた。まず、官庁としての基礎的な機器や資料すら整っていなかった。筆者は、個人的に用意した資料の段ボールを開きながら、私物のワードプロセッサーで上記の想定問答を作成していたのである。また、職員数も著しく少数であった。明確なルールに基づく行政を行うことを理由として、官房や監督部にはごく少数の職員しか配置されていなかった。大蔵省時代であれば期待できた他部局からの応援も、独立官庁であるとして認められない。従来は大蔵省証券局に属していた企業財務等の関連部署も、分離時点で、大蔵省の出先である財務局に移設され、金融監督庁の職員との一体運用は不可能となった。さらに、たとえば国会対応等については、他省庁と横並びでの事務が求められるが、そのための組織はほとんど設けられていなかった。筆者が見渡したところ、どの職員も設立当初から疲労困憊しており、まさに荒海に小船で漕ぎ出したような状態であった。

　この時点での筆者の当面の課題は、政府・自民党による「金融再生トータルプラン（第二次とりまとめ）」の策定に関連する問題への対応であった。しかし官房の管理職は、総務課長のほかは筆者だけであったので、大蔵省が提案していたブリッジバンク法案に関する協議や、改正銀行法等の政省令の策定をはじめとして、庁内の特定の課に属しない雑多な職務の多くを担当することとなった。課員は、政省令や庶務の担当を含め、わずかに５名であった。

　ちなみに、ブリッジバンクとは、破綻銀行から資産負債を引き継いで処理するために、預金保険制度に基づいて設立される銀行のことをいう。ブリッジバンク法案では、破綻した銀行については、監督当局によって選任された管理人が裁判所のもとで整理を行ったうえで、営業譲渡等の処理を行うが、

譲渡先が出てこない場合に備えて、政府が承継銀行を設立しておくわけである。

さて、1998年夏の筆者にとってさらに大きな問題は、金融監督庁と大蔵省の分担が不明確だったことである。たとえば、「金融再生トータルプラン（第二次とりまとめ）」の文書策定に関しては、最も重要な項目であるブリッジバンク法案は大蔵省の担当であったものの、プラン全体の主眼は市場参加者に信認されるに足る金融システムの透明性の確立にあり、法案は、その結果として銀行破綻が生じた場合に用いられるツールという位置づけであった。このため、プランの実質的な内容が決定された段階で、文書として整理する基礎的事務が宙に浮いてしまった。筆者は、総理官邸における政府与党連絡会議の当日の未明になって、文書をだれも作成していないことに気づき、ひとりで懸命にワープロを叩いて作成し、官邸に送付した記憶がある。文書としてのできあがりは、突貫作業にしてはまずまずだったと思うが、文書整理上の誤りを後に指摘され、人知れず冷や汗をかいたことがある。

1998年夏には、こうした苦境のなかではあったが、金融監督庁は、日本銀行とともに、主要行に対する一斉検査を開始した。一方、大蔵省はブリッジバンク法案を国会に提出し、後に金融国会と名づけられた政治的激論が開始されることになった。

■ 平和相互銀行と岐阜商銀の経験

筆者は、こうした状況のなか、膨大な所掌範囲に右往左往しながら毎日を過ごしていた。そのなかでは、ブリッジバンク法案に関する執行面からの協議が重要であったが、日本長期信用銀行をめぐる情勢についても、担当外ながら大きな関心をもっていた。これは、筆者の経験に基づくものである。

筆者は、これまでの間に、1985年から1986年の平和相互銀行事件、1992年から1994年の岐阜商銀事件という2回の経営破綻を経験していた。いずれも、預金保険等のセーフティネットが整っていないなかでの処理であること、犯罪までからむ乱脈経営の結果であること、民事や刑事の法的措置が求

められるのに専門スタッフがいないこと等から、担当官としては、きわめて重苦しく、かつ緊張に満ちた対応が求められた。

平和相互銀行は、首都圏に多くの店舗を有する第二地方銀行であったが、リゾート開発関連の無軌道な大口融資により多額の不良債権を抱えていた。当時、筆者は大蔵省銀行局検査部に属していたが、乱脈経営や反社会勢力との関係もあり、検査結果を整理すること自体が著しく困難であった。それでも、いずれにせよ、現在の尺度で考えれば、当時の預金保険の財政全体を上回る規模の不良債権を発生させているとみられた。一方で、内部抗争による情報リーク合戦から、不良債権やスキャンダルの情報が毎日のように報道されるため、いつ取付けが起きてもおかしくない状態が続いていた。

こうしたなかで、当時の大蔵省銀行局は、銀行の経営者と激論を繰り返した末、中間決算の配当を認めないという決定を下したのである。これは、当時の感覚では、直ちに取付けに追い込むような措置であった。しかし、別途水面下で進めていた住友銀行との協議が間に合うことによって、支援体制を発表することができ、平和相互銀行の資金繰破綻を避けることができたのである。筆者は、発表前夜、取付けの不安でどうしても眠れなかったことを記憶している。

また、岐阜商銀事件は、筆者が東海財務局理財部長として、矢面に立って処理した事件である。岐阜商銀は小規模な信用組合であったが、暴力団にのっとられ、ほかの暴力団からの大口預金等を原資として企業舎弟への貸付を行い、すべて回収不能としたものである。

これは、戦後混乱期を除けば、わが国で初めてとなる導入預金事件であった。導入預金とは、金融機関が、特定の第三者に融資をすることを条件に、特別の金銭上の利益を得る目的のある者から、預金等を融資の担保にとることなく受け入れることをいい、犯罪である。

筆者の職責は、直接の検査監督は岐阜県が、刑事面の捜査は司法当局が所管しているなかで、取付けを起こすことなく岐阜商銀の経営破綻を処理するよう全体を進行させていくことであった。しかし、その職務は、現地に着任

した当日も資金繰りの綱渡りをするという、極度に切迫した状況から始めねばならなかった。また、相手が暴力団であったため、当局や岐阜県の職員による検査監督は著しく困難な状況で行わざるをえなかった。当時、銀行員が暴力団員によって射殺されるという事件もあったなかで、現在のような組織的枠組みはなく、職員はいわば丸腰であった。筆者自身の執務室にも、暴力団員が乗り込んできたことがある。

　しかし、事案を処理するうえでの最大の問題は、こうした物理的な脅威等もさることながら、取付けを防ぐためには他の金融機関等の支援が必要だが、他の金融機関等に協力を求めるには暴力団を駆逐して実態を解明せねばならず、暴力団駆逐のために司法当局が動くことは取付けの引き金になるというトリレンマに悩まされたことであった。筆者は、岐阜商銀を所管する岐阜県等に適正に対応してもらうための説得に大変な労力を費やした。先方も、県議会対策で並々ならぬ苦労をしたと聞いている。

　結局、本件では、まず、警察が岐阜商銀の店舗の家宅捜査を行って暴力団員を逮捕し、次いで岐阜県とその顧問弁護士による実態解明が行われ、これらをふまえて、関西興銀による合併を主軸とする処理スキームを構築するという順序で処理を進めていった。しかし、その途中ではさまざまな危機的局面があった。なかでも、筆者の予測しなかった時点で警察の家宅捜査が行われ、大々的に報道された時点では、取付けの危機に直面することになってしまった。大事に至らずにすんだのは、もともとからの岐阜商銀組合員の共同体意識のおかげであったように思われる。

　さて、1998年夏の時点では、これらの事件の経験に照らし、ある金融機関の破綻を認定することは大変な仕事であり、それを乗り越えても、その金融機関の業務を再構築するためには受け皿が必要であり、受け皿が納得するためには、その金融機関の問題を除去するために取付けの綱渡りを行わねばならないということが筆者の基本認識であった。信用により成り立っている金融機関は、製造業や不動産業のような目にみえる価値を示せないので、いったん窮境に陥ると業務再構築はむずかしい。他の金融機関が受け皿となる等

により、よほどはっきりしたかたちで業務を再構築しないと、結局はまた経営困難に陥ると考えていた。

筆者は、この基本認識をふまえて、大蔵省提案のブリッジバンク法案の協議に際し、重要な修正を申し入れ、受け入れてもらった。大蔵省の原案は、金融監督庁が検査監督により債務超過と認定すれば、職権により破綻処理を開始するというものであった。筆者の申入れは、これに加えて、金融機関自身が破綻を認識すれば、その旨の申出義務があるとしてほしいというものである。現実の金融行政においては、金融機関が徹底的に抵抗したり、資金繰危機が生じたりするため、破綻か否かの認定が不確実な場合もある。また、業務の再構築が円滑に行われるためには、金融機関の役職員自身が現実を受け入れることが不可欠だからである。

また、この観点から1998年夏の日本長期信用銀行をみると、筆者個人としては、負債の全額保護が宣言されているなかでは、取付けの心配がないはずであるとみていた。受け皿として、住友信託銀行という堅固な業務基盤をもつ金融機関が存在しているのだから、筆者が過去の事件で悪戦苦闘した問題点はすでに解決されているように感じられた。一部に、天文学的な額のデリバティブ取引の清算が困難なので、破綻させてはならないという指摘も出されていた。しかし、筆者は、負債を全額保護する以上、この指摘はまったく当たっておらず、デリバティブ取引は、単に、期限がくれば順次巻き戻せばよいだけだと考えていた。むしろ、日本長期信用銀行の業務基盤はすでに脆弱となっているのだから、現実認識の結果が破綻であれば、住友信託銀行に営業譲渡すればよいだけではないかということが感想であった。

■ 特別公的管理

しかし、日本長期信用銀行問題という個別事案は当時の筆者の担当ではなかったし、金融国会でのブリッジバンク法案の審議は徹底的に政治レベルで行われた。また、筆者は、第1章現実編や第3章現実編で論じるように、不良債権額のディスクロージャーや引当率に関する説明に走り回っていた。

その間に、日本長期信用銀行の信用不安がさらに厳しさを増していくとともに、金融国会においては、ブリッジバンク法案に対して根本的な修正が決定された。特別公的管理制度を導入する等により、金融再生法として全面修正することである。この段階では、筆者にとって、不良債権額のディスクロージャーが最重要課題であったが、特別公的管理制度についても、その執行可能性に関する金融監督庁としてのコメントを整理するよう、関係議員から指示を受けた。

　ここで、銀行の破綻処理の制度をおおまかに整理すると、ブリッジバンク法案にも盛り込まれていた整理管財人制度が倒産制度の修正版であるのに対し、特別公的管理制度は、企業買収制度の修正版であるということができる。ここから、開始や終了の手続と権利義務の調整範囲に関し、両者の差異が生じてくる。すなわち、特別公的管理制度では、法的整理を伴わずに、破綻銀行の全株式を政府が強制的に取得する。株主への対価は、株価算定委員会によって事後的に精算されるので、対象銀行が債務超過でなくとも、準特別公的管理として制度を適用することが可能とされた。また、特別公的管理銀行に対しては、政府が新しい経営陣を選任して、資産負債の整理等を行わせることとされた。これは、裁判所のもとでの手続ではなく、株主としての権限行使である。このため、対象銀行がそれまで結んでいた契約関係はそのまま継承される。さらに、特別公的管理の終了は、他の金融機関への合併や事業譲渡以外にも、多様な先への株式売却によることが可能とされた。

　正直なところ、筆者個人としては、株式の強制買付けという強権の行使に不安を感じた。しかし、この点については、金融危機のさなかであり、金融監督庁としては、非常の措置はやむをえないという考え方が一般的となった。また、契約関係が継承されることで、デリバティブに象徴されるような複雑な取引の清算に伴う混乱を確実に回避できるという長所があることも確かであった。さらに、国有化を強調することで、国際的な信用不安を防止することが容易になるとみられた。

　一方、筆者としては、取引先や従業員との契約関係を再構築できないので

あれば、信用失墜につながった業務基盤もそのままにせざるをえないのではないかという疑問を感じた。また、対象銀行が単体のまま一時国有化されるということから、雇用契約を維持される職員が民間企業らしい勤務意欲を失うおそれがあると考えた。さらに、特別公的管理の終了時に株式を売却するに際しては、国有財産の売却としての採算性が重要となるので、業務再構築につながらない投機的な目的での買収であっても、相対的に有利な応札であれば応じざるをえないのではないかという懸念があった。このように、特別公的管理は大変な両刃の剣であるということが金融監督庁の考えであった。

個別事案に関しても、住友信託銀行のように堅固な受け皿が存在している場合には、適用するかどうかに慎重な検討が必要だと考えられた。しかし、前述のように、破綻を経て、事業が円滑に再構築されるためには、当該銀行の役職員自身の認識が最も重要である。そして、日本長期信用銀行の役職員は、一時国有化されることを希望しているということであった。筆者の個人的感想は、民間企業の役職員の考え方としては残念だというものであった。しかし、当事者が受け皿を拒絶するのであれば、監督当局としてはやむをえないと考えざるをえなかった。

ところが、金融再生法適用に向けた最終段階で、筆者にとっては大きな驚きが待っていた。日本長期信用銀行が資産超過だとして準特別公的管理を要請する申出を行ったのに対し、金融監督庁は債務超過だとして本則の特別公的管理を決定したのである。筆者としては、直前に金融担当大臣に就任された柳澤大臣をはじめとする上司の勇断と、これを支持した官邸の英知に感嘆する以外になかった。日本長期信用銀行の申出をそのまま受け入れていれば、金融監督庁は、現実から目をそむける監督当局として、市場の信認を喪失していたに相違ない。この勇断は、わが国金融システムが立ち直っていくための最初の大きなステップであった。ちなみに、日本長期信用銀行の破綻処理においては、株価算定委員会による算定株価は0円、資産査定の結果は2.7兆円という巨額の債務超過であった。

また、同年12月には、かねてから経営困難に陥っていた日本債券信用銀行

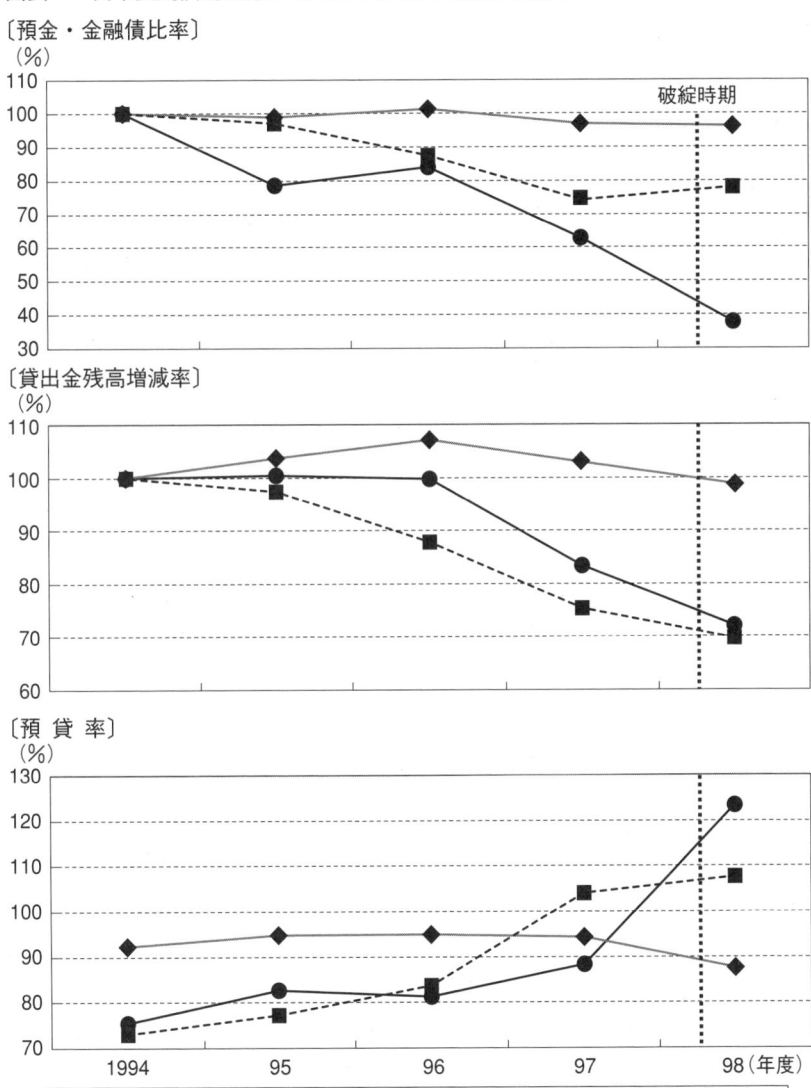

図表4　日本長期信用銀行および日本債券信用銀行の破綻

〔預金・金融債比率〕

〔貸出金残高増減率〕

〔預貸率〕

―●―　日本長期信用銀行　　---■---　日本債券信用銀行　　―◆―　全国銀行平均値

(資料)　全国銀行協会連合会『全国銀行財務諸表分析』、各銀行ディスクロージャー誌
(出所)　金融庁委嘱調査「金融機関の破綻に関する調査報告書」三井情報開発株式会社

も、検査の結果債務超過と認定され、特別公的管理の対象となった。同行の破綻処理における資産査定の結果は3兆円もの債務超過となった。

日本長期信用銀行と日本債券信用銀行の破綻に至る財務の状況は図表4のとおりであった。

■ 地域銀行の経営破綻

1999年夏、筆者は地域銀行を監督するために新設された銀行監督第2課の課長に任命された。辞令をいただいた翌日、なみはや銀行の経営者から面会の求めがあり、先方から、進行中の銀行検査にかんがみると、銀行の存続が困難であると認識せざるをえないという発言を聞いた。また、その数日後には、なみはや銀行の取引先中小企業の団体の訪問を受け、銀行が破綻すれば連鎖破綻しかねないので、決して潰さないでほしいという申入れを受けた。筆者としては、胸のつまるような思いで黙っているしかなかった。

なみはや銀行は、福徳銀行となにわ銀行という大阪の2つの銀行が合併して発足したばかりの銀行であった。この合併は、1997年秋、特定合併という特異なスキームに基づいて行われたものである。このスキームは、経営困難ではあるが破綻していない複数の銀行が預金保険機構の認定を受けて新設合併を行う場合には、公的資金により不良債権を買い取ってもらうことができるというものである。政治的には厳しい批判を受けたものの、大蔵省銀行局が、預金保険財政が逼迫しているなかで工夫を重ねた苦心の作であった。

しかし、金融監督庁発足時に開始された一斉検査がなみはや銀行に及ぶと、こうした措置が講じられた後であっても、同行が大幅な債務超過であることは明々白々となった。円滑に破綻処理し、取引先の被害を最小化することが急務であった。しかし、特定合併時に不良債権を譲渡したはずなのになぜこんなことになるのかという問題や、当時の不良債権の買取価格が適切だったのかという疑念など、多くの論点を追及されることが想定された。筆者は、ありとあらゆる追及を想定し、回答案をつくって苦吟を重ねていた。

結果としてみれば、なみはや銀行の経営破綻は、こうした悪材料にもかか

わらず、比較的順調に進むこととなった。まず破綻認定については、担当の近畿財務局による対応によって、当時の経営陣が納得して破綻の申出を行い、整理管財人を受け入れてくれるようになった。その事業は、2001年初に近畿大阪銀行等に営業譲渡されている。また、過去の金融行政に関する追及も、「その時々の状況のもとで最善を尽くしてきた」旨、心から平謝りを繰り返しているうちに、なんとか一段落させてもらうことができた。筆者としては、全額保護のもとで、取付けの不安なしに経営破綻を迎えることができることに大きな安心感を覚えるとともに、金融監督庁の設立によって過去と断絶することで、かつての金融行政の延長ではなしえなかった整理が可能となったものと痛感した。

　次に焦点となった銀行は、新潟中央銀行であった。これは、新潟に本店を置く第二地方銀行であり、同族経営者の独断に基づくリゾート関連の大口融資により多額の不良債権を抱えていた。筆者の就任直前には、一斉検査の結果に基づく早期是正措置が発動されていた。

　筆者のカウンターパートは、同族の前任者が引責辞任した後に就任した経営者である。背負わされた苦境に困惑しておられるように見受けられた。筆者としては、公的資金による資本増強はむずかしい一方、明々白々の債務超過ということでもなかったので、悩みをお聞きしながら、是々非々で応答する以外になかった。結局、取引先等に第三者割当増資を引き受けてもらい、過少資本状態から脱却しようとする試みを見守ることとなった。

　新潟中央銀行のこの試みは、悲劇的な結末となった。事業基盤が脆弱な同行は、取引先の支援では必要な増資を行うことができず、外部に大口投資者を募ることとなった。模索の末、報道機関の取材に対し、新潟中央銀行が大口引受先としてあげた企業名は、外国語学校大手のNOVAの名であった。ところが、その直後同社は、一転して記者会見を行い、引受けを拒否する旨を発表した。その後は、雪崩のような資金流出が発生し、短期間のうちに、破綻の申出が行われるに至った。破綻した新潟中央銀行については、1年半の管理期間の後、長岡に本店を置く大光銀行等への営業譲渡が行われた。

図表5-1　金融機関の破綻件数

年度	1991～94	95	96	97	98	99	2000	01	02	03	04	05	06	07	08	09	10
銀行	1	2	1	3	5	5	0	2	0	1	0	0	0	0	0	0	1
信用金庫	2	0	0	0	0	10	2	13	0	0	0	0	0	0	0	0	0
信用組合	5	4	4	14	25	29	12	41	0	0	0	0	0	0	0	0	0
計	8	6	5	17	30	44	14	56	0	1	0	0	0	0	0	0	1

図表5-2　預金保険機構による資金援助実績の推移　　（単位：件数、億円）

年度	1991～94	95	96	97	98	99	2000	01	02	03	04
金銭贈与額	1,084	6,008	13,160	1,524	26,843	46,571	51,564	16,422	23,180	0	0
資産買取額	0	0	900	2,391	26,815	13,044	8,501	4,064	7,949	0	0

(注)　資金援助は管理等の終了時等に行われるため、破綻件数とは対応関係にない。
(出所)　預金保険機構、金融庁委嘱調査「金融機関の破綻事例に関する調査」中北・西村教授グループ

　新潟中央銀行は、一連の地域銀行の連続破綻の最後の例であり、財務状況からみても限界事例であった。筆者としては、監督当局が的確に行動している場合には、かりに銀行が破綻するとしても、こうした早期是正措置と資金繰破綻が基本的な流れとなることを確認した。

　金融機関の経営破綻は、図表5-1および5-2に示したように、ペイオフが部分解禁される直前の2001年度末まで引き続くことになる。しかし地域銀行については、新潟中央銀行の破綻の後、再編が主流となっていった。筆者の職務も、それに応じて地域銀行に対する監督行政の態勢整備へとシフトしていった。

　そうしたなかで、法的整理である破綻処理ではなく、実質的に私的整理が行われた銀行がわかしお銀行である。

　わかしお銀行は、もともと、東京に地盤をもつ第一相互銀行であったが、

暴力団関連等への乱脈融資で破綻直前となり、1989年、当時の太陽神戸銀行の管理下に入った。その後、相互銀行の一斉普銀転換に際して太平洋銀行として再出発したが、バブル崩壊後の不動産価格下落のもとで再度窮境に陥った。そこで、1996年に、当時のさくら銀行がわかしお銀行を新設し、預金保険機構の金銭贈与を受けて太平洋銀行の営業を譲り受けたものである。この二度にわたる処理については、当然ながら当時の大蔵省銀行局が深く関与しており、他の主要行も支援に参加していた。

しかし、1999年秋には、その後の状況変化によってこの支援体制の継続は困難となっていた。筆者に対しては、関係者から、支援体制を解消する場合には監督当局としてどう対応するかという照会が行われた。

これに関し、筆者なりにその背景を考えてみると、主要行の経営再編の影響が考えられた。さくら銀行は、住友銀行と合併して三井住友銀行となることが決定していたし、その他の主要行も、各々、再編の渦中にあった。各行とも、自らの身辺整理を迫られるなかで、わかしお銀行を支える意欲を失ってしまい、今後についての合意形成ができなくなったのではないかと推測した。

主要各行が支援の要員や劣後ローンを引き上げれば、わかしお銀行はやっていくことができなくなるものと予想された。しかし、筆者としては、このような状況のもとでは、先方の考えを変えるよう説得することも困難と考え、大変苦慮した。銀行監督第2課のスタッフとあれこれ検討した結果、先方に対し、本件が置かれた状況を明確に説明することによって、より広い視野から考えてもらうこととした。すなわち、金融監督庁は護送船団行政と訣別しており、わかしお銀行に対する支援を継続するか否かはあくまで各行の経営判断であることを確認した。そのうえで、主要各行によって人為的に破綻の引き金が引かれたとみられる場合には、保険事故ではないために全額保護の対象外となるおそれがあるという回答を行った。随分割り切った回答であったが、担当官としては、ほかに選択肢がなかった。

その反応は、目覚ましいものであった。さまざまな経緯はあったものの、

さくら銀行が減資を行い、他の支援行が劣後ローンの債権放棄を行うことで、わかしお銀行の財務を身軽にし、さくら銀行を引き継ぐ三井住友銀行だけの関連会社とする方針が合意されたのである。これは、当局の仔細な介入なしに達成された銀行の私的整理であり、2001年春に実行された。

なお、わかしお銀行は、2003年春、三井住友銀行と合併した。これは、三井住友銀行が保有していた財産の含み益を帳簿上現実化させて、有価証券の含み損を一掃するため、三井住友銀行を消滅会社、わかしお銀行を存続会社として行われたものである。いわゆる「さかさ合併」として注目された。

ペイオフ解禁

1999年冬以降、金融機関の検査に伴う破綻処理の波は、協同組織金融機関へ移っていった。その後、筆者は、第3章現実編で後述するりそな銀行に対する経営監視チームへの参加を除けば、監督局総務課長として、個別銀行の問題よりも、ペイオフ解禁等の全体の決定に関連した職務に従事していた。

そもそもペイオフの凍結は、大蔵省銀行局が金融システムの安定化に本格的に取り組み始めた1995年夏に、5年間は預金を全額保護する旨を宣言して以来の時限措置である。その解禁は、金融行政が2000年夏には達成すべき目標であった。筆者としても、預金の全額保護をいつまでも続けていては、家計の金融商品保有が預金に偏り続けること、預金取扱金融機関の経営規律が確立しないこと等により、金融システム全般に悪影響が及ぶと考えていた。

しかし、金融行政の現場をあずかる担当官の立場からは、ペイオフ解禁にはいくつかの懸念があり、十分慎重に検討する必要があるとも考えた。

第一は、円滑な破綻処理への影響である。預金取扱金融機関の破綻処理にあたっては、業務基盤を可能な限り維持したうえで、可能であれば受け皿機関に早期に営業を譲渡する必要がある。その際には、まず、健全な貸出先の資金繰りに悪影響を及ぼさないことが重要であるが、ペイオフ解禁となれば、破綻金融機関の資金繰りに公的保証がつかないこととなるので、管理期間中の貸出判断の基準が著しく厳しくならざるをえない。また、営業譲渡に

あたっては、受け皿金融機関はできる限り大幅な評価減をしてほしいと期待するが、ペイオフが解禁されれば、そのことは預金者に対する配当削減に直結するため、交渉がむずかしくなる。さらに、このようにペイオフ解禁後の破綻処理が困難となる一方、解禁を決定するプロセスでは、今後破綻が生じない旨の確認が求められることが必至であるが、現場の担当官としては安請合いとならないよう、よくよく注意しておく必要がある。

　第二は、資金流出の連鎖である。ペイオフ解禁となれば、預金の引出しが銀行の経営破綻に間に合わなければ損失が発生するので、大口預金者を中心に引出競争が激化するものと見込まれる。不良債権額のディスクロージャーに疑念がもたれていたり、破綻の原因が当該金融機関に固有のものとみなされなかったりする場合には、個別の金融機関の破綻が他の金融機関からの資金流出に伝播していくこととなるが、ペイオフ解禁下では、この伝播が加速し、連鎖破綻を引き起こす可能性が高くなる。かりに、ごく小規模な金融機関が特異な状況下で破綻したとしても、ペイオフ解禁下で、他の金融機関にどんどん伝播した場合、担当官としては、どの段階で金融危機対応会議において全額保護を検討してもらうかがきわめてむずかしい問題となる。全額保護決定前と決定後で、預金者を不公平に扱うことが政治的に可能かどうかは、担当官の判断を遥かに越える難問である。

　第三は、資金決済の維持である。わが国の金融機関の取引先のほとんどは中小企業であり、こうした企業の資金決済は、典型的には取引銀行の当座預金で手形を落とすことによって行われる。多くの企業は、恒常的に借入れに依存するなかでやり繰りを行って、手形を落とせるだけの当座預金の残高確保を続けている。こうしたなかで、かりに取引銀行がペイオフ解禁下で破綻した結果、当座預金の残高が企業の予定していないかたちで減少すれば、企業も手形を落とせずに連鎖破綻しかねない。当座預金の一時的残高不足に対処するには、取引銀行に融通を求めることが一般的であるが、ペイオフ解禁下では、その銀行自体が資金不足に陥っており、これに応ずることは困難と見込まれる。

こうした点を考慮すると、5年間の期限が近づいた1999年冬においては、なお多くの預金取扱金融機関の経営が困難であり、不良債権額のディスクロージャーへの信認が確立していないため、拙速にペイオフ解禁を行えば、取付けの連鎖や激しい信用収縮等の危険があるとみられた。当時銀行監督第2課長であった筆者としては、この時点でペイオフ解禁の延期が決定されたことについては、正直ほっとした。

　延期後の期限が近づいてきた2001年末の段階では、問題の残っていた信用組合の破綻処理が引き続くとともに、汎用的な受け皿銀行である日本承継銀行が設立されるなど、不良債権の洗出しと破綻処理に関し、最終的な整理が行われていた。しかし他方で、ITバブルの崩壊等の環境変化もあって、主要行の保有株式の価格下落や不良債権問題が顕在化するようになっていた。金融庁は、銀行株式保有機構の設立、主要行に対する特別検査の実施、RCCによる企業再生、日本政策投資銀行による企業再建ファンドの創設、株式の空売り規制の導入等、さまざまな措置を矢継ぎ早に講じていた。

　こうした準備を行ったうえで、2002年4月から、定期性預金が全額保護の対象から除外された。これは、前述の3点の懸念のうち、第1点はクリアしているとしても、ほかの2点の懸念が残っているなかでのペイオフの部分解禁であった。2002年初からは、金融市場の緊張が非常に高まっていたと考えられる。たとえば、貸渋りの苦情が増加する等、筆者も事態が厳しくなっていることを感じていた。

　決済性預金の全額保護は、こうしたなかで、ペイオフの全面解禁に向けて、企業の資金決済面の懸念を払拭するために導入された措置である。これは、2002年夏に急遽検討が開始され、同年秋には制度の内容が決定された。筆者としては、執行部門としてコメントする立場にあったが、上司の裁断を経て、企業の資金決済における銀行への依存が強いわが国の実情に対応したものであり、タイムリーで的確な制度改正と回答した。これで、金融行政自体として講ずるべき措置は、ほぼ手当されたはずであった。

　しかし、この間にも、不良債権問題は重みを増し続け、わが国経済にとっ

て最大の政策課題とみなされるようになった。2002年秋には、主要行の不良債権問題の解決に向けた金融再生プログラムが策定されることとなるが、その検討作業中に、ペイオフの全面解禁は、さらに延期することが決定された。ペイオフが最終的に全面解禁されたのは、不良債権問題の解決後の2005年4月になってからである。

ペイオフの実施

その後、ペイオフ解禁後の破綻処理の実務については、預金保険機構において入念な検討作業が行われてきた。しかし、その後は、第3章現実編で論ずるような事例を除けば、金融機関が経営破綻の危機に瀕するような事例は発生しなかった。

2010年9月における日本振興銀行の破綻処理は、こうした経緯を経て、わが国ではじめて行われた預金カットを伴う法的整理である。これは、同行が、決済機能を有していない等の特殊性があるにせよ、銀行預金に対する市場規律の確立に向けた大きなステップであると考えられる。

B 理論

　銀行の倒産手続は、その資産負債の特性から、一般の企業と異なるものとならざるをえない。以下では、銀行の破綻処理について考えるための理論的な説明として、銀行の資産負債の特異なリスク特性、窮境時における取付けのリスクと預金保険制度の機能、倒産手続における銀行特有の枠組みについて整理し、これらに関連する日米の状況を説明する。

銀行の資産負債のリスク特性

　銀行の資産負債の構造は、一般の企業とはかなり異なる。すなわち、負債の大宗は預金であって、決済手段として用いられており、流動性が高い。一方、資産の大宗は貸出であって、企業と銀行の黙示の長期的契約関係に基づくため、流動性が低い。また、各々の期間構造をみると、預金は本質的には要求払いの金融商品であってきわめて短期であるのに対し、貸出は企業がその資金を用いて事業活動を行うための金融商品であって相対的に長期である。さらに、これらに関して処理される情報も対照的である。預金は、その残高維持のためには広く預金者に対し銀行の財務状況をディスクローズすることが不可欠であって、公開情報（Public Imformation）に基づく金融商品である。これに対し、貸出は、当該企業に対する銀行の審査の結果実行されるものであって、私的情報（Private Imformation）に基づく金融商品である。

　このように銀行の資産負債の構造は、一般の企業に比し特異なものである。このため、窮境に陥った場合も、一般の企業とは異なる状態に置かれることとなる。とりわけ、預金の引出しによる資金流出に関しては、預金者には、他の預金者よりも資金回収が遅れることで損失を被りたくないというインセンティブがある。窮境に陥った場合の回収競争は、一般の企業においても生ずるものの、銀行においては、情報量の格差が大きいこと、預金者が多数であること、預金の流動性が高いことから、遥かに激しい現象となる。銀

行は、いったん財務に懸念をもたれれば、直ちに「取付け」（Bank Run）に陥る危険をはらんでいるのである。そこで、資金繰対策を早期に講ずることがきわめて重要となる。

この点に関し、一般の企業であれば、まず講じることのできる資金繰対策として、支払を遅らせ、受取りを早めるといった交渉を行うことがある。しかし、銀行では、預金の払戻しを遅らせることはできない。預金の特性が決済手段として用いられることにあるからである。また、貸出の弁済を繰り上げてもらうことも、貸出先企業の資金繰りに響き、貸出という金融商品自体の意義を覆すこととなるので、著しく困難である。したがって、銀行がまずとりうる資金繰対策は、貸渋りということになる。

次の対策として新規の資金調達を行おうとする場合には、一般の企業であれば、資金調達先である銀行等に対し、業務再構築に向けた方策等を説明することで追加融資を求めることになる。しかし、銀行では、預金者の数が非常に多く、事業内容も抽象的なので、目にみえた再構築方策等を示して預金を積み増してもらうことは困難である。そこで、増資を行うことによって自己資本比率を高め、財務が健全である旨のシグナルを預金者に送ることが重要となる。しかし、窮境にある銀行の増資は、投資家が事業の将来性を判断しづらいため困難である。そうしたなかで引受けに応ずる投資家は、将来の借入れの布石として出資するような先も多い。こうした増資は、長期的には、むしろ事態を悪化させるおそれさえある。

これらの措置によって資金繰困難から脱出できない場合には、銀行も、一般の企業と同様、資産売却による資金手当に追い込まれることとなる。一般に、資産売却においては、対象資産がどの程度その企業の営む事業に固有のものかによってディスカウント幅が異なる。この点、銀行の主たる資産である貸出は、売却によるディスカウントが特に高率になる性格を有している。これは、貸出が当該行の有する私的情報に基づく金融商品だからである。経常時においては、銀行は、審査により独自の情報を集積したうえで企業に対し貸出を行い、利益をあげている。こうした情報生産の先行投資を行ってい

ない他の銀行は、通常の条件ではその企業への貸出を実行できない。こうした銀行の私的情報に基づく収益機会は「準レント」（Quasi-rent）と呼ばれている。銀行が貸出資産を売却しようとする場合、買い手は、この私的情報を有していないので、準レントに見合ったディスカウントを要求することとなる。このディスカウントは第6章理論編で説明する「レモンの理論」に対応し、「レモン費用」（Lemon Cost）と呼ばれている。

銀行は、こうした資産負債の特性から、窮境に陥った際に、資金繰困難と財務状況悪化の悪循環を示すようになる。すなわち、資金繰困難に対処するために貸出を売却すると、多額の売却損が発生し、そのことが財務状況をさらに悪化させ、資金繰りのいっそうの困難をもたらすというものである。しかも、資産内容に関する疑念の払拭や、業務再構築に向けた方策の提示等の情報発信は、銀行の業務が抽象的であるために、説得的なものとすることが容易ではない。

こうしたことから、銀行の倒産は、加速度的に状況が悪化すること、いったん信用を失墜すれば回復が困難であること等の特性を示すこととなる。会社更生法等の再建型倒産制度の適用も、銀行については有効ではない。これらの倒産制度の利点は、一般企業においては、支払の停止による手元資金の確保にあるが、銀行においては、預金の特性からこれを活用できないからである。

■ 預金保険制度の機能

預金保険制度の機能については、経済学においてさまざまな議論がなされているが、金融行政の立場からみて最も重要なものは、取付けの抑止である。第1章理論編で説明したように、預金者は、商取引債権者と異なり、弁済に懸念が生じた際に資金流出を思いとどまるインセンティブを有していない。

したがって、銀行は預金者に対して常に的確なディスクロージャーを行い、信認を確保し続けなければならない。しかし、現に財務内容が悪化して

しまった場合には、ディスクローズされた計数に反応して、預金者が資金を引き出すことを止める手段はない。預金者は、引出しが破綻後となって自らの資金が毀損してしまうことのないよう、他の預金者よりも先に引き出そうとする。したがって、遅かれ早かれ引出競争が生じ、取付けに至ることとなる。預金保険制度の機能としては、こうした状況において、預金者に対し、急いで資金を引き出さずともよいというインセンティブを与えることが重要である。

この点に関し、現実の破綻処理の事例では、預金保険制度によって保護されている預金についても、資金流出の昂進が見受けられた。これは、とにかく面倒を避けておこうという考えによるものとみられる。しかし、預金保険制度があまり認知されていない時期において、資金流出がより激しいものであったことと比較すれば、少なくとも預金者の資金引出しを歩留まらせる方向へのインセンティブをもたらす効果があるものと考えられる。

預金保険制度が預金者等にもたらすインセンティブの具体的内容は、その財政の設計によって、かなり異なってくる。まず、保険金の使途については、付保預金の毀損部分を補てんすることにより、利益を預金者に帰着させることが基本である。ただし、その支払方法として、預金者に直接支払うのではなく、破綻銀行の営業を承継する銀行に支払う場合には、保険金支払に要するコストを節約するとともに、承継者に資金面のインセンティブを与えることとなり、破綻処理を円滑化する効果が生ずる。現実の金融行政においては、これが重要な要素である。

一方、預金保険料の徴収については、保険制度全般に共通の問題ではあるが、賦課対象の預金の範囲や料率の設定に関し、よりリスクの高い預金や銀行に対しより重い保険料を賦課することとするか、大数の法則に基づく保険の原理を重視して均等とするかという選択肢がある。この点に関し、わが国では、全額保護対象の決済性預金が他の預金よりも高い保険料率となっており、アメリカでは、銀行の財務状況に応じた可変保険料率が設定されている。

預金保険制度の財政収支は、金融機関の破綻という保険事故の発生が相互に独立していないので、時期により大きな振幅を示す。すなわち、金融システムが安定している時期は、基金が積み上がるが、金融システムが不安定化すると、財政状況が急速に悪化する。預金保険の運営の考え方としては、こうした振幅を含む長期の収支均等を図ることが基本である。とりわけ不安定期には、銀行の保険料負担能力も低下するので、安定期にできる限り基金を確保しておくことが望ましい。しかし、現実には、こうした収支均等を単独で確保することは困難であり、政府の財政資金の投入を余儀なくされることもある。

　預金保険制度は、他の保険制度と同様、その対象となる主体の行動を変化させるモラルハザード（Moral Hazard）現象を発生させる。

　まず、預金者に発生するモラルハザード現象としては、銀行の財務状況をモニターするインセンティブを阻害することがある。しかし、これは、預金に関する情報処理コストを節減することで決済手段として用いやすくすることと裏腹であり、やむをえない側面もある。この弊害を減殺し、預金者のモニタリングのインセンティブを維持するための方策としては、保護対象の範囲を小口預金に限定したり、保険料の支払を部分的なものとしたりすることがありうる。ただし、こうすると、金融行政上重要な取付けの抑止効果を阻害するというデメリットがある。このように、保険金支払制度の設計は、モラルハザードと取付け抑止のバランスに関する政策判断の問題である。

　一方、銀行に発生するモラルハザード現象としては、リスクに比して保険料負担の小さい預金や銀行が選好されるようになることがある。典型的には、高利率の定期性預金で資金を集め、ハイリスクの先に対するハイリターンの運用を行う銀行が業容を拡大するような現象である。こうした現象を予防するための方策としては、リスクに対応した可変保険料率があるが、大数の原則に基づく保険としての機能を減殺するというデメリットや、信用度の低い銀行の経営を圧迫するというデメリットとの兼合いが困難となる。ここでも、保険料制度の設計は、これらの相反する要素のバランスに関する政策

判断の問題となる。

経済学においては、預金保険制度と金融システムの構造について、以上の両面をふまえたさまざまな実証分析が行われている。まず、銀行システムの安定性との関係については、取付けを抑止する点ではシステムを安定化する効果がある一方で、銀行に経営のモラルハザードや保険料の負担をもたらすことからはシステムを不安定化する効果がある。このいずれが優越しているかについて、国際比較によるクロスセクションの計量分析が行われている。預金保険制度の規模が著しく大きな国も、著しく小さい国も、金融恐慌の発生頻度が高く、預金保険制度には金融システムを安定させるための適正規模が存在するという見方を示すものがあることが興味深い。

次に、預金保険制度と金融市場の関係については、預金保険制度の規模が大きな国は、金融資産に占める株式等の有価証券の比重が小さく、預金の比重が高いとする実証分析がある。この相関を生み出す因果関係としては、預金保険制度への財政支援等によって預金が相対的に有利な資産となり、家計から選好されるというものと、預金の比重が高い国においては預金者保護の要請が大きく、セーフティネットである預金保険制度が整備されるというものがあると指摘されている。

■ 銀行の倒産手続の実施機関

銀行に関する倒産制度を論ずる前に、一般の企業の倒産制度を概観すると、この制度は、窮境に陥った企業について、債務の弁済を停止する等により猶予を与え、企業の事業と財産を整理し、債権者に対する公平な配当を行うための制度である。その機能については第6章理論編で論ずることとし、ここでは制度の概要を述べる。まず、手続の進行を裁判所の監理下で行うか否かにより、法的整理と私的整理とに区分される。また、手続終了後に、企業が存続して、債権者がその企業の発行する金融商品を受け取るものが再建型倒産手続、企業を清算して、債権者が現預金等の資産を受け取るものが清算型倒産手続と区分される。この2つの区分は相互に独立しているので、4

種類の倒産手続が存在することになる。

　また、倒産制度と企業のガバナンスの関係については、「残余請求者の決定権」(Residual Claimants' Theory)の原則が妥当する。すなわち、倒産手続に入った後には、債権者の権利が毀損されるため、経営上の決定権が債権者に移行することとなる。ただし、再建型の手続においては、株主の権利が残る可能性があるので、株主に対しても一定の決定権が保留される。経営者は、こうした決定権の移行と整合的なかたちで任免されることとなる。

　さて、以上の倒産制度は、銀行が窮境に陥った場合、そのままでは適用がきわめて困難である。これは、前述のように、銀行の負債の大宗を占める預金の特性が決済手段として用いられることにあるため、清算を開始するのでない限り、その弁済を停止することができないからである。倒産手続の開始によって弁済を停止する可能性がある債務は、インターバンク市場での借入れ等に限定される。したがって、銀行については、それによって資金繰りがつく期間内で再建型の私的整理を行うほかは、法的整理により迅速な清算を行う以外にない。取付けになってしまうと、清算の実施も物理的にきわめて困難となる。

　また、裁判所との関係では、銀行の倒産手続については、一般の企業に比して情報処理の性格が大幅に異なることに留意する必要がある。まず、銀行の膨大な資産を取り扱うのであるから、倒産手続における資産の整理は、それ自体が金融取引の一環である。また、銀行は流動性リスクが大きい企業であるため、とりわけ迅速な処理が必要となる。

　こうしたことから、銀行の経営破綻に際しては、監督当局や預金保険機関が倒産手続に関与することにより、以前からの情報の蓄積を活用して、迅速に処理することが必要となる。具体的には、倒産手続の開始、倒産手続の管理、銀行の再建または清算と債権者への配当に関し、関与を行うことがその例である。

　そのなかで、預金保険機関と監督当局の対比に関しては、倒産手続実施のための知識とインセンティブが論じられる。すなわち、倒産手続の開始に関

しては、それまでの監督による知識の集積や混乱の回避というインセンティブから、監督当局に行わせることが有効であるとされる。一方、倒産手続の実施に関しては、監督当局は個別の権利義務関係に関する知識を有していないこと、迅速で合理的な処理が預金保険の財政面のインセンティブに合致していることから、預金保険機関に行わせることが有効であるとされる。また、預金保険機関に関しては、預金の引出しを抑止する機能を果たすべき立場にあるうえ、銀行に対する潜在的な債権者であることから、銀行の倒産手続を円滑に進めるための中心的な役割を果たすことが必要であるとされることもある。

　この観点から日米の制度をみると、わが国における預金保険機構は、監督当局とは別の認可法人であり、預金保険制度の実施を行う業務の一環として、整理管財人に任命されることにより、銀行の倒産手続の実施に関する役割を担うこととなっている。これに対しアメリカでは、FDIC（連邦預金保険公社、Federal Deposit Insurance Corporation）は、預金保険制度の実施を司るとともに、小規模な州立銀行の監督当局でもあり、さらに、銀行の倒産手続を自らの責任で実施する権能を有する準司法機関でもある。

　倒産手続に際し、預金保険機関にどのような権能が与えられるかについては、その国における裁判所との関係等によっても異なってくる。具体的には、法的整理に際して、預金保険機関は、債権者集会の招集や決議、再建または清算計画の決定等を裁判所の認可等を得て行うのか、専権的に行うのかということが論点となる。これは、裁判所の体系がどの程度特別裁判所等を許容するのか、銀行が会社法上どの程度特別なものとされているのかという点と密接に関連する。

　この点に関しては、わが国では、裁判所の体系がきわめて一元的であること、銀行は一般の企業が免許を受けたものとして位置づけられていることから、法的整理は裁判所の監理のもとで行うという原則が貫徹されており、預金保険機構は管財人の位置づけとされている。これに対し、アメリカでは、手続の枢要な部分をFDICが専権的に実施しうるものとされている。これ

は、アメリカでは倒産裁判所（Bankruptcy Court）が独立して設けられていること、銀行が免許を得てはじめて設立される特別な企業とされていることと整合的な枠組みである。

　なお、この観点で留意すべき問題点としては、倒産制度ではなく、公的資金による資本増強や株式買収の形式を用いた場合に、政府がどのような役割を果たすべきかということがある。この場合、企業の決定権は、債権者に移行しないので、預金保険機関の権能も潜在的なものにとどまる。しかし、政府には、監督当局としての立場では、個別の権利義務関係に関する知識を有していないという問題点がある。また、裁判所のもとでの管財人ではないという立場では、既存の権利義務関係を変更することができないという問題点がある。さらに、国有財産管理当局としての立場では、企業としての銀行の事業への関心を有するものではなく、保有する株式に伴う配当や売却益の極大化ということが職務上の使命である。したがって、政府の具体的な処理に関する意思決定を、銀行の事業再構築に関する経済合理性と整合的なものとすることには大きな困難が伴う。わが国においては、特別公的管理や金融危機対応としての資本増強に際して、この問題が顕在化した。

■ 銀行の倒産手続

　銀行の倒産手続に関し、まず、手続開始の申立てを考えると、一般の企業に関する倒産制度においては、特に再建型の処理を目指す場合、債権者である銀行の申立てによることはまれであり、通例は債務者申立てによることとなる。これは、債務者のほうが、インセンティブの面において、弁済の停止により資金繰りを安定させたいこと、知識の面においても、手続開始の申立てや再建計画の策定のための基礎となる事実関係について情報優位にあることによる。特に、DIP（Debtor in Possession）制度によって従来の経営者が引き続き地位を留保できる場合には、倒産制度は、企業経営者が債権者と交渉する際の有効なカードとして用いられることとなる。

　銀行の場合も、インセンティブや知識の構造は基本的に同じであり、銀行

に対する預金者の代理人である監督当局や潜在的な債権者である預金保険機関が申立てを行うことは、本来は経済合理的ではない。ただし、銀行においては、資産の大宗が評価のむずかしい貸出であること、預金保険制度に伴う経営のモラルハザードが発生すること、次に述べるようにDIP制度が採用されていないことから、銀行の経営者が適時の申立てを行わない危険が大きくなる。そこで、監督当局にも手続開始の申立権限を付与する必要性が生ずる。わが国においては、債務超過を認定した場合に申立てを行うことができるものとされているが、アメリカでは、これに加えて、銀行の経営者に欠陥がある場合にも、経営権を接収することができるとされている。これは、企業の倒産の機能に関する考え方の違いを反映したものとみられるが、アメリカにおける銀行の位置づけの特殊性によるものかもしれない。

　第二に、銀行の倒産においては、DIP制度が採用されていない。これは、銀行の事業が信用を基礎とするために、倒産に至らしめた経営者では信用の維持が期しがたいこと、規制業種である銀行では、一般の中小企業等と異なり、事業内容が経営者個人の資質に依存する程度が小さいことを反映したものである。このほか筆者としては、後述のような銀行経営者の責任追及の考え方が影響している面もあるのではないかと考える。

　第三に、倒産手続が開始されてから行われる手続をみると、倒産に至った原因の解明、財務状況の精査、業務再構築の計画策定、債務削減を含む財務再構築の計画策定を経て、業務と財務の再構築計画が債権者の判断にかかるという点では、一般の企業と基本的に同じである。ただし、この手続のなかで、預金保険制度は、保険金相当額を倒産配当に加えるという本来の役割のほか、その金額に相当する資金を倒産手続中の資金繰りに供する等の機能をもつこととなる。

　第四に、再建型の倒産手続におけるスポンサーの意義は、一般の企業でもきわめて大きいが、銀行ではさらに決定的であると考えられる。これは、銀行の事業内容が債権者からみて判断しづらいものであることから、いったん失った信用を回復するためには、しっかりしたスポンサーによる事業のてこ

入れのような目にみえる業務再構築が必要だからである。

　一般に、スポンサーの類型は、第6章理論編で論じるように、フィナンシャルスポンサーとストラテジックスポンサーに区分される。前者としては事業の買収と市場への株式売却による収益を目指すファンド等の企業があり、後者としては自らの事業拡大やシナジー効果の発揮により収益を目指す同業者等の企業がある。しかし、銀行の倒産においては、銀行業務の実施ではないインセンティブをもつスポンサー候補が出てくるおそれがある。すなわち、フィナンシャルスポンサーでは財政資金や預金保険の資金を獲得すること、ストラテジックスポンサーでは自らの機関銀行として資金調達の道具とすることが考えられる。こうした現象は、金融行政上、排除しなくてはならない。監督当局がスポンサーの性格やインセンティブについて厳格な審査を行うことが必要となる。

　第五に、銀行の再建計画が成立しない場合には、清算手続に入ることとなる。その場合でも、企業と銀行の継続的関係をふまえ、少なくとも一定期間、事業を承継する先が必要となる。またわが国では、預金保険制度は銀行救済のためではなく預金者保護のためであるという趣旨を明示するという観点から、預金保険金を承継先に支払うこととされていることへの手当も必要である。ブリッジバンクの制度は、こうした枠組みにおけるバックストップという意味を有していたものである。

■ 銀行経営者の責任

　ここで、銀行の倒産制度においては、経営者の責任追及が強調されることが特色であることに触れておきたい。

　企業が倒産に至った原因の解明は、本来、配当のための財産の確保や、その是正によって事業の再生を図ることを目指した準備作業と位置づけられる。ただし、銀行経営については、第5章理論編で論ずるように、セーフティネットの整備に伴うモラルハザードの問題がある。そこで、これを補整するようなコーポレートガバナンスの枠組みを設けることが考えられる。具

体的には、そのための手段として、倒産手続に際しての銀行経営者の責任を、一般の企業経営者よりも加重することが論点となる。この点に関しては、事後的にみて経営者のインセンティブの適正化に資するという主張と、経営責任が加重されるような企業の経営者には有能な人材が得られなくなるという主張のバランスを検討することになるはずである。

　しかし現実には、この点に関する議論は、そうした機能的なバランス論ではなく、問題を引き起こした銀行経営者に対する懲罰を求めるといった価値判断によって左右されてきている。そもそも、一般の企業の倒産手続においても、経営者の責任追及は、しばしば倫理的な非難の問題としてとらえられ、それが自己目的化することさえあるのではないかと見受けられる。銀行においては、財政資金が投入されることに伴って、この傾向がさらに強くなっており、一般の刑事法の適用を越えて経営者の刑事責任が追及されかねない危険があるとみられる。

　アメリカの歴史をみると、恐慌が発生したり公的資金が投入されたりした後に、こうした議論が繰り返されてきた。その結論は、時期により異なるうえに、同一時点においても、判断者の属性に応じて食い違いが生じている例がみられた。すなわち、S&L（貯蓄貸付組合、Saving and Loan Association）危機に際しては、免許付与と監督に責任のあった州の法律では経営責任を加重する規定が設けられない一方で、破綻したS&Lに財政資金を投入した連邦の法律では、一般の企業よりも重い経営責任が定められることとなった。アメリカでは、こうした乖離に対し、訴訟が行われ、最高裁において連邦の法律が否定される判決が出された。その理由は、経営者の人材が流動的であるなかで、加重責任を課すこととなると、適切な人材を確保することができなくなるところにあった。

　なお、この点については、S&Lの経営を乗っ取ったギャングに対する責任追及の事例とは区別しておく必要がある。これは、通常の刑事および民事の責任を追及したものであり、法令上の枠組みとしては特別のものではない。わが国においては、法律当局に対し責任追及に努めることを求める規定

が設けられたが、責任自体を加重する規定は設けられていない。しかし、同じように経営上の誤りを犯した銀行経営者であっても、銀行が破綻すれば刑事責任が追及され、そうでない場合は問題とされないという非対称性があるのではないかと見受けられる。

　いずれにしても、倒産手続における加重責任は、経常時における保守的な経営を促す効果がある一方、早期の事業再生開始の阻害要因として働くこととなる。その結果、前述のような監督当局の認定による申立てによらざるをえないこととなれば、銀行の倒産手続開始が時機を失し、預金者の損失がさらに拡大するおそれがあることに留意する必要がある。

第 3 章

早期是正措置制度

A　現　実

■ 早期是正措置制度の導入

　早期是正措置（Prompt Corrective Action）制度は、監督当局に対し、金融機関の自己資本比率が一定の水準を下回ることをトリガーとして、監督上の措置の迅速な発動を義務づける制度である。これは、1980年代のS&L（貯蓄貸付組合、Savings and Loan Association）危機に際して州監督当局の不作為が目立ったアメリカにおいて、最初に導入され、わが国においても、1998年春から実施されることとなった。

　わが国においては、早期是正措置発動の基準となる自己資本比率としては、国際的な活動を行う銀行については8％、国内でのみ活動する銀行については4％とされ、その計算方法には若干の差異が設けられた。また、基準に抵触した銀行に対する監督上の措置の内容は、自己資本比率の改善につながる施策や経営のリスクを削減する施策を行わせるよう命ずることとされた。その具体的な内容については、自己資本比率の過少度合いに応じ、銀行

が自主的に計画を策定して当局がその実行を命ずるものと、当局が施策の内容も指定して実行を命ずるものとが定められた。

　早期是正措置制度は、このように、監督当局に迅速な（Prompt）行動（Action）を義務づけるものであり、銀行を早期に再建させるための制度ではない。ただし、一般には、措置対象となった銀行の信用に対する配慮もあって、こうした制度の趣旨を明確に論ずることはまれであった。むしろ、自己資本比率が銀行の経営の健全性に関する基準として規定されたこともあって、自己資本比率が基準を超えてさえいればその銀行の経営が健全であるかのように受け止められることがしばしばであった。

　銀行の資産の大宗をなす貸出等については、早期是正措置制度の基礎として、銀行による自己査定の枠組みが設けられた。具体的には、図表6に示すように、まず債務者区分を行い、次いで保全の状況等を加味して分類債権額を計算し、これに引当率を乗じて償却・引当額を算出する。償却・引当額は、当期の決算で損失認識される結果、その金額だけ自己資本の減少と自己資本比率の低下をもたらすこととなる。

　また、早期是正措置制度の導入にあたっては、自己資本比率の計算上、有価証券の含み損益をどう取り扱うかが論点となった。有価証券の価格が下落した場合、銀行経営の健全性は低下しているものの、会計上は、満期保有の債券等について取得原価で計上することが可能である等の乖離が生ずるからである。早期是正措置制度においては客観性が重要であるため、会計上の処理に従うことが基本である。しかし、1980年代におけるバーゼル銀行監督委員会の自己資本比率基準の導入にあたって、含み益を計算に入れたこととの平仄が必要であり、含み損も自己資本比率の計算に含めることとされた。

　なお、資産の減価に伴う損失額のうち法人税対応部分については、納税額の減少につながるため、その分、自己資本の減少額が減殺される。しかし、前述のように会計処理と税務処理を切り離した結果、企業会計上の費用が税務上は否認されるものが生じていた。こうしたもののうち、当期には税務上の損金と認められないが、将来時点では損金と認められる見込みのものにつ

図表6　自己査定における債権分類基準

回収の可能性　高い ← → 低い

担保などの分類＼債務者区分	優良保証（保証協会などの保証）	優良担保（預金・国債などの担保）	一般担保（不動産担保等）		担保なし
			処分可能見込額（評価額の70%相当分）	評価額と処分可能見込額の差額（評価額の30%相当分）	
破綻先	I	I	II	III	IV
実質破綻先	I	I	II	III	IV
破綻懸念先	I	I	II	III	III
要管理先	I	I	II	II	II
要注意先	I	I	II	II	II
正常先	I	I	I	I	I

（左側区分）不良 ↑ 財務内容 ↓ 健全

IV（第4分類）：回収不能債権
III（第3分類）：回収に重大な懸念のある債権
II（第2分類）：回収に注意を要する債権
I（第1分類）：正常債権

破綻先……………法的・形式的な経営破綻の事実が発生している先をいい、例えば、破産、清算、会社整理、会社更生、手形交換所の取引停止処分などの事由により経営破綻に陥っている債務者
実質破綻先………法的・形式的な経営破綻の事実が発生していないものの、深刻な経営難の状態にあり、再建の見通しがない状態にあると認められるなど実質的に経営破綻に陥っている債務者
破綻懸念先………現状、経営破綻の状況にはないが、経営難の状態にあり、経営改善計画等の進捗状況が芳しくなく、今後、経営破綻に陥る可能性が大きいと認められる債務者
要注意先…………金利減免・棚上げを行っているなど貸出条件に問題のある債務者、元本返済若しくは利息支払いが事実上延滞しているなど履行状況に問題がある債務者のほか、業況が低調ないしは不安定な債務者又は財務内容に問題がある債務者など今後の管理に注意を要する債務者
うち要管理先……要注意先債務者のうち、「3カ月以上延滞債権」にかかる債務者又は「貸出条件緩和債権」にかかる債務者
正常先……………業況が良好であり、かつ、財務内容にも特段の問題がないと認められる債務者

（出所）　金融庁

いては、損益計算書上は「将来減算一時差異」として損失を繰延処理することとなる。そして、貸借対照表では、これに対応する額を「繰延税金資産」として資産計上しておくこととなる。

　この点に関し、わが国では、国税当局が償却・引当の損金処理に対して極度に抑制的であった。この結果、自己査定とその後の銀行検査で洗い出された要償却・引当額のかなりの部分は、当期の税務処理では損金計上できず、著しく多額の繰延税金資産が積み上がる結果をもたらした。

　一方、自己資本比率の計算の正確性担保については、基礎となる会計処理の正確性に対する会計監査の枠組みに依拠することとなる。第1章現実編で述べたように、途中段階の計算結果である分類債権額自体は監査証明の対象ではないが、銀行による自己査定のプロセス全体が信頼に足るか否かについては、損益計算書の監査証明に向けた調査の一環として監査手続が行われる。また、繰延税金資産等の会計上の見積りについては、将来における納税見込額が基礎となるため、銀行の納税額の発生や、当該項目の損金処理の見込みに関するタックスプランニングの合理性についても監査手続が行われることになる。

　以上をふまえ、自己資本比率の計算全体に関する責任の所在については、次のとおりとされた。

　まず、銀行の経営者が、自らの経営成績に関する主張である財務報告の一環として算出を行う。次いで、公認会計士が、「二重責任の原則」のもとで、監査基準上必要となる監査手続を行い、特段の問題が認められなかった場合には適正意見を表明する。税務申告は、これに基づいて行われるが、たとえば税務当局の設定した無税償却の要件に合致しない償却・引当額については損金から除外する等の税務調整が行われる。銀行検査は、財務報告の作成プロセス全体について事後的に検証し、是正すべき点があれば、事後の作業に反映するよう求めることとなる。

　早期是正措置制度は、このようなかたちで導入されたが、そのタイミングが金融危機の顕在化した時期であったために、非常に大きな摩擦現象を伴っ

た。その後不良債権問題が長期化するなかで、上記の諸要素に関する問題は、いずれもきわめて深刻なかたちで現実のものとなった。

導入以前においてまず問題となったことは、いわゆる「貸渋り」である。この点に関し、貸出の償却・引当や有価証券の価格下落によって自己資本比率が低下した場合、銀行がとりうる対応を説明すれば、分子対策と分母対策に分かれる。分子対策とは自己資本の増額であり、長期的には、利益に基づく内部留保の積上げが本質的であるが、短期的には、将来の利益を前提として増資等を行うことが検討される。分母対策とは資産の減額であり、直接的には貸出や有価証券の売却による圧縮が手段となるが、売却損の発生等の問題があり、銀行にとっては、さしあたり新規貸出の抑制等の措置が現実的な対応となる。

1997年度後半において、銀行は、金融危機のなかで、早期是正措置制度の導入に備える必要があった。このため、多くの銀行が増資等よりも実行が容易な貸出抑制に重点を置いた結果、貸出市場全体で貸渋りが昂進していたように思われる。

引当率の設定

さて、筆者は、1998年夏の金融国会において、早期是正措置制度に関連する課題に直面することとなった。金融国会の後半では、公的資金による資本増強制度と早期是正措置制度を直接に関連づけた早期健全化法が議論の対象とされたからである。国会審議に対する金融監督庁の窓口業務を担当していた筆者にとっては、当面の金融行政の根幹が規定される重大な局面での職務であった。

この議論のなかで、とりわけ重要な論点となったことが、貸出の償却・引当を行う際の引当率をどうするかである。当時の議論においては、銀行の引当率は低すぎるので、これに基づいて算出された自己資本比率は、銀行経営の健全性を示していないという指摘が多かった。そして、このままでは、財務内容の脆弱な銀行が早期是正措置の対象とならず、実質上過少資本のまま

放置されるので、せっかくの公的資金による資本増強制度が機能しないのではないかという強い懸念が表明されていた。

　ここで、それ以前の銀行の償却・引当の実務を振り返ってみると、かつては、破綻先・実質破綻先や破綻懸念先について個別に要償却額を算定し、銀行検査官の証明を受けて債権償却特別勘定に繰り入れる個別引当と、そうした処理の対象とならない債権について税法で定められた率で一般貸倒引当金を積み立てる一般引当から構成されていた。前者については国税当局が個別に厳しく審査しており、後者についても、引当率が0.3％または直近3年間の実績繰入率に抑えられていた。したがって、無税引当を求める銀行実務としては、無税の個別処理が認められる場合に限ってデフォルト先とみなし、償却・引当を行うという慣行が続いてきた。早期是正措置制度の導入に伴う自己査定作業は、こうした税務処理に引きずられた長年の慣行を全面的に変更し、税務処理と会計処理を切り離したという点でも画期的であった。

　1997年度決算の作成時点では、こうした新しい実務が開始されたばかりであり、引当率を設定する基礎となる統計自体が作成途上であった。そうしたなかで、銀行の実務家にしてみれば、とりあえず、それまでの税法基準を出発点として、実績に応じて修正していこうとすることは、ごく自然な流れであったとみられる。

　1998年夏に金融監督庁が開始した一斉検査は、こうした銀行の決算実務の事後検証を行うものであり、焦点となる事項は、要注意先と破綻懸念先の仕分けであった。かりに検査を通じて要注意先が破綻懸念先に変更されれば、個別処理の対象がふえるとともに、要注意先向け債権全体に対する引当率の算定の基礎となる実績率を引き上げる効果をもつので、銀行の損益に与える影響は大きい。一斉検査においては、銀行の担当者と検査官との間で激しい議論が行われた。その過程で、検査官の自殺という痛ましい事件さえ発生した。

　しかし、この時点においては、前年に破綻した北海道拓殖銀行等に対する預金保険制度の適用に伴って、莫大な不良債権処理損失が公表されていた。

こうしたことから、従来の税法基準に従った引当率が低すぎることは、市場関係者のみならず、一般の国民の間でも通念となっていた。引当率は、金融再生法の審議にあたっても大きな論点となっていたが、早期是正措置制度と直結した早期健全化法を審議する際には、制度の機能全体を左右する重要論点となったのである。

　金融国会での議論は、徹底して政治レベルで進められた。しかし、金融監督庁は、監督実務を担っている立場から、コメントを求められることがしばしばであった。引当率についても、たとえば銀行法に基づいて定められないか、あるいは新設される金融再生委員会が決定することはどうかという照会があった。筆者は、この照会に対し、金融監督庁の回答を起案すべき担当官の立場にあったのである。

　この論点に対する筆者の考え方は明確であった。すなわち、実績に基づいて銀行が引当率を計算して決算を作成し、これに対して公認会計士が監査を行って意見を表明し、その結果を監督当局が検査によって検証するという枠組みを崩すべきではないというものであった。その理由は、大きく２つである。

　第一は、銀行の金融仲介活動を考えた場合、引当率は、銀行の認識する信用コストを定めるものであって、預金やインターバンク借入れの利率とともに、貸出のための資金の原価を構成する。したがって、引当率を人為的に設定することは、直接的に信用供与を操作することになると考えたのである。特に、著しく高い引当率を設定する場合には、急激な金融引締めと同様な効果をもってしまい、特に中小企業金融に対し、壊滅的な悪影響をもたらすことになる。そうなると、わが国の企業金融は、公的金融に全面的に依存する以外にはなくなってしまう。

　第二は、引当を含む財務報告は、企業の成績を可能な限り比較可能なかたちで示すべきものであり、会計監査を含むディスクロージャーの制度は、その適正な実施のために長期にわたって築き上げられたものだということである。銀行についても、その株式が一般企業の株式と同等の投資対象である以上、この制度は等しく適用される必要がある。人為的に設定された引当率の

もとでは、筆者は、銀行と一般企業の対比や健全な銀行とそうでない銀行の区別が不可能になるので、投資家は銀行の株式を買わなくなってしまうと考えた。本来の姿である民間資金による増資が、将来とも行えなくなってしまうことが懸念された。公的資金への依存の永続化である。

この議論は、庁内で大方の支持を得られたし、金融界の方々にとっては自明と考えられたが、政治の場で説明し、納得していただくことは容易ではなかった。関係者からは、金融監督庁が決定の責任を逃れるために理屈をこねているかのように映っていたのではないかと危惧される。特に、かりにそのような迂遠なことをしていて、公的資金が活用されず、日本発の世界的金融恐慌を招いたらどう責任をとるのかという問いかけは、金融危機のさなかにおいて、きわめて重いものであった。しかし、筆者としては、だからといって金融システムが不可逆的に社会主義化することには責任をもてないと考えた。高度の政策判断事項であって、本来は一担当官が関与すべきような事項ではなかったものの、緊急の場でもあり、職を賭して説明を行わせていただいた。

政治的議論においては、こうしたことも参考にしていただいたのではないかと思われる。結局、早期健全化法における引当率の規定は、「民間における貸倒れの実績をふまえて金融再生委員会が定める」という条文となったのである。

発足後の金融再生委員会においては、この条文に基づき、債務者区分に応じ、商法および一般に公正妥当と認められる企業会計の基準に従った方法により引当等を行うものとすることが決定された。

■ 地域銀行に対する早期是正措置

1998年冬から翌年春にかけては、金融監督庁および日本銀行の主要行に対する一斉検査が終局に近づくとともに、株式市場が大きな株価変動を繰り返していた。こうしたなかで、金融監督庁で現実の早期是正措置の実施を検討するに際しては、いくつか実務的な詰めが必要となった。

まず、自己資本比率の計算の時期である。特に、多額の株式を保有している銀行については、任意の時期に基準値を上回っていなければならないとすると、あまりに法律関係が不安定なものとなる。議論の結果、この点については、決算等の一定の確定作業を経た場合に限ることとなった。

　また、検査結果と早期是正措置の基礎となる自己資本比率の関係をどうするかについても整理が必要となった。この点については、金融監督庁では、検査部局と監督部局が各々独立して業務を行うことが設立の基本原則とされていたこと、検査は自己査定の態勢に関する検証であって会計処理全体を是正するものではないことから、対象銀行が検査結果をふまえた自己資本比率をあらためて算定したうえで、監督部局において報告を受け取ることとなった。そのスケジュールについても、場合に応じて細かく予定しておき、措置発動のタイミングが恣意的にならないような工夫が行われた。

　主要行については、第4章現実編で後述するように、早期是正措置を経ることなく公的資金による資本増強が行われた。こうした整理をふまえて早期是正措置が現実に発動された先は、第2章現実編で述べた新潟中央銀行を含む地域銀行であった。

　措置の対象となった地域銀行は、経営の効率化を進めるとともに、取引先等を対象とする第三者割当増資の募集を行うなどの対応を行った。しかし、主要行等の他の銀行の支援を得た場合を別として、単独で存続を果たす例があまり多くはなかった。特に、当局の検査やそれをふまえた報告徴求について争ってきた銀行は、対応が後手に回り、破綻に追い込まれていった。一方で、たとえば北海道銀行は、早期是正措置を受けて、従来から進めていた業務再構築をいっそう加速するとともに、直ちに第三者割当増資の募集を開始し、さらにその成功をふまえて公的資金による資本増強を申請するなど、常に先手をとった対応を行い、再建にこぎつけている。

　こうした結果をふまえ、筆者としては、むしろ、早期是正措置制度は、銀行の経営者がこれを前提に規律ある行動を行うことに意義があるものと考えるようになった。また、国内基準が国際基準よりも低い水準に定められたこ

とについては、自己資本比率規制自体がバーゼル銀行監督委員会での議論に端を発したという経緯からやむをえない面もあるものの、かえって措置対象となった銀行には不利な面があると考えた。これは、市場関係者は、そうした低い基準をクリアしたとしても経営が健全だとは考えなくなるので、より高い自己資本比率で信用不安が始まるからである。また、当該銀行が監督当局との関係にばかり注意を集中している場合、低い基準に抵触するまで経営の早期再建に着手しなくなるという弊害が発生するからでもある。

■ 繰延税金資産

りそな銀行は、2003年春、金融庁に対し、自己資本比率が国内基準の4％を大幅に下回る決算となったという報告を行った。これを受けて、政府は、早期是正措置を発動するとともに、直ちに総理を議長とする金融危機対応会議を開き、同行に対する公的資金による資本増強を決定した。その引き金となったものは、繰延税金資産の計上可能性に関する会計監査であった。

前述したように、早期是正措置制度に伴う自己査定の枠組導入に際し、不良債権の償却・引当に関する会計処理と税務処理が切り離された。そのなかで、税務上の損金としての認定が引き続き極度に抑制的に行われてきたことから、償却・引当は有税扱いとなるものが多かった。この結果、銀行の会計上の損益が著しく悪化するなかで、繰延税金資産が累積の一途をたどった。図表7－1および7－2に示すように、主要行において、不良債権処分損が業務純益を上回る一方、自己資本に占める繰延税金資産の比重がきわめて高くなっていった。

元来、繰延税金資産は、翌期以降利益が生じて納税義務が発生したときに、納税額を減少させるという点で資産性を有するものである。したがって、繰延計上が可能となる年数は限定されており、最長で5年とされていた。また、企業が赤字基調となっており、今後、納税義務の発生する見込みが小さい場合には、繰延税金資産の計上は、会計上否認されたり、限定されたりすべきものとされていた。さらに、監督当局からみても、繰延税金資産

図表7-1 不良債権処分損と業務純益の推移（都銀・長信銀・信託）

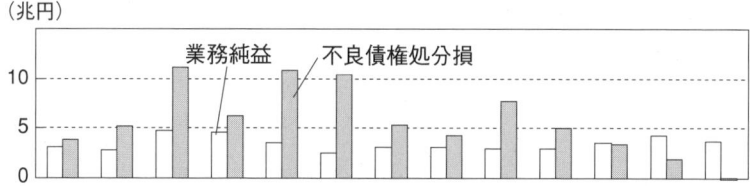

(注) 不良債権処分損には戻り益を含む。

図表7-2 資本勘定と繰延税金資産（ネット）の推移（都銀・長信銀・信託）

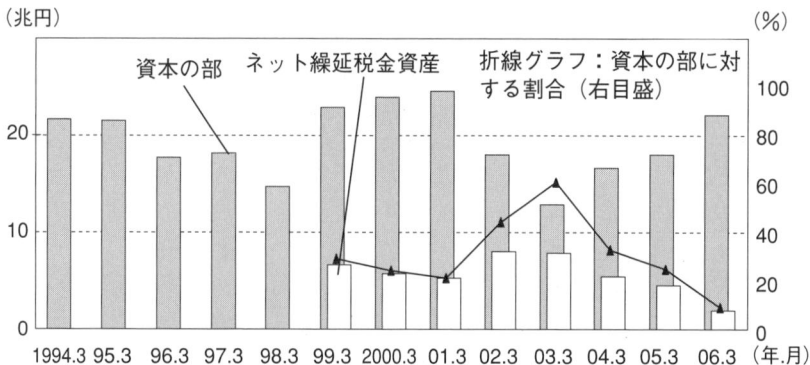

(注) 1 リスク管理債権、不良債権処分損は金融庁、業務純益、資本勘定、繰延税金資産は全国銀行財務諸表分析（全国銀行協会）より作成。
　　 2 集計対象は、都銀（埼玉りそなを除く）、主要信託、旧長信銀（2006年3期は都銀5行、信託4行、新生、あおぞら）。1998年3月期は北海道拓殖、1999年3月期は日本長期信用、日本債券信用を除く。2000年3月期の不良債権処分損は日本債券信用を除く。
(出所) 預金保険機構年報

は、銀行が破綻すれば計上されなくなるため、預金の保護のための緩衝としての機能が脆弱であるとみざるをえなかった。

　この問題は、多額の償却・引当を続けてきたりそな銀行において特に顕著であった。同行は、国内基準行に転換はしていたものの、自己資本比率のほとんどを繰延税金資産が占めている状況には不安があった。しかも、りそな銀行は、近畿大阪銀行と奈良銀行という近畿地方の地域銀行を子会社として

おり、地域の中小企業金融において、かなり高い比重を占めていた。

　筆者は、当時、監督局総務課長であって、個別銀行の決算状況を知る立場ではなかったが、局内の事務の状況等から、りそな銀行をめぐって緊張が高まっていることは推察していた。対処方針が決定された後、こうした大きな事件に際して通例行われるように、関連の管理職と手分けをして、関係者への根回しを行っていたところ、筆者にとっては意外なかたちで職務を割り当てられていることを認識した。りそな銀行に対する経営監視チームのリーダーである。

　この経営監視チームのスキームは、前年末に策定された金融再生プログラムに盛り込まれていた。危機対応のために公的資金による資本増強が行われた場合、倒産ではないので整理管財人による管理が行われることにはならないが、窮境を招いた経営者による経営を継続することは適当でないので、監督当局の職員が経営監視を行うというものである。筆者は、金融再生プログラムの項目としてはもちろん理解していたが、まさか現実の職務として自分に割り当てられるとは考えておらず、寝耳に水であった。

　といっても、組織としての任務であり、もちろん、全力で取り組むしかなかった。早速業務を開始してみると、まさに整理管財人に準ずる立場である。銀行の役職員からは、緊急に対応を要する微妙な課題が次々に持ち込まれてきた。最も困難なものは、経営状況が芳しくない取引先への貸出の更新の判断であった。筆者のチームは、裁判所から授権されているわけではなく、従来の取引の経緯もわからないのに、銀行の職員から事実上責任ある判断を求められる立場となり、きわめて苦しい対応を続けることとなった。また、窮境に転落した職場においては事故が生じやすく、現金を扱う銀行においては重大な事態につながりかねない。経営監視チームは、その取締りも行わねばならなかった。さらに、大阪のりそな銀行の本店で開かれる取締役会には、近畿財務局の同僚が陪席することとなっていたが、経営に能動的に介入することができず、やはり困難な立場にあった。

　こうしたことから、筆者としては、連日苦戦を続けながら、一日も早く新

しい経営陣が任命されることを心待ちにしていた。しかし、移行の過程では、銀行の不良資産をどう評価するかが問題となった。経営陣となることを検討する立場からは、できる限り保守的に評価したいという希望があり、不良債権の範囲についても、第1章現実編で論じた基準よりも広い範囲での認定が要望された。一方、その時点で銀行を監視している立場としては、破綻したわけではないので、清算価値ではなく継続価値で評価すべきであるし、不良債権の範囲も通常の基準に従うことが当然だと考えていた。結局は、金融再生プログラムに盛り込まれていた新勘定と旧勘定の計上の仕方において調整が図られたものと記憶している。

ペイオフ解禁後の早期是正措置

　この後、筆者は、2004年夏から1年間、コロンビア大学で客員研究員として勉強した。そのテーマは、企業の倒産を出発点として、銀行の機能と法制度について、法律学と経済学の双方から日米対比を行うことにおいた。そして、2005年夏に帰国した時点では、研究結果をまとめた「銀行の機能と法制度の研究」の原稿を作成していた。その研究の過程で、アメリカの関係者から話を聞いたところ、わが国ではまだ行っていない預金カットを伴う破綻処理は、実施されてはいるが、ごく小規模な金融機関や小幅なカットにとどまっているということであった。すでにわが国では預金の全額保護が廃止されていたが、銀行の規模が一般に大きく、戦後の混乱期を除いてこれまで預金カットの行われたことがない。破綻処理の第一例は相当に慎重に処理しないといけないという感想であった。

　帰国後就任を命じられたポストは、九州財務局長であった。意外な気持ちをもちながら赴任してみると、状況がきわめて厳しいことに気がついた。これは、まず、不良債権問題の進行と処理が十分に早く及んでいなかったことによる。南九州は、地価の上昇と下落があまり極端ではなかったので、建設需要等の減少がボディブローのように効くというかたちで、ペイオフ解禁後になって不良債権問題が顕在化してきたのである。また、企業文化にも、問

題の処理を後ろ倒しにした面があるように思われた。都市部の金融機関であれば、公的資金が用意されている間に問題を整理しておこうという考えもないではないが、南九州では資金繰りがつく間は頑張れるだけ頑張ることが当然だという考え方が支配的であった。皮肉にも、公的資金の供与が停止された時点になってはじめて再建努力を行わねばならない事態に追い込まれたのである。さらに、銀行、公認会計士および財務局においても、金融危機対応の蓄積がなく、問題意識も鋭敏ではなかった。

　こうしたことから、九州財務局長としての筆者の勤務は、時機遅れの処理の陣頭指揮という、緊張感に満ちたものとなった。風光明媚な南九州ではあったが、休日を含め、景色や温泉を楽しむよりも、不良債権問題への対応策を思案することに時間を投入していた。さまざまな懸案があったなかで、最も困難な対応を強いられたものが、豊和銀行に対する2006年春の早期是正措置である。

　豊和銀行は、大分県に本店を置く小規模な第二地方銀行である。貸出先は建設業等に偏っており、かつ大口先が多かった。地方経済の停滞等からこれらの企業の業況が悪化し、不良債権が大幅に増加したことから、豊和銀行の財務状況は悪化していたのである。

　こうした状況は、多かれ少なかれ各地で発生していたものであったが、豊和銀行の問題は、その顕在化がペイオフ解禁直後だったということであった。筆者が着任する直前の2005年春の決算では、多額の償却・引当を余儀なくされ、自己資本比率が大幅に低下していた。さらに、2005年冬に行われた金融庁検査においては、資産査定についていっそう厳しい指摘を受けていた。筆者としては、なぜこれまで表面化しなかったかが疑問であったが、検査部局と監督部局の分離という金融監督庁発足以来の原則のもとで、監督にあたる財務局長としては、本庁検査の進行中は推移を見守る以外になかった。

　筆者と財務局スタッフがその後検討し続けたなかで認識した状況は、おおむね次のようなものであった。すなわち、この銀行と担当公認会計士の認識

は、資金繰りが端緒となる場合にのみ貸出先の問題点を検討するという流れとなっていた。前述のような企業文化のもとで、問題の企業が相互に資金繰支援を行っていたため、銀行は、ほとんどの先に対し問題意識をもってモニタリングを行ってこなかったのである。また、財務局の検査においても、そうした問題の端緒となる情報が銀行に存在していないために手がかりがなく、残念ながら、自己査定の検証は結果として不十分なものとならざるをえなかった。

　本庁検査の終了後における筆者の職務は、銀行に対し、前倒しの対応に鋭意取り組むよう促すことが中心となった。具体的には、検査結果をふまえた適正な決算を行って自己資本比率の報告を行うことや、その報告に基づくタイムリーディスクロージャーまでに確固たる再建計画を公表できるよう準備することである。筆者からみれば、いずれについても銀行には十分な危機意識がないと感じられたが、だからといって、能動的な指導を行えば、護送船団行政に戻ることになってしまうので、問題があると考えた。

　そうこうするうちに、決算作業に関して、監査法人の本部が目を光らすようになった。検査結果をふまえた厳しい監査が行われ、引当率や繰延税金資産についても、自己査定の枠組導入以来の前例をふまえた厳正なチェックが行われることとなった。こうした厳しい監査手続は、決算短信の発表直前における監査法人本部の審査会まで続いた。

　他方、再建方策については、金融庁監督局が、金融機能強化法に基づく公的資金による資本増強の可能性について検討を進める等、本格的に乗り出してくることとなった。

　それにしても、当事者は豊和銀行である。銀行自身が、自らの責任で厳正な決算を作成し、これに対応して、自らのイニシアティブで再建計画を作成して公表できるようにしなくてはならなかった。これまでに早期是正措置の発動を受けた地域銀行の例をみても、存続にこぎつけるためには、前倒しの対応が必要である。業務面では他の銀行と提携して抜本的に再構築を進めるとともに、それを関係者に説明して、財務面で十分な規模の自力増資を行わ

ねばならない。筆者は、そのための環境整備を図りつつ、毎日のように前例等の情報を持ち込み、銀行の対応を促し続けた。

筆者は、こうした危機対応を何度も経験していた。しかし、ペイオフが解禁されていることに伴う緊張感は、全額保護の時期とは比較にならないものであった。小規模なりとも地域に基盤をもった銀行において、何かの情報から資金流出が始まれば、地域経済は大変なことになってしまう。かつての平和相互銀行や岐阜商銀の事件を思い出すとともに、その際は、地元の責任者である財務局長として的確に対応しなくてはならないという思いが脳裏をよぎった。東京の報道機関からの出張取材も始まるなかで、単身赴任であったこともあって、あれこれと事態を想定し、対応を考えては眠れずに夜を過ごす日々が続いた。

決算短信の公表のタイミングが近づくにつれ、事態が煮詰まってきた。まず、監査法人が計数整理を終えた。これを受けて、豊和銀行は、自らの希望する有力先である西日本シティ銀行に対し、支援要請を行った。

一方、運が悪いことに、東京で財務局長会議が開かれるタイミングとなっており、報道機関の関心は、筆者が地元を離れることができるかどうかという一点に集中してしまった。やむをえず、筆者は東京に出張し、平常どおり会議に出席したうえで、席をはずしては、銀行の経営者や、財務局に応援に行った監督局の職員等に電話をかけ続けた。

決着は、ぎりぎりのタイミングとなった。決算発表の2日前になって初めて西日本シティ銀行から出資と業務提携の回答があり、これを受けて、豊和銀行から筆者に対し、金融機能強化法適用の打診があった。筆者は、経営刷新、自力増資、徹底した業務再構築等について確約を取り付けてから、所管の財務局長として責任をもって金融庁の検討を求める旨の回答を行った。次の日、筆者は密かに財務局長会議を抜け出して夜には九州に戻り、当日未明には現地の大分に入って万が一に備えた。結局、当日には、資金流出は発生しなかった。東京では大臣が記者会見を行ったうえで、金融庁が記者説明を行った。現地では、当日午後に豊和銀行頭取、大分県知事、大分市長が記者

会見を行ったうえで、夕刻には筆者が記者説明を行った。こうして、ペイオフ解禁後最初の早期是正措置の発動は峠を越え、豊和銀行は危機を脱することができた。

その後、銀行に対する早期是正措置の発動は行われていない。また、豊和銀行は、経営陣の刷新、西日本シティ銀行との提携をふまえた業務再構築、自力増資、西日本シティ銀行の資本支援および公的資金による資本増強により、再建に向けた歩みを進めている。

B 理論

　銀行経営の健全性を確保するための監督行政は、有効に実施することが容易ではない。早期是正措置制度は、客観的な基準に基づいて監督上の措置を講ずるルールを明示することによって行政運営の制約を減殺するための枠組みである。以下では、この制度について考えるための理論的説明として、銀行の経営者と監督当局の関係、早期是正措置制度の設計の考え方、経済的にみた早期是正措置制度の実質的効果について整理する。

■ 銀行経営の窮境防止

　銀行は民間企業であって、銀行経営者は株主のエージェントとして働くことが基本である。そのおもな資金調達手段は預金であるが、預金者は債権者であり、倒産手続に入らない限り債権者に経営に関与する権能が存在しないことは、一般の企業と同様である。

　しかし、第2章理論編で論じたように、銀行の倒産は、その特異な資産負債の構造から、一般の企業のような処理を行うことができない。いったん窮境に陥れば、信用を取り戻すことは困難であり、資産売却による損失発生と資金流出が悪循環を起こし、大幅な債務超過に転落して清算のやむなきに至ってしまう。このため、銀行経営に対する債権者による規律づけの形態も、一般の企業と異なる特異なものとなる。

　すなわち、政府は、経済社会のインフラストラクチャーである銀行について、窮境に陥ることによる混乱を予防する観点から、業務範囲の限定等の強い規制を課すとともに、預金者の代理人である監督当局に日常的なモニタリングを行わせることになる。また、資金流出に対するセーフティネットとしての預金保険制度を設けており、その財政の保護の観点からも、銀行が窮境に陥ることの事前予防を図ることになる。このように銀行は、一般の企業と比較すると、倒産手続に入る前から、潜在的債権者によるガバナンスを受け

る特殊な存在である。

　他方、株主による規律づけについて考えれば、一般に、企業が過少資本状態に陥った場合、株主には、ハイリスクでもハイリターンの事業展開を選好するバイアスが発生する。これは、かりにリターンが現実化すれば株主にとっての収益率が高いものとなる一方、リスクが現実化して債務超過に陥ったとしても、すでに過少になっている株式の価値が失われるだけであり、追加損失は債権者の負担となるからである。こうした株主の非対称な選好に対し、一般の企業であれば、取引銀行等の債権者によるモニタリングや資金回収等によって、バランスがとられることとなる。これに対し銀行では、多数で小口の預金者によるモニタリングは、もともと物理的に困難であるうえ、預金保険制度によって保護されている預金者にはインセンティブも小さくなるため、株主と債権者による規律づけのバランスが崩れることとなる。このため、第5章理論編で論ずるように、インターバンクの短期金融市場における規律づけとともに、監督当局による早期の経営介入が重要となってくる。

　しかし、銀行が窮境に陥るか否かを予見することは、監督当局にとって、きわめて判断のむずかしい問題である。これは、技術的に困難だからだけではなく、その判断が自己実現的な性格をもつからでもある。すなわち、かりに銀行がそのままでも存続可能なのに監督上の措置を講ずれば、そのこと自体が信用不安を引き起こし、銀行を清算に追いやる危険がある。また、そのことが銀行の資金繰りに影響すれば、銀行の預金者のみならず、貸出先にも甚大な影響を及ぼす。その銀行をメインバンクとしている企業にとっては、自らの資金繰困難につながる可能性もある。

　加えて、銀行の営む事業の状況については、経営者と監督当局の間に情報の非対称性があり、情報劣位にある監督当局が行動を起こすことには、大きな制約がある。すなわち、法律的にみれば、監督当局の行う措置は、銀行に不利益をもたらす行政行為であるから、実施のためには訴訟に耐えうるだけの証拠を収集しておく必要がある。しかし、銀行の経営が窮境に陥るか否かという将来の見込みについて、法廷で有効となる客観的な情報を準備するこ

とは一般的には困難である。このため、現実の監督当局は、責任をもって取り組めば取り組むほど、銀行が窮境に陥ってから情報分析に長期間を費消するという受け身の対応に陥らざるをえなくなる。なお、経済学の議論では、監督当局が監督対象に取り込まれる現象や、行政決定に関する政治過程による制約等が指摘されることもある。しかし、少なくとも筆者の知る限り、金融監督庁および金融庁の職員には、こうした現象は存在しなかった。

早期是正措置制度は、こうした制約を減殺するために、客観的な基準に基づいて、監督当局による措置を義務づけようとする制度である。

■ 早期是正措置発動の基準

早期是正措置制度においては、まず、監督当局に措置を義務づけるための客観的な基準をどう設定するかが重要である。その指標としては、技術的な詳細は別として、自己資本比率を採用することが国際的なコンセンサスとなっている。これは、自己資本比率は、銀行経営の業績に関する最も総合的な指標であるので、これを基準とすれば、銀行経営のインセンティブに与えるゆがみを最小とすることが期待できるからである。

次に、早期是正措置制度においては、措置発動の基準となる自己資本比率をどのような水準に設定するかが論点となる。

この点については、まず、潜在的な債権者の利益を念頭に、預金者や預金保険財政に負担が生じない水準とすることが考えられる。しかし、前述のように、窮境に陥った銀行の財務状況が資金繰りと資産売却の悪循環を通じ急速に劣化することをふまえると、その結果を具体的な基準設定に反映させることはきわめて困難である。現実に、破綻した銀行の債務超過幅をみると、わが国の平均で総資産の25％に達しているなど、きわめて大きなものとなっている。レモン費用が顕在化しても債務超過に陥らないような水準に基準値を設定することは、それだけの大きな資本に見合う収益を得ることができないため、経済的に不可能である。

ただし、破綻銀行の大きな債務超過幅に関しては、「ビッグ・バス会計」

(Big Bath Accounting）という問題に留意する必要がある。これは、企業会計一般に生ずる現象であり、営業が譲渡される等により経営主体が交代する場合には、資産の減価が大きく評価されるバイアスがあるというものである。ビッグ・バス会計が行われるインセンティブとしては、いったん問題が表面化した後においては、それ以上追加的な損失を計上しても責任追及の度合いが変わらないので、一気に会計処理を済ませたいというものがあるとされる。また、承継後の経営者がいわゆるV字型回復といった劇的な収益性の上昇を示したいというものもあるとされる。このビッグ・バス会計については、「会計と経済学」（Accounting and Economics）において、さまざまな実証分析が行われている。

　ビッグ・バス会計の現象は、銀行の経営破綻の場合、資産の大宗が貸出であって評価の幅が大きいこと、預金保険によって損失がまかなわれることから、特に顕著となる可能性がある。また、破綻以前の資産評価の段階でも、事後的にビッグ・バス会計が行われるのではないかという懸念を生じさせることによって、過度に悲観的な資産評価となるバイアスが生じやすいことに注意しておく必要がある。さらに、こうしたバイアスは、第2章理論編で論じた銀行経営者の責任追及論とも結びつきやすいという面もある。

　いずれにせよ、債権者保護の観点から早期是正措置発動の客観的な基準値を定めようとすることには大きな困難がある。

　他方、基準設定に関するもう1つの考え方としては、株主のビヘイビアを念頭に、ハイリスク選好に転じるインセンティブが生ずるような水準に、自己資本比率の基準を設定することがありうる。これによって、監督当局が経営の権能を握り、過少資本における株主のインセンティブのゆがみを補整しようとするものである。しかし、こうした目的を達成するために設定すべき具体的な水準は、当該銀行の資産構成や業務基盤等によって異なる。早期是正措置における発動基準は、銀行間で共通の客観的基準とすることが必要である。したがって、この考え方による自己資本比率は制度としての早期是正措置になじみにくいものである。

現実には、早期是正措置の発動基準は、客観的な推計に基づいて定められるのではなく、関係者間の利害調整によって決まっている。具体的には、経営破綻に伴う混乱や財政負担に関心が強い監督当局や預金保険機関は高い水準を望み、できる限り経営に関与されたくない経営者や株主は低い水準を望むこととなる。また、経済的にみれば、前者に偏った場合は、過大資本となって銀行の株式が投資の対象とされなくなるリスクが高まり、後者に偏った場合は、銀行の破綻が頻発に伴って大きな財政負担が生ずるリスクが高まる。現実の基準は、こうした利害の調整の結果である。それまでの現実の自己資本比率を出発点として、限界的にどの程度の変化をどのようなテンポで達成しうるかという点について、増分主義的に交渉が行われ、妥協の産物として決まってくる。

■ 自己資本比率の算定方法

早期是正措置制度の運用において、個別の銀行の自己資本比率が基準に抵触するか否かを左右する主な要因は、資産の評価である。個別の貸出の評価については、いくつかの考慮すべき論点がある。

まず、貸出先の企業自体が、当該企業の倒産手続の開始前後等で大きく変動することである。この点については、第6章理論編であらためて論ずるが、銀行の資産査定においては、要注意先向け貸出と破綻懸念先向け貸出の間の引当率の格差や、要管理先向け貸出の引当率の問題として顕在化する。

また、貸出の評価は、銀行の有する情報量によって異なってくることに留意する必要がある。銀行貸出の経済性は、企業に関して有する私的情報に基づいて成立しているので、そうした情報をもたない先へ転売しようとする場合には、第2章理論編で述べたように、大きなディスカウントが必要となる。銀行が窮境に近づけば、こうしたディスカウントの予測されることが貸出の評価にも影響を与えてくる可能性がある。

さらに、十分な情報を共有している銀行の役職員と公認会計士や銀行検査官の間でも、貸出の評価が異なってくる要因がある。すなわち、銀行の役職

員には、市場や監督当局から不利な扱いを受けることを回避したいというインセンティブが働くので、資産を楽観的に評価するバイアスがある。これに対し、公認会計士は、損害賠償責任が発生することを回避したいというインセンティブが働くので、事前には資産を悲観的に評価するバイアスがある一方で、いったん適正と認定した評価方法については維持したいというバイアスがある。他方、銀行検査官は、基本的には預金者の利益の代表としての立場であるため、資産を悲観的に評価するバイアスがある。資産査定の結果は、このように異なるインセンティブをもつ三者が意見交換を行うなかで、形成されていくものである。これは、前述のビッグ・バス会計の問題を含め、会計と経済学において、「収益管理」(Earnings Management) の問題として実証分析の対象となっている現象の一端である。

　自己資本比率の算定においては、こうした資産査定結果に、さらにいくつかの追加的要素が加わる。まず、銀行検査は銀行の決算の事後チェックであって、その資産査定の結果は翌期の決算において反映されることとされていることがある。したがって、検査から翌期の決算までの間に、当該貸出先の業況が現実に変化した場合等には、貸出の評価を検査結果と異なるものに変更することが可能である。何が現実の変化かということは微妙であり、銀行の経営者としては、評価を改善するに足る変化が生じたという説明を行おうとするインセンティブをもつ。

　また、この間に、銀行が資産売却や増資等を行った場合には、そうした財務状況の変化が決算に盛り込まれることとなる。含み益のある資産を親密な先に売却することで利益を嵩上げしようとすることもある。

　さらに、決算の作成にあたっては、こうした会計処理をふまえて、繰延税金資産をはじめとする会計上の見積りが行われることとなる。ここでも、銀行の経営者には、資産を大きく見積もりたいというインセンティブがある。

　このように、銀行の自己資本比率の算定に至るまでには、さまざまな要素があるため、客観的な基準に基づいて監督当局による措置を義務づける早期是正措置制度の実施にあたっても、さまざまな判断プロセスを経ることにな

る。場合によっては、その各々のプロセスで、銀行の経営者、公認会計士、監督当局の間に見解の相違が生じ、調整に相当の期間を要する事態が生じないわけではない。監督上の制度としてみた早期是正措置制度の意義は、監督当局の行動に対する前述のような制約への対応を、銀行の決算策定作業、公認会計士による会計監査、検査官による事後検証によって分担し、透明化することにほかならない。

■ 監督上の措置の実効性

次に、個別銀行の自己資本比率が基準に抵触した場合に監督当局が講ずる措置についてみると、基本的には、資本増強と収益性の改善を求める業務改善命令の発出がその内容であり、著しい過少資本の銀行に対しては、高金利預金の取入停止等の具体的な行為規制の命令が加わる。

しかし、その効果に関して、わが国やアメリカにおいて早期是正措置の対象となった銀行のその後の状況をみると、相当部分が経営破綻に至っており、行政命令による業務改善が経営改善につながる例は必ずしも多くない。

このように監督上の措置発動が経営再建につながりにくい理由としては、まず、措置の基準となる自己資本比率の水準が低すぎることが考えられる。しかしこの点に関しては、前述のような資産売却による損失発生と資金流出の悪循環や、自己資本比率算定に至るさまざまなプロセスを考えると、必ず破綻を回避しうるような自己資本比率の水準は、非現実的に高いものとならざるをえないことに留意する必要がある。現実に、わが国やアメリカで破綻した銀行の債務超過の割合をみると、わが国での平均が25％である等、きわめて保守的で健全な銀行の自己資本比率をかなり上回る水準となっている。早期是正措置の基準は、前述のように、監督当局等と銀行業界との利害調整に関する交渉によって決まることとなるので、このような高い比率となることは考えられない。

また、監督上の措置と経営再建の関係については、監督当局による業務改善命令の実効性に限界があることを指摘することができる。資本増強は収益

性の改善に支えられる必要があり、収益性の改善は事業内容の全面的な見直しを伴ってはじめて抜本的なものとなる。こうした見直しは、銀行の役職員の創意工夫によってのみ実施可能である。しかし、業務範囲の限定される銀行においては、それにもおのずと制約がある。そのなかでも短期的に実施可能なものについては、さらに限定される。したがって、監督当局の命令によって義務づけられる業務改善措置は、経営の合理化に偏らざるをえず、おのずと効果が限られるものとみられる。

さらに、早期是正措置の発動は、銀行経営に関する重要な事象であるため、上場している銀行は、その旨を適時に開示しなければならない。これは、株主のみならず預金者にとっても決定的な情報であり、多くの場合、資金流出の引き金となる。

こうしてみると、早期是正措置の発動は、それ自体で銀行を再建させる顕著な効果をもつとは考えがたいものである。

早期是正措置制度の実質的効果

そこで、制度の設計上の目的とは別に、早期是正措置制度により現実にもたらされる実質的効果を考えてみると、預金保険制度をはじめとするセーフティネットによる市場の機能のゆがみを補整するところにあるとすることができる。

すなわち、預金保険制度は、保護対象の預金の保有者に対し、銀行の業況に懸念をもっても、資金の引出競争を始めないでいるインセンティブを与える。これは、とりわけ取付けの防止という観点からは重要な機能であるが、それによって銀行経営者の規律を緩める効果ももつ。窮境に陥った銀行の経営者は、こうして資金流出が先延ばしされている間に、ハイリスクの資金運用を進める等によって損失を拡大させるおそれがある。

また、銀行監督は、その枠組み自体によって、株主や債権者の銀行に対する行動にゆがみを与える。これは、こうした市場参加者に対しては、監督当局は銀行の財務の状況に関して情報優位にあるはずであるから、監督当局が

措置を講じないでいるのであれば、その銀行が窮境に陥ってはいないという推定が働くからである。

　金融行政において、こうしたゆがみを放置していた場合には、当面は問題を処理せずにすむが、顕在化した時点ではきわめて深刻な事態となる。とりわけ、銀行の破綻が個別事例にとどまらず多数発生した場合には、預金保険財政そのものが困難に陥るのではないか、監督当局は実は情報優位にないのではないかという疑念が広まることにより、全面的な金融危機が発生することになる。1997年秋のわが国においては、まさにこうした事態が発生した。

　そこで、早期是正措置制度を設け、少なくとも一定の基準に抵触すれば必ず監督上の措置が講じられるという法制度とすることによって、こうした疑念を払拭することが重要となる。これは、預金者や市場関係者にすれば、個別の措置ではなく政府全体としての法制度であるから、預金保険制度の運営や監督当局の能力も、この制度と整合的なものとなるように整備されるはずだとみられることによるものである。

　したがって、監督当局は、個別銀行の自己資本比率が基準に抵触する場合は必ず措置を発動しなくてはならない。かりに、それが直ちに経営破綻につながったり、公的資金の投入によってはじめて自己資本比率が回復したりすることとなったりする場合であっても、措置を発動すること自体によって制度の存在意義を発揮することができるのである。

　またここからみれば、早期是正措置制度の効果は、措置の実施そのものもさることながら、自己資本比率が一定の基準に達すれば必ず一定の措置が発動されるということが事前に明確化され、個別の銀行の自己資本比率が適時に開示されていることによるところが大きいということになる。そう考える場合には、まず、自己資本比率の算出方法は、市場参加者にとって予測可能性の高い簡素なものであることが望ましい。また、基準となる自己資本比率の水準は、銀行業界が交渉上許容しうるなかで最も高いものとすることが適切である。さらに、監督当局の業務においては、基準に抵触すれば必ず措置

を講ずることを前提として、それ以前にどのような働きかけを行うかということに重点が置かれるべきである。

　この点に関し、一般の企業の再建に関しても、早期に事業再生に着手することが有効である旨がつとに指摘されていることが重要である。着手が後手となって資金繰対策に追われるようになれば、本来は再建が可能であったはずの企業が清算に追い込まれるようになるとされている。そのために、早期に事業再生に着手するための目安となるべき指標が議論されることもある。

　このような早期是正措置制度の運営のもとでは、銀行経営者は、将来の困難を事前に予見し、前倒しに経営努力を行うことが経済合理性に沿うことになる。現実に早期是正措置の対象となった銀行の状況をみても、基準抵触を予見して準備を進めていた銀行は再建に成功し、自己資本比率の算定方法をめぐる公認会計士や銀行検査官との交渉に時間を費していた銀行は破綻に至っている。

第4章

公的資金による資本増強と銀行の業務再構築

A　現　実

早期健全化法

　公的資金による銀行の資本増強制度は、1998年初に金融機能安定化法として導入された。同年春には、金融危機管理審査委員会の審査に基づいて資本増強が実施された。しかし、この措置は、金融システムを安定化させる効果を発揮することができなかった。

　こうした経緯をふまえ、同年夏の金融国会においては、その前半で金融機能安定化法が廃止された。しかし、金融国会の終盤には、一転して、新たな資本増強制度が早期健全化法として導入された。この法律を旧制度と比べれば、早期是正措置と資本増強の組合せ等により銀行監督との連携を強化したこと、交付国債による現金準備を廃止して政府保証に基づく借入れのみに原資を限定したこと、新設される金融再生委員会が実施の判断を行うとしたこと等の差異がある。

　この制度と筆者の関係は、1997年末における自由民主党の緊急金融システ

ム安定化対策本部に対する大蔵省銀行局の窓口担当官として、関係議員による検討のための資料作成や説明等の職務を行っていたことが初めであった。同本部では、住専処理に伴って大きな政治的問題となっていた公的資金の導入を最大の論点として、金融危機に対処するための方策が検討された。具体的な公的資金の導入の形態としては、NTT株式の売却益を使用可能とするとともに政府保証による借入枠を設けることで、預金保険機構の財政基盤を強化することが想定された。そのうえで、この公的資金を用いて銀行にどのような措置を講ずるかが大きな論点となった。

そうしたなかで、銀行局にとっての最大の関心事は、公的資金の使用形態であった。破綻金融機関の預金者保護に用いることについては、金融行政の既定路線に沿うものとしてまったく異論がなかった。しかし、金融機関の資本増強に投入することについては、当惑せざるをえなかった。公的資金による護送船団行政や個別企業救済につながるのではないかという懸念があるからである。しかし、巨大な政治的論点として激論が交わされるなかで、筆者は右往左往する以外になかった。当時の上司もさまざまな働きかけをしたのではないかと思う。結局は、総理経験者を含む政府与党の首脳によって政治的決断が下され、預金保険機構に投入される公的資金の一部を金融機関の資本増強に用いることが決定された。

これに伴い、1998年初には、大蔵省銀行局において、正月返上で関連の法律の原案が準備され、国会の冒頭で審議、可決された。この金融機能安定化法に基づき、年度末には資本増強が実施された。さらに、その後、金融国会の前半においては、日本長期信用銀行に対する公的資金による資本増強という議論もなされていた。しかし、筆者は、この間、不良債権額のディスクロージャーや銀行法の改正等に関する職務に追われており、担当外であった。

筆者が公的資金による資本増強に本格的に取り組むに至ったのは、金融国会の終了直後である。これは、1つには、金融監督庁官房企画課長として、早期健全化法の政省令作成に関する大蔵省との協議に従事していたことにもよる。それにも増して、第3章現実編で述べたような引当率をめぐる議論の

経緯も影響していた。ここで実績に基づく引当率が採用された結果、高率の引当率を人為的に設定して多くの銀行に早期是正措置を適用し、強制的に公的資金による資本増強の申請に追い込もうという構想はむずかしくなっていた。金融行政の執行に責任をもつ金融監督庁としては、別の方法により、何としても実効的な資本増強を行わねばならないという状況にあった。

公的資金による資本増強の職務を割り当てられて、まず筆者が行ったことは、資本政策に関する経済理論、一般の企業の増資実務、大恐慌期におけるアメリカのRFC（復興金融公社、Reconstruction Finance Corporation）の実績および金融危機管理審査委員会における資本増強の経緯の研究であった。時間もあまりなかったが、失敗を繰り返すことは許されない。前年末の自民党緊急金融システム安定化本部における議論のために行った調査結果もふまえて、昼夜兼行で徹底的に勉強し、基礎固めをした。

■ 金融再生委員会代行室

筆者がいくら勉強しても、それだけでは、担当官としての個人的な準備にすぎない。現実の資本増強に反映してもらうためには、上司の指示のもとで、組織的に取り組んでいかねばならない。

その上司の最上位者としては、金融国会の終了時に、柳澤伯夫大臣が金融担当大臣に就任された。後に金融再生委員長となることが予定されていたが、金融再生委員会の発足のためには委員の人選や事務局の編成等に一定期間が必要であり、当面は、内閣官房に設けた代行室において大臣の指示を実施することとされた。筆者は、企画課長として金融監督庁の窓口となるとともに、公的資金による資本増強に関して代行室の事務を行うよう指示された。これだけの重要な職務について、大臣から日々宿題をいただき、勉強の成果を直ちにお答えできるのであるから、担当官にとっては、これほど恵まれた体制はない。大臣の明晰な判断と的確な指示、外部に対するクリアな情報発信、職員や関係者に対する強力なリーダーシップによって、すべてが高速で進行した。

また、組織としては、日本銀行および大蔵省から、金融再生委員会事務局要員の含みで応援者が派遣された。特に公的資金による資本増強に関しては、日本銀行出身の専門家チームがスタッフとして派遣され、大臣への説明から実務の準備に至るまで、高い能力を発揮した。一方、金融監督庁においては、資本増強に関する銀行との交渉に向けた体制が編成され、銀行経営や業務効率化に関する専門家の話を聞くことを含め、準備的調査を行っていた。筆者には、この両者を連動させるプロジェクトチームのリーダーという職務が割り当てられた。

　こうした体制のもとで、柳澤大臣からの宿題に応答するとともに、プロジェクトチームで洗い出した重要な論点について、ほぼ毎日、大臣を含む上司とプロジェクトチームが議論を重ね、大臣の判断をいただいていった。当時、政府部内では、公的資金を用いて銀行の体力を支援するという財政的発想に基づく主張があった。一方、外部からは、投資銀行の専門家が金融技術に偏ったアドバイスをしきりに提案してきた。しかし、柳澤大臣のもとでは、徹底した議論を経て、銀行の業務再構築に基づく資本増強という、制度本来の機能を発揮するための基本的なコンセプトが組み上がっていった。

■ 資本増強の基本コンセプト

　筆者なりに振り返ってみると、この時点での資本増強の基本コンセプトは、おおむね次のようなものであったと総括することができる。

　まず、この公的資金による資本増強は、資本市場での通常の増資を出発点とし、この時点で政府が介入しなくてはならない点について、必要な範囲で修正を加えるという考え方によるということである。資本政策は、企業にとって最大の経営課題である。その役職員が自らの責任で能動的に取り組まない限り、長期的にみて資本増強は成功しない。まず政府の資金ありきということでは実効的ではないのである。

　したがって、各行の策定する経営健全化計画は、市場での増資と同様、投資家からみて信頼されるに足るものでなければならず、経営者が責任をもっ

て公表し、実行しなくてはならない。また、増資の引受けの是非およびその条件は、各行の財務の現状とその後の業務再構築の見通しに応じて、経済合理的に決定されなければならない。さらに、増資の規模は、各行の抱える財務上のリスクを解消するとともに、これに見合う収益を経営健全化計画のもとで確保できるものでなければならない。

　一方、公的資金による引受けが必要な理由は、資本市場が機能不全に陥っていることにあるのであるから、政府はこれを代替する機能を果たす必要がある。新たに設置される金融再生委員会が代替的な資本市場として機能するのである。

　その内容としては、まず、銀行の財務状況のディスクロージャーの信頼性が確立していないなかで、市場に著しい情報の非対称性が存在していることに対処するため、検査監督を通じて十分な情報を有する金融監督庁の説明に基づいて検討することとする。第二に、経営健全化計画については、その実現可能性や有効性に対する投資家としての評価が必要となる。そこで、事務局および金融監督庁からの説明により各行のドラフトを事前審査したうえで、最終的には銀行経営者からのヒアリングにより評価を決定することとする。第三に、増資の規模については、各行の申請額を出発点として、上記の検討に基づいて金融再生委員会が審査し、双方の認識が合致した場合に限り引受けに応ずることとする。第四に、増資の引受条件については、まず、金融システム全般について、当時資本市場を支配していた不確実性が払拭されるという前提に立つこととする。そのうえで、個別の銀行について、経営健全化計画が実現されるという前提で、金融再生委員会が基本的な評価を決定する。さらに、増資に用いる転換型優先株等の商品の設定やこれにかかわるオプションプレミアムの勘案等の実務的詳細については、各行の申請をもととして、事務局が交渉を行う。事務局は、自らもモンテカルロシミュレーション等により見積りを行ったうえで、各行の財務担当者との間で、細かい商品性や配当率等の条件について議論し、金融再生委員会の判断を仰ぐ。第五に、引受けの後、経営健全化計画が未達となった場合には、金融監督庁の

業務改善命令等により、強制的に計画を達成させることとする。

　増資の引受けに要する資金に関しては、預金保険機構において、経営健全化計画や増資に用いた優先株等の商品性をふまえて将来の資金の流れを想定し、これに対応した期間の資金を、政府保証を活用して調達する。これによって適正なポートフォリオをつくる際の資金調達コストが、資本増強の引受条件設定の基礎となる。

　なお、この段階での資本増強のスキーム構築においては、金融機能安定化法による資本増強の反省を十分に行うことが不可欠であった。筆者のみるところ、前回の資本増強が功を奏さなかった理由としては、横並びで少額の増資を行ったこと等に加えて、基礎的な情報処理にかかわる執行体制が整っていなかったことによるところが大きいと思われた。上記の基本的コンセプトのもとで、金融再生委員会、金融監督庁および預金保険機構が責任をもって取り組めば、おのずと問題は解消されるはずである。

　そのうえで、筆者としては、特に注意しなくてはならないことは、市場に対するメッセージだと考えた。すなわち、金融機能安定化法による資本増強に際しては、日本長期信用銀行のように財務状況がよくない銀行の増資について、相対的にシニアの商品である劣後債を少額だけ引き受けるとともに、その条件にリスクプレミアムを乗せることで受動的に対応していた。これは、市場に対して攻撃のターゲットを明示するような逆効果をもたらしたのではないかと考えた。

　この点については、大臣を中心とする議論の結果、早期健全化法においては、徹底的な業務再構築が行われることを前提に、できるだけ多額の優先株を引き受けるとともに、商品性をより資本性の高いものとして能動的に対応すべきだということとなった。これによって、市場に対し、政府の断固たる姿勢を示して攻撃を撃退するという方針となったのである。また、条件面では、普通株式への転換価格や転換時期等の設定に伴うオプションプレミアムを反映させることにより、財務状況がフラットに表れないようにした。このやり方は、当時、「ガラス細工」とも評された。市場がターゲットを絞って

攻撃することを防ぐ効果を発揮したものと考えられる。

主要行による申請の表明

　柳澤大臣の指揮のもとで、以上のような基本コンセプトが形成されたからには、早速、現実のものとして制度を動かしていく必要がある。当時の状況からすれば、翌年度の決算においては、何としても資本増強を実現しなくてはならなかった。商品性と引受条件の設定、決算との調整、株主総会の準備等に要する期間を考えると、1日も無駄にはできない。早急に主要行を動かすための措置を講じなければならない状況にあった。

　ここで、それまでの主要行の反応について述べると、筆者の目からは、専守防衛の一言で形容可能なもののように感じられた。資金運用については、徹底的なリスク回避に陥っているようであったし、業務についても、抜本的な再構築に着手する兆しはほとんどみられないようであった。特に経営合理化については、いわゆるリストラは職員を不正行為に走らせるおそれがあるとし、消極的な態度に終始していた。報道においては、こうした姿勢が激しい批判の対象とされ、銀行員の給与や福利厚生に対する非難が繰り返された。筆者としては、主要行の経営者の身になってみれば、こうしたなかで公的資金を受け入れれば、どんな目に遭うかわからないと思うことが自然だと考えた。このままでは、主要行は資本増強を申請しないものと見込まれた。せっかくの制度が機能せず、信用収縮を昂進させるだけである。

　この状態からの出口としては、公的資金によるものであっても、資本増強が経済合理性に基づいて行われることを、主要行の経営者に納得させることが第一歩であった。そのためには、経済活動の基本は価格であるから、健全化努力に応じて引受条件が有利になる旨を明示することが最も効果的である。柳澤大臣は、この趣旨をふまえ、官邸とともに、情報発信をすすめられた。筆者には、主要行の経営者の硬直した姿勢がみるみる柔軟になっていくことが感じられた。

　そうこうしているうちに、中間決算の発表時期となった。筆者は祈る気持

ちで待っている以外に能がなかったが、柳澤大臣をはじめとする上司達は、さまざまな働きかけをしていたのだろうと思われる。結果として、主要行の経営者は、年度決算で不良債権を思い切って償却する方向を示すとともに、公的資金による資本増強を申請する旨を公表した。

　この間、事務的にも、申請のための添付書類である経営健全化計画の記載要領について、説明会を開催することとなった。おもな説明者は筆者である。銀行の担当者は、記載すべき内容について具体的な行政指導が行われるのではないかと期待していたようであった。しかし、筆者は、前述の基本コンセプトを念頭に、まず銀行において経済合理性に沿った自主的取組みを計画し、その内容を金融再生委員会が審査するという説明を繰り返した。銀行の担当者としては、何も具体的な指針が示されないので、不満だったものと思う。そのうちに、「迎賓施設等を廃棄しないといけないか」等、マスコミ受けのする問題に関する見解を試すような質問がなされるようになった。筆者は、その場の勢いで、「営業上意味のある施設かどうか自ら判断すればよい」等と、切り口上で答えた記憶がある。周りの人にどう受け止められたか、いまでも冷や汗が出る思いである。

■ 引受条件

　これで主要行が土俵に乗ってきたので、次は、具体的な事前準備を行うよう促す段階となる。金融監督庁の体制も準備万端となったので、個別接触を開始することとした。しかし、ことは銀行経営の根幹に関する事項である。これまでの経験からみて、情報が豊富な銀行の担当者を説得していくことはむずかしい。そこで、プロジェクトチームとしては、交渉上の武器となるような手順を用意した。それは、まず、健全化が行われないとした場合の引受条件に関する参考利回りを提示し、その後に、健全化が行われたとした場合の努力に応じた参考利回りを示すことである。

　この間、金融再生委員会事務局の発足準備も整ってきたので、まず、引受条件について委員会で審議していただくようお願いしたところ、発足当初の

金融再生委員会において、以下のように、決定、公表していただいた。
　① 金融機関による業務再構築、不良債権の処理促進、信用供与の円滑化等の経営健全化に向けた主体的な取組みにより、わが国の金融システムに対する内外の信頼回復を実現するという早期健全化法の趣旨をふまえ、金融機関全体の配当等の水準を金融システム不安が解消された市場実勢をベースとする。
　② 経営健全化計画における個別の金融機関による不良債権の処理、業務再構築等による将来の財務内容、経営内容等の改善の見込みに応じ、個別の金融機関に係る信用リスクの低下を配当等に反映させるものとする。
　③ 商品性の相違については、資本性に係るマーケットからの評価をふまえた調整を行う。

　この内容は、前述の基本コンセプトを引受条件のかたちで現実化したものである。また、主要行の担当者の立場に立って考えてみても、異論のありようのないものである。これによって、主要行の担当者とプロジェクトチームの具体的な議論を開始することが可能となった。

　筆者は個別の銀行との交渉の詳細には関与しなかったが、当初、健全化が行われないとした場合の参考利回りをみた銀行の担当者のなかには、愕然とした者がいたものと推測している。この参考利回りは、一斉検査の結果を盛り込んだ各行の実質的財務内容に沿って、理論値を算出したものだったからである。上記の①の条件から、基本的には市場資金より有利となるはずであるが、財務内容が悪化した銀行にとっては、そのままでは消却財源の手当が不可能なほどの厳しい条件となったものと思う。かつ、金融再生委員会としては、十分な資本基盤を備えるに足る規模の増資申請でなければ引受けに応じないと表明していた。

　これらの銀行としては、すでに申請を公表した以上、いまさら取り下げることもできず、何としても資本増強を実施する以外にない瀬戸際に立たされてしまった。結局、上記の②に沿って、信用リスクの低下を認定してもらうために抜本的な健全化計画を作成することと、それを補うために、上記の③に沿って、発行する資本商品を極度に資本性の高いものとして表面条件を緩和することの2つしか選択肢がなかった。これらの銀行は、経営再編を行う

か、潜在的な実質国有化のリスクをとるかという選択に直面したのである。当方の担当者は、その双方について、経済合理性に基づく参考利回りの情報を提供したので、各行の策定する健全化計画はどんどん深掘りされたものとなっていった。

■ 金融再生委員会による審査

1999年に入ると、金融再生委員会は、事務局の整備も完了して、本格的に活動を開始し、「金融再生委員会の運営の基本方針」を公表した。そのなかで、公的資金による資本増強に関しては、「不良債権の償却等による処理、信用供与の円滑化、今後発生しうるリスクへの対応に十分な資本」が必要とされた。

資本増強の額に関しては、前述のような健全化計画と引受条件の考え方から、消却財源の確保が可能な上限額は示されるものの、上記の不良債権処理等への対応に十分とみるべき下限額は示されてこない。この点については、金融再生委員会では、資本増強行における引当率をどうするかという論点として検討されるようになった。企業会計上の引当率については、第3章で論じたような過程を経て、実績に基づくこととされていたものの、それとは別に、十分な資本増強とみなすためには最大限どの程度までの引当率を想定しておけばよいのかという論点である。

この点に関しては、銀行の申請の基礎となる要素であり、委員会としての考え方を公表しなくてはならない。しかし、金融危機のさなかであり、市場においては、高率の引当率の人為的設定による一斉の早期是正措置や破綻処理といった考え方がなお残存していた。したがって、委員会の公表内容について誤解が生ずると大変な混乱につながりかねないという心配があった。これは、財務会計上の基準ではなく、不測の事態に備えるため、損失の度合いをあらかじめ見積っておくものである。現在であれば、ストレステスト（Stress Test）という概念が定着しているので、そうした懸念はなくなっているが、当時は、そうした財務会計とストレステストの基準の区別は認知さ

れていなかった。すべての銀行の決算において最大限の引当率が適用されるかのような誤解が生じないか懸念されたのである。

　金融再生委員会の結論は、アメリカでの一般的な引当率を上回る率で引当額を試算し、これをまかなうに足る資本増強額を申請しないと引受けには応じられないというものであった。しかし、金融監督庁としては、市場の反応を非常に心配した。事務局に要請して、通常の会計上の引当率とはまったく概念上異なるということを明確化するための工夫を重ねて発表してもらい、結果としては事なきを得た。

　これで主要行が申請を行うための前提条件が整ったが、この段階から、当方との交渉が進まない銀行が生じてきた。当方の示した健全化反映前の参考利回りとの兼合いから、通常の経営努力を越えた業務再構築を行わなければ、今般の発表によって必要となる資本増強額に伴う配当負担に耐えられない状況に陥っていたのではないかと推察される。筆者としては、これらの銀行が増資を断念すれば市場の攻撃にさらされるので、大変気を揉んだが、基本コンセプトをゆがめるわけにはいかない。銀行の自主的判断を待つ以外になかった。

　ところが、しばらくすると、こうした銀行から、その時点としては驚くほど抜本的な経営合理化を盛り込んだ経営健全化計画が提示されるようになった。またなかには、合併等の経営統合と、それを盛り込んだ健全化計画の提出について連絡があった銀行も出てきた。再編によって、経営資源の重複等を排除して抜本的な経営合理化を行うとともに、シナジー効果をも見込むというものである。一般に、経営統合が決定される背景にはさまざまな要素があろうが、公的資金による資本増強のプロセスは、これを強力に後押ししたものと考えられる。この時点で再編を通知してきた銀行以外においても、ほどなく経営統合が行われ、いわゆるメガバンクが形成されることとなった。

　なお、後日、この主要行に対する公的資金の投入に関し、申請したすべての銀行の増資の引受けに応じたという批判がなされたことがある。しかしそれは、こうした緊迫したプロセスを経て、各行が条件を満たす内容の申請を

行ったので、金融再生委員会も増資の引受けに応じることができたということを誤解したものである。一般に、発行市場での増資の引受けは、場合によっては交渉決裂をも視野に置いた厳しい交渉のプロセスを経て行われる。公的資金による資本増強についても、金融再生委員会は同様のプロセスを踏んでいたのである。

　また後日になって、当時、すべての銀行が健全だと認識していたかのような批判も出されたが、これも制度を誤解したものである。金融再生委員会は、銀行の健全性を判断する基準である自己資本比率からみて、申請銀行は早期是正措置を発動すべき対象とならないと認識していたにすぎない。早期是正措置制度は、第3章現実編に論じたように、監督当局の迅速な措置を義務づける制度であって、増資を引き受けてもよいかどうかを判断する基準を定める制度ではないからである。

　こうした状況をふまえ、金融再生委員会は、金融監督庁および事務局を通じ、各行の健全化計画のドラフトの説明を受け、かなりの期間にわたって掘り下げた議論を行った。その途中では、早く引受けに応じてほしいという外部からの強い圧力を感じていたのではないかと推察される。しかし委員会は、そうしたことには動かされず、徹底的な検討を行ったのである。その結果をふまえ、委員会は各行に対して、追加的に求められる改善事項を示すとともに、金融監督庁に対して、健全化計画のフォローアップのスキームを具体化するよう指示することとなった。

■ 資本増強行に対するフォローアップルール

　筆者は、この指示に対しても金融監督庁の窓口を担当することとなったが、資本増強の実施のためには、たしかに引受け後のフォローアップの仕組みが不可欠だと考えた。およそ、信用を供与する者は、決定前の審査に際しては立場が強いが、決定後は立場が弱くなってしまうので、その補強をきちんと手当しない限り信用供与の決定ができないからである。

　フォローアップのための手段としては、株主権に基づく措置と銀行監督に

基づく措置がありうるが、公的資金によることの特性は後者にある。そこで、上司の裁断を得て、金融監督庁の立場から、収益実績をトリガーとする早期是正措置制度のようなスキームを提案した。すなわち、各行は、経営健全化計画の履行状況を金融監督庁に報告する。金融監督庁は、そのフォローアップの結果を公表するが、収益等について一定の基準以下の未達となった場合には、改善措置の追加報告を求め、必要に応じて業務改善命令を発出する。措置発動の基準とする未達の水準については、証券取引所において、業績予想の変更に関するタイムリーディスクロージャーを求めている基準に平仄をあわせ、健全化計画の目標値からの3割下振れとした。これが後日「3割ルール」と呼ばれるようになったものの原型である。

金融再生委員会は、このフォローアップルールの提案を審議するとともに、各行の経営者から追加的関心事項についてヒアリングを行ったうえで、最終的な検討を重ね、1999年3月、公的資金での増資引受けを前提に株主総会の準備を進めてよい旨を通知した。

■ 公的資金による資本増強と地域銀行の再編

筆者は、その後は、金融監督庁官房企画課長としての本務である改正銀行法の政省令整備や、第5章現実編で論ずるバーゼル銀行監督委員会での自己資本比率の検討への対応等に注力していたが、1999年夏には銀行監督第2課長に転任し、公的資金による資本増強について、個別事案の側面から取り組むこととなった。

当初は、着任以前から進行していた一部の地域銀行に対する資本増強の検討が課題であった。これは、前述した主要行への対応と基本的に同様のコンセプトによって行われるものであるが、実務上は、地域経済との関係で、重要な差異があった。まず、資産内容に関しては、主要行に引き続いて金融監督庁の一斉検査が行われ、その結果に基づくこととなるが、貸出先の将来の業況に関しては、貸出先の会計組織の不備等から、その時点の資産査定だけでは判断しにくい場合も多い。また、銀行の経営健全化に関しては、主要行

図表8－1　資本増強残額の推移

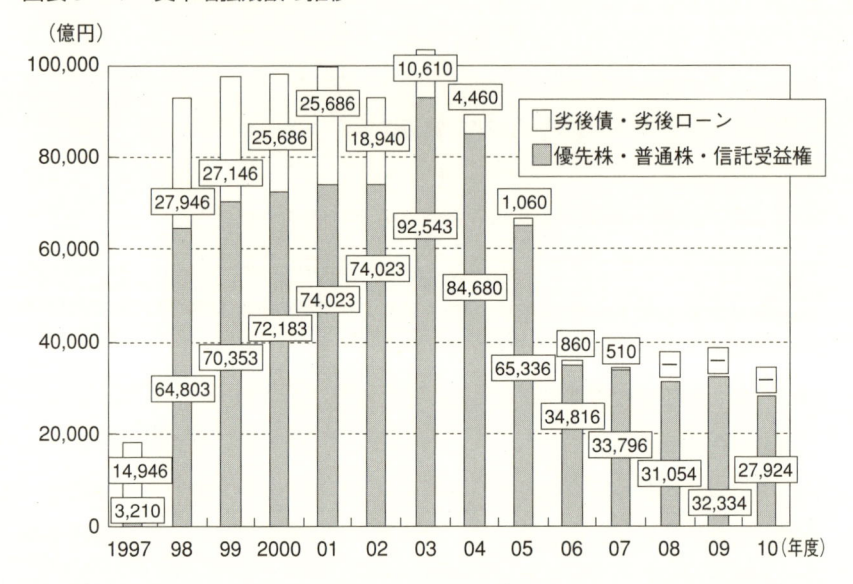

(億円)

年度	優先株・普通株・信託受益権	劣後債・劣後ローン
1997	3,210	14,946
98	64,803	27,946
99	70,353	27,146
2000	72,183	25,686
01	74,023	25,686
02	74,023	18,940
03	92,543	10,610
04	84,680	4,460
05	65,336	1,060
06	34,816	860
07	33,796	510
08	31,054	—
09	32,334	—
10	27,924	—

図表8－2　処分簿価額および処分差額の推移

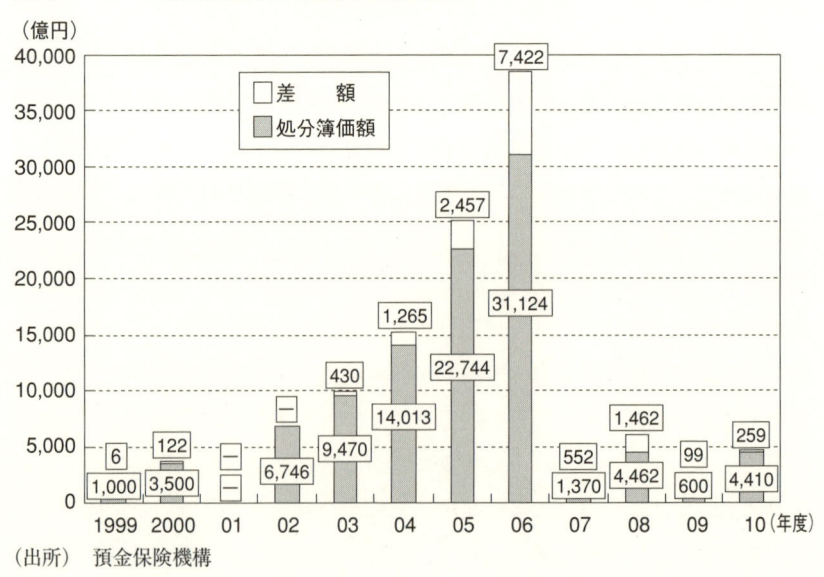

(億円)

年度	処分簿価額	差額
1999	1,000	6
2000	3,500	122
01	—	—
02	6,746	—
03	9,470	430
04	14,013	1,265
05	22,744	2,457
06	31,124	7,422
07	1,370	552
08	4,462	1,462
09	600	99
10	4,410	259

(出所)　預金保険機構

と異なり、収益源が伝統的な預貸業務に限定される一方、費用面では情報システムをはじめとする固定的負担が大きいので、単独で改善しうる余地が小さい。

そこで、金融再生委員会においては、
・申請金融機関がその地域の信用供与について主要な役割を果たしており、資本増強により地域経済の活性化が見込まれる場合
・申請金融機関の存在がその地域の金融市場における適正な競争の確保の観点から必要であり、資本増強により地域経済の活性化が見込まれる場合
・資本増強を契機として、合併や提携等の金融再編が行われる場合
について引受条件を優遇するという方針を決定し、公表した。

これは、報道機関により、「一県二行主義」として喧伝された。

これを受けて、筆者等の事務方においては、地域経済における役割の証左を得る意味からも、地元における自力増資を重視するとともに、再編等の効果を経済合理性の観点から審査することを銀行に伝え、健全化計画の作成に反映させるよう求めていった。自力増資は、増資に応じてもらった貸出先に対する立場の低下や、地元経済における寡占的地位への安住といった弊害をもたらす懸念があったが、当面の資本増強の引受けの審査のためには最も有効な手がかりであったと考えられる。筆者としては、銀行との具体的な交渉プロセスにおいて、少しでも業務再構築が深掘りされるように、すべての手段を用いて働きかけを行ったつもりである。

このようにして、1999年春における主要行に引き続き、2001年春までの間、早期健全化法に基づく公的資金による資本増強が行われた。なお、この段階までに投入された公的資金は、その後逐次回収され、結果として利益をあげている。その資本増強残額や処分額の推移は、図表8－1および8－2のとおりである。

■ 地域銀行と主要行の再編

さて、1999年冬になると、金融監督庁の検査は、より小規模で、あまり問

題の目立たなかった地域銀行を対象とするようになった。金融危機対応の焦点は、地域銀行の破綻が一段落したこともあって、銀行検査で新たに問題が指摘された銀行への対応に移ってきた。

　この点に関し、銀行法改正に際し、経営再編が容易となるような布石を盛り込んでいたことが有効となった。まず、銀行を、銀行の子会社および関連会社としてよいこととしていた。これは、銀行の業務範囲制限の観点からはまったく問題がないが、多少判じ物のような規定である。改正前は、子銀行を保有するくらいならば、その業務を親銀行本体で営めばよいとして、破綻銀行以外は子会社としての保有を認めない規定となっていた。しかし、当時の銀行局調査課は、金融システム改革を進めるなかで、銀行の合従連衡を政府の先入観で縛るべきではないという考え方をとることとしたのである。現実にも、職員の報酬体系や転勤範囲等の差異や、提供する金融サービスの相違から、資本上はグループ会社とすることに経済合理性があっても、組織上は合併すること等に合理性のないケースも見受けられた。

　また、関連会社の範囲に関しても、金融監督庁は、多数の銀行で共同の関連会社をもてるようにした。これは、地域銀行の情報システム等を念頭に、本体の再編をせずとも、関連会社を統合させることで費用負担の重複を排除し、経営合理化に資することを想定したものである。この規定のもとで、1999年後半には、情報システムベンダーが競って顧客銀行のグループ化を進め、銀行の情報システムを対象とする多数のグループ会社の発足につながった。

　1999年冬以降、金融再生委員会の方針表明とこうした改正銀行法のもとで、次々に地域銀行の経営再編が図られていくようになった。

　地域銀行の経営再編の第一の形態は、地域銀行が主要行のグループ企業になるケースである。改正前の銀行法のもとで、主要各行は多数の地域銀行を親密先として傘下に置いており、資本関係が明確でないままに、経営陣の派遣や情報システムの払下げ等を行っていた。しかし、当時の銀行局調査課は、企業会計において実質基準で子会社や関連会社が判定されるようになる

ことをふまえ、銀行法の改正において、グループ会社の範囲を会計基準と連動するという枠組みとしたのである。このため、従来のようなあいまいな親密先の存在は困難となり、各行には、資本関係を構築してグループ内企業とするか、親密先から外すかの経営判断が求められるようになっていた。

こうした地域銀行のうちいくつかは、銀行検査によって問題が指摘された段階で、親密先である主要行に支援要請を行った。これに対し主要行は、政府に対して公的資金による資本増強を求めるように勧めたのである。この結果、問題の帰趨は筆者が課長を務める銀行監督第2課の対応に係ることとなった。

この問題についての筆者達の対応は、まず、公的資金によるものであっても、資本増強は経済合理性に基づいて行われることを確認することであった。債務超過でないことを確認したうえで、金融再生委員会が健全化計画を投資に足るものと判断することが不可欠である。この方針は金融再生委員会において決定されているものであって、担当官に修正の余地はない。また、地域銀行への監督当局の対応は、検査結果に基づいて必要となる早期是正措置等を講ずることが基本であり、再編を行うか否かは、これを所与として当事者が判断すべきであるという考え方も明確化した。これも確定したルールである。そのうえで、当方としては、関係者が適時に行動するように、進行管理を行うこととした。こうしたプロセスにおいては、同じ決定を行う場合でも、後手に回ると信用不安につながる一方、先手を打つと経営再建が奏功するからである。

主要行の側では、筆者達の対応に反発を感じていたのではないかと危惧される。しかし、確定したルールに沿うものであり、変更の可能性がないなかで、さまざまな緊迫した経緯を経て、これを所与とする経営判断が行われるようになった。その結果、検査結果をふまえて当方が早期是正措置を発動し、地域銀行がこれに対応して主要行の支援を得たうえで、経営健全化計画を提出するというプロセスが踏まれることとなった。一方、これを背景として地域銀行の経営再建計画が策定され、公的資金による資本増強の申請が行

われた場合には、上記のプロセスによって金融再生委員会が審査を行い、適正性を確認のうえで資本増強を承認することとなった。

こうした地域銀行と主要行の再編としては、千葉興業銀行と富士銀行、岐阜銀行と東海銀行、近畿大阪銀行と大和銀行、泉州銀行と三和銀行の例がある。これらにおいては、地域銀行が主要行のグループ企業としての位置づけを明確化しており、最後の例を除いて、公的資金による資本増強が実施された。

なお、わかしお銀行については、第2章で論じたように、主要行の再編に伴って、大蔵省時代に構築された主要行4行による支援体制が再検討された。その結果、他の3行による債権放棄を含む私的整理が行われたうえで、三井住友銀行の関連会社とされることになった。この事例においても、かつてと異なり、監督当局が行司役を務めるのではなく、関連する銀行が当事者として自律的な協議と決定を行うようになった。

■ 地域銀行相互の再編

地域銀行の再編のもう1つの形態は、近接地域で営業する地域銀行相互の再編である。地域銀行が業務を再構築しようとする場合には、収益増強は地域経済の動向に左右されるので、費用の削減に重きを置かざるをえない。しかし、情報システムに関する経費は、業務の基礎として大きな固定的比重を占めているため、大幅な削減が困難である。また店舗の削減等は、顧客の銀行離れを通じて業務基盤の脆弱化をもたらしてしまうという問題がある。前者については、前述のような情報システムの共同事業で対応することが盛んとなった。しかし、後者の問題に対処するためには、営業地域が重複する地域銀行が経営統合を行って、店舗網を整理統合すること以外に有効な手段がなかった。

この間、地域銀行の経営判断には、主要行の経営統合の現実化が影響したのではないかと考えられる。また、第5章現実編で論ずるような銀行監督の枠組みのもとで、金融サービス業としての地域銀行の経営効率に関する分析

結果を提供し続けたこともある程度は効果があったのではないかと推察される。

地域銀行相互の再編の具体的な形態としては、まず、すでに公的資金による資本増強を受けた銀行が、経営健全化計画を履行するプロセスで、経営再編に踏み切ったとみられるケースがある。たとえば、広島総合銀行とせとうち銀行が形成したもみじホールディングスや、北陸銀行と北海道銀行が形成したほくほくフィナンシャルグループがこれに当たる。2006年春に決定された熊本ファミリー銀行の福岡銀行グループ入りもその延長線上にあるとみられる。

また、公的資金が介在せずに経営統合が行われた例もある。たとえば、北洋銀行と札幌銀行の形成した札幌北洋ホールディングスがこれに当たる。このほか、庄内銀行と殖産銀行の統合の試みも表明されたが、具体的なオペレーションとこれに対応した情報システムの見直しをめぐって反対運動が起こり、取りやめとなってしまった。

さらに、地域銀行相互の経営再編と公的資金による資本増強の検討が連動した例として、福岡シティ銀行と長崎銀行、親和銀行と九州銀行が経営統合を行ったものがある。この事例では、いわゆる「すっぱ抜き」が行われた結果、決着までにさまざまな紆余曲折が生じ、途中からは報道合戦となってしまった。筆者としては、一時は不測の事態を想定し、担当課長として引責を覚悟せざるをえない状況となっていたほどであった。なお、福岡シティ銀行は、本件の決着後、さらに西日本銀行と合併することとなった。

こうした地域銀行の再編が検討されるプロセスにおいては、公的資金が関連するような事例を中心として、財務局長等への相談が行われることが多かった。金融監督庁としては、その場合、可能な限り、かつての大蔵省のような行司役となることを避け、関係者が適時に判断を行うよう促すという進行管理の役割に徹するように努めるという方針をとった。個別には濃淡があったものの、こうしたプロセスを経て、当事者である銀行経営者が最終的な経営判断を自律的に行うという原則が次第に確立していったものと考えられる。

図表 9　銀行の統合・再編の状況

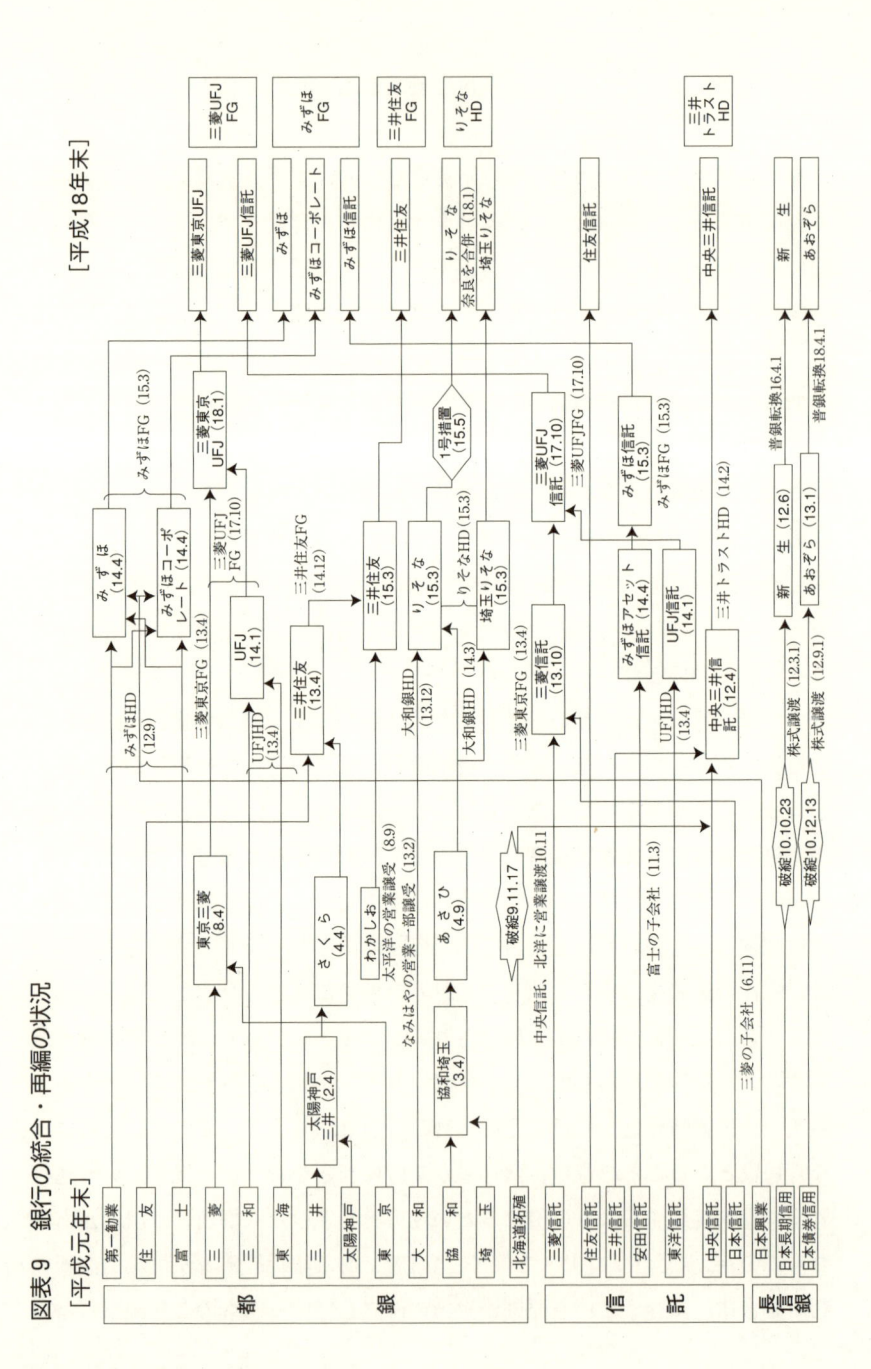

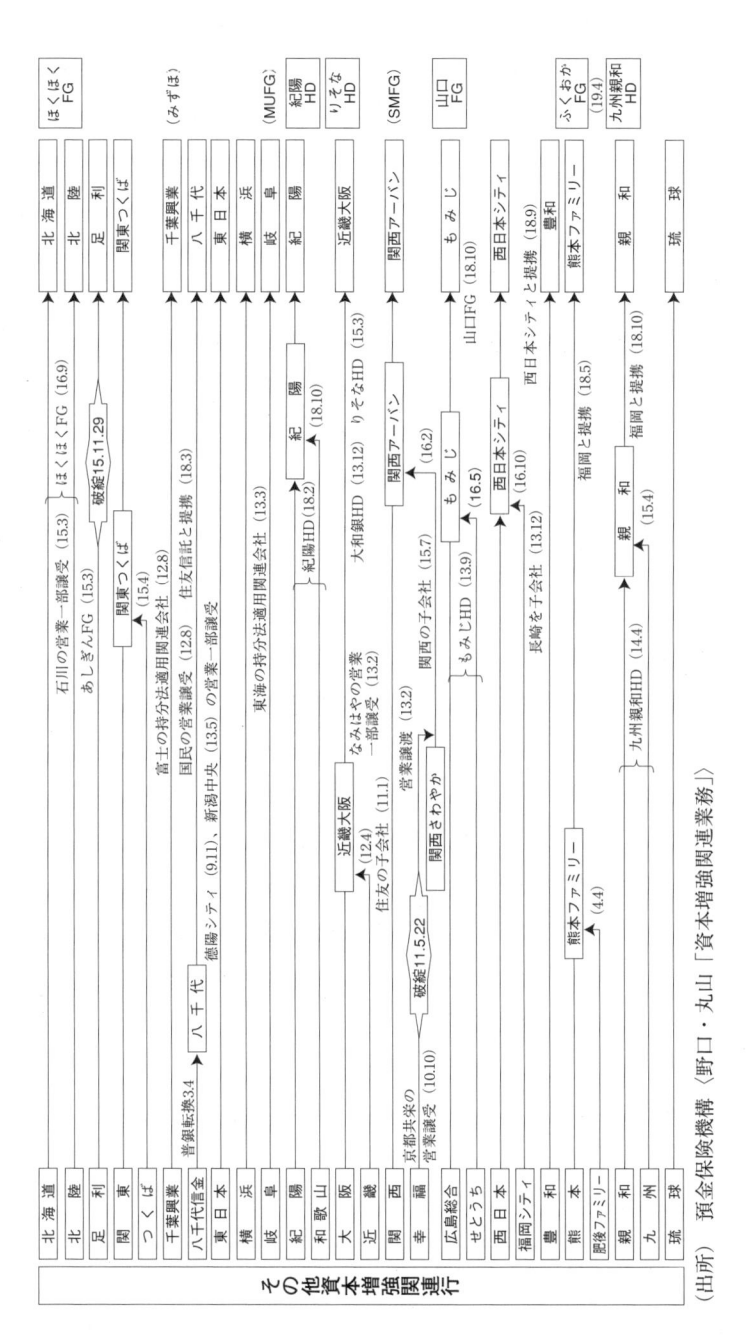

第4章　公的資金による資本増強と銀行の業務再構築

こうしたなかで、数多くの銀行の経営再編が行われた。これを示すと図表9のとおりである。

■ 金融再生と公的資金

その後、筆者は監督局総務課長に転任し、個別事案は担当外となったが、公的資金による資本増強は職務上の大きな課題であり続けた。とりわけ、不良債権問題をめぐっては、産業再生のために銀行へ公的資金を投入すべきというような主張が流布され、金融庁を悩ませた。早期健全化法に基づく資本増強が停止され、預金保険法に基づいて金融危機対応会議の認定を経て行う資本増強に限定されていたので、そうした議論は、既存の枠組みによる金融行政の埒外であった。

一方で、内閣全体としては、構造改革の推進とその「一丁目一番地」としての不良債権処理が大きな政策目標となっていた。2000年の大蔵省金融企画局の統合に続いて、2001年には金融再生委員会事務局を統合した金融庁としては、狭義の銀行監督よりも広い視野で経済政策に貢献することが必要となっていた。そこで、金融庁は第6章現実編で論じるような企業再生の取組みをはじめとして、与えられた権限の及ぶ限り、さまざまな施策を講じていった。

そうした時期を経て、次に公的資金による資本増強が実施された事例が、2003年春におけるりそな銀行への資金投入である。この措置は、形式上は増資の引受けというかたちをとっていたものの、前述のような市場における増資の代替とはまったく別の性格のものであった。すなわち、政府が、りそな銀行の過少資本を認定したうえで、金融危機対応会議で資本増強を行う旨を決定してしまうのであって、経営健全化計画の作成や増資の規模と条件の設定等に関する銀行の自主性の発揮は想定されていない。銀行の業務再構築は、第3章現実編で説明したような経営監視を経て、政府によって新たに選任された経営者が実施する。まさに、金融危機回避のための公的資金の投入であった。

この時期には、こうした激烈な金融危機対応策とは別に、円滑な信用供与等の銀行機能のセーフティネットの検討が進められた。その結果として導入された金融機能強化法は、全体としてみると、早期健全化法の精密化といった性格のものであった。筆者は、2006年春における豊和銀行の再建に際して、この法律の適用に関与することとなった。この事例では、早期是正措置に伴うものであったため経営刷新が行われたが、業務再構築や増資の規模と条件の決定については銀行の自主性が尊重された。

　この金融機能強化法は、2008年春にいったん廃止されたが、同年秋からの世界的金融危機に伴う信用収縮により、わが国においても、公的資金による資本増強をさらに活用して、地域金融の円滑化を図ることが必要となった。そこで、同年冬には、この目的に沿って修正された金融機能強化法が成立し、以後、いくつかの地域金融機関に対して資本増強が実施されている。

　公的資金による資本増強は、1997年冬における巨大な政治決断としての導入から、さまざまな変容を経て、現在では、実務的な仕組みとして定着している。しかし、筆者としては、国民に潜在的なリスクをもたらしながら、政府が市場から資金を調達し、銀行という民間企業に投資する制度であるということは、常に念頭に置かれる必要があると考えている。

B 理論

　企業の資本増強は、その資金源のいかんにかかわらず、業務を実施するために必要となる資金調達の手段である。以下では、公的資金による銀行の資本増強を考えるための理論的説明にあたって、まず、銀行の業務の基本的要素とその競争環境を振り返ることとする。そのうえで、銀行が競争下で過少資本に陥った場合の弊害、銀行による資本増強の特性、公的資金等による政府の関与について説明する。

■ 商業銀行業務

　銀行は、決済サービスと金融仲介サービスの結合生産を行う企業である。その決済サービスは、預金の受払いを通じて提供しており、金融仲介サービスは、企業等に対する信用供与と預金による資金調達を通じて提供している。

　まず預金を通ずる決済サービスについて、振込みによる商取引の対価の決済の例によって簡単に説明すれば、以下のとおりである。まず、買主の取引銀行は、買主の依頼により、買主の預金口座の残高を取引の額だけ減額する。次に、銀行間の決済システムを通じ、売主の取引銀行に対し、売主の口座の確認を行ったうえで、取引の額だけ増額するよう依頼する。売主の取引銀行は、これに応じて売主の預金口座を取引の額だけ増額する。このプロセスを通じて、買主の取引銀行と売主の取引銀行の間では、取引額と同額の貸借が発生するので、中央銀行等に設けた双方の口座の間で反対方向の増減額の振替を行う。なお、双方の銀行は、売主と買主に対して、要求に応じ、上記の金流情報や関連する商流情報を通知する。

　以上から、銀行が決済サービスを提供するためには、銀行間の決済システムにおいて、財務と情報通信技術の双方の観点からみた加盟銀行の安全性が確保されていることが不可欠であることがわかる。財務の面については第2

章理論編で説明したとおりであるが、情報通信技術の面においては、取り扱われる情報が金流情報であって反対売買による巻戻しが想定されないこと、高額の送金情報を扱うこと等から、特に厳格なセキュリティが必要である。したがって、システムに接続する銀行間では、共通の安全基準と通信手順が共有されている必要がある。

　一方、金融仲介サービスについては、銀行は、企業等の事業の状況に関する私的情報を入手、分析することによって有利に貸出を行う一方、自らの財務の状況を適正にディスクローズすることにより預金者の信認を得て、預金の残高を確保する。このように、銀行の提供する金融仲介サービスの中核は、情報処理を通じて、企業の事業に関するリスクから預金者を遮断するところにある。こうした銀行の機能は「情報生産機能」(Information Production Function) と呼ばれている。

　銀行の提供するこの2つのサービスは、相互に補完して結合生産されている。まず、決済サービスとの結合によって金融仲介サービスをより有効に提供している例としては、資金繰状況のモニタリングによる企業の業況把握をあげることができる。銀行は、企業の売上げや仕入れ等の入出金情報を把握することによって、業況の変化を適時に把握し、貸出の方針に反映させることができる。また、金融仲介サービスとの結合によって決済サービスをより有効に提供している例としては、クレジットカード業務をあげることができる。これによって、顧客は、盗難等の危険を冒して現金を運ぶことなく支払を行うことができ、商店は、顧客の信用状況を調べずに販売しても代金を確実に回収することができる。銀行も、これによって多数の顧客に対する信用供与を効率的に行うことができる。さらに、両サービスの結合生産により企業の弁済の規律づけを強化する効果が発揮されている例としては、手形を用いた貸出をあげることができる。手形を振り出した企業は、それが不渡りとされないために、期日に必要な金額を自らの預金口座に確保しておかねばならない。とりわけ、わが国では、不渡りが二度発生すれば銀行取引停止処分とされ、取引相手である個別銀行のみならず、すべての銀行との取引ができ

なくなるため、規律づけの効果が著しく高いものとなっている。

このように、企業としての銀行の営む業務の中核は、決済サービスと金融仲介サービスの結合生産であり、このような業務は、商業銀行業務と呼ばれている。

■ 商業銀行業務の競争環境

商業銀行業務は、隣接する産業分野のサービスと競争関係にある。そして、他の業務との隔壁は、情報通信技術の革新等に伴って、著しく低くなっている。

まず、決済サービスに関しては、流通業等の企業が商取引等のサービス提供に伴って提供するものや、情報通信等の企業が通信サービス提供の一環として提供するものと競合関係にある。

この点に関しては、特にインターネットやICカード等の自律分散型の情報処理システムの拡大に伴い、これを用いる決済サービスと、中央集中的な情報処理システムに基づく伝統的な銀行の決済サービスとの競合度合が高まっている。とりわけ情報処理サービスに不可欠なセキュリティ確保に関しては、流通や情報通信等の企業の提供するサービスでは、顧客によるセルフサービスの活用等によってコストを大幅に削減することが可能である。これに対し、銀行の提供するサービスでは、銀行間の決済システムに不可欠な高い水準の安全対策等のために高いコストをかけることが不可避である。したがって、両者の業務の間では、少額決済のサービス利用者にかかる単価に格差が生じ、この分野で商業銀行業務が侵食されるメカニズムが働く。利用者からみれば、高いコストをかけて金流情報のみを処理することが意味をもつ高額決済については銀行のサービスを引き続き利用するとしても、商流情報と金流情報の統合処理が重要な決済や、少額の決済等については、流通や通信等に属する企業によるサービスにシフトしていくことに経済合理性がある。

この侵食メカニズムは、情報ネットワークの拡大やセキュリティ技術の革

新等によって昂進している。少額決済の分野においては、銀行としてもネット取引や決済専門の企業が設立されているものの、他のサービスでも顧客との接点を有する小売りや運輸等の事業者による決済サービスが重要な地位を占めるに至っている。また、主として情報通信ネットワークを利用する資金送金業者のサービスも拡大している。

　一方、金融仲介サービスに関しては、商業銀行業務は証券市場等を通じた金融仲介サービスと競合関係にある。具体的には、ディスクロージャーの信頼性があり、事業内容の安全性が相対的に高い企業については、その発行する株式や債券が証券市場で取り扱われ、銀行による仲介を経ずに家計に販売される。また、外部からの評価が比較的容易な不動産等の資産を弁済財源とする資産担保証券についても、資産の管理、評価およびディスクロージャーの信頼性を前提として、証券市場で取り扱われ、銀行による仲介を経ずに家計に販売される。これらの証券を通ずる金融活動は、発行者と投資家の双方にとって、銀行の情報生産機能の利用に伴うコストを回避しうるところに経済合理性がある。

　ただし、証券市場の機能を発行者からみれば、事業や資産に関するディスクロージャー等に多大なコストを要するという制約がある。また、投資家からみれば、開示された情報の信頼性の確認や分析を自ら行わねばならないという制約がある。とりわけ一般の投資家は、企業の業況悪化や資産の価格下落に対し、モニタリング能力が乏しいうえにガバナンスの権能を事実上有していない。したがって、その証券を大きなディスカウントなしに円滑に売却しうることが、投資判断の前提となる。

　こうしたことから、証券市場が的確に機能するためには、投資家の間で適切に情報が共有されることによって、十分な市場流動性が存在することが不可欠となる。証券市場においては、このために、証券取引所や市場監視当局等のインフラストラチャーが形成されている。こうした証券市場のディスクロージャーや流動性確保のためのコストは、証券の銘柄当りで必要となる固定費用である。したがって、取引される証券は、このコストが取引額に比し

て相対的に小さくなるような、大規模な企業や資産にかかわるものに限定されざるをえない。

しかし、情報通信技術の革新は、この分野においてもコストを減少させる効果を発揮している。証券市場においては、より小規模な企業や資産に関する証券の発行、投資家によるセルフサービスを活用したサービスの提供等が進展し、銀行の提供する金融仲介サービスを侵食している。

なお、リスク特性の異なる多様な証券を組み合わせてポートフォリオを構築し、リスクとリターンの組合せのフロンティアを拡大する金融技術も、情報通信技術の革新に伴って、実行がより容易となっている。これは、銀行のリスク管理の手段となるとともに、証券市場における多様な資産運用業の基盤としても活用されている。

こうしたことから、いわゆる投資銀行業務やこれに関連する格付等の情報処理業務を営む企業が拡大してきている。これらの企業の提供するサービスは、特に単価の高い金融商品の取引において、商業銀行業務によるサービスを侵食し続けている。

さらに、商業銀行業務とは異なる形態で、決済サービスと金融仲介サービスの双方を結合生産する業務も拡大している。たとえば、アメリカで確立しているMMF（Money Market Fund）を用いたサービスは、証券に運用するファンドへの投資と解約を通じて、預金を通ずる決済に類似したサービスを提供するものである。

■ 銀行の業務革新と規制

以上のように競争環境が厳しくなるなかで、銀行は、従来からの商業銀行業務を継続しているだけでは企業としての採算性が低下するため、情報通信技術の革新等に対応して、業務内容を常に革新していくことが必要である。しかし、銀行には、こうした業務革新を進めていく際に、企業としての経済合理性追究の障壁となる要素が存在している。

その第一の要素が銀行規制である。

銀行に対しては、業務範囲の制限に加え、大口信用供与等の資金運用規制、顧客への情報提供等の行為規制、自己資本規制比率等の財務規制および不良債権額等のディスクロージャー規制等が課されているほか、当局による監督が行われる。こうした規制は、第5章理論編において論ずるとおり、経済社会のインフラストラクチャーとして不可欠なものである。しかし、企業としての銀行の収益基盤の拡大に対しては、制約要因として機能せざるをえないものでもある。

　こうした規制の結果、競争環境の変化に対応する業務革新に際しても、サービス提供の多様化は、銀行業務として認められた範囲内に限られることとなる。たとえば、商取引に伴う資金決済や金融仲介については、流通業の企業が商取引に伴って金融サービスを提供することはさしつかえないが、銀行が金融サービスの提供に伴って商取引を行うことは認められない。こうした商業と銀行の分離に伴う制約は、商取引の対象が金融商品である場合には、特に線引きが微妙なものとなる。これが銀行と証券会社のいわゆる業際問題の背景にある。

　したがって、銀行が進める事業革新の内容としては、情報通信技術の革新を活用した既存業務の効率化が中心となる。具体的には、より利便性の高い決済サービスや預金商品の提供、より有利なリスクとリターンの組合せをもたらすポートフォリオの形成、より効率的な業務処理体制の構築という3点となる。

　しかし、こうした事業革新に際して、銀行では、当局による監督への対応が必要となるというコストの一方で、免許や預金保険によって信用補完を享受するというメリットがあることに伴って、インセンティブの偏りが発生する。とりわけ、政府が銀行の倒産を回避しようとすることは、第5章理論編で論ずるように、銀行経営に対する規律づけを他の分野の企業と異なるものとする効果を有している。この政府による信用補完は、銀行の情報生産活動に対応してではなく、その結果としての預金や貸出等の残高に対応して賦与される。このため、銀行の業務革新において、情報生産活動の高付加価値化

よりも、情報生産活動に基づいて取り扱う資金量の拡大を優先させるインセンティブをもたらすものとなる。

■ 銀行の過少資本と信用収縮

　銀行が取り扱う資金量の拡大を志向した場合、資金の運用環境により影響を受ける度合いが大きくなる。その結果、貸出先の業況悪化等により過少資本状態に陥るリスクも大きくなる。

　過少資本に陥った場合、銀行の経営者には、一般の企業と同様、過大なリスクテイクを行うインセンティブが発生する。これは、第3章理論編で論じたように、銀行の株主にすれば、すでに株式の実質価値が低下しているなかでの合理的な行動である。すなわち、高いリターンを目指して高いリスクをとることは、リターンが実現すれば高い収益をもたらす一方、リスクが実現しても、債務超過に陥った後の損失は債権者負担となる。

　これに対し、インターバンク市場等の債権者は、銀行の過少資本状況を認識した場合、こうした銀行行動に伴う損害を回避するため、自らの債権の早期回収を図ることとなる。これは、資金繰困難をもたらし、銀行は、流動性の高い証券等の売却、新規貸出の停止、貸出の回収等によって手元資金を確保しようとせざるをえなくなる。

　こうした状況に直面した銀行は、緊急の増資等によって自己資本を増強し、債権者からの信認を回復して資金繰りを改善することが必要となる。しかし、これまで述べてきたように、銀行の財務の健全性に関するディスクロージャーには困難が伴うこと、業務再構築による収益増強には規制等に伴う制約があること等から、銀行の増資は容易ではない。とりわけ、銀行のディスクロージャーの信頼性に疑問があったり、経済全般の後退に伴って不良債権が増大していたりする場合には、投資家からすれば、収益機会の大きな銀行ではなく、財務状況が悪い銀行が増資を行おうとしているのではないかという、逆選択現象に関する懸念が大きくなる。この結果、銀行の増資に対する証券市場の機能が低下し、「キャピタルクランチ」（Capital Crunch）

の状況に陥ることとなる。

こうした状況下では、個別の銀行は、既存の貸出先等に割り当てる形態での増資を行うか、新規貸出の停止や貸出の回収をよりいっそう進めるかという二者択一に直面することとなる。前者の選択肢は、割当先に対する交渉力の低下から不良債権発生の要因となりかねないリスクを伴うため、一般的には後者が選択される。これが多くの銀行によって行われれば、金融市場全体として信用収縮が昂進することとなる。

公的資金の役割

公的資金により銀行の増資の引受けを行うことは、こうした信用収縮の昂進を防止するためのセーフティネットとして位置づけられる。歴史的にみても、公的資金を用いた銀行の資本増強は、大恐慌による銀行の連鎖倒産が一段落した1930年代後半のアメリカにおいて、さらに信用収縮が進行したことに対応し、RFCにより実施された。

この時期の資本増強を分析した研究によれば、この措置は、銀行と投資家の間の情報の非対称性による市場機能の制約が厳しくなったなかで、政府が民間の資本市場の機能を代替したところに意義があるとされている。すなわち、この資本増強は、補助金的な要素が小さく、銀行に配当抑制や事業再構築を求めたうえで、選択的に実施された。これによって、増資を引き受けてもらった銀行は、市場に対して有効なシグナリングを行うことができたというものである。

しかし、公的資金の投入は、このように短期的にはセーフティネットとして機能する一方、長期的には金融システムの機能はゆがみをもたらすという「時間の非整合性問題」（Time Inconsistency Problem）を内包している。

まず、資本市場で政府が活動することは、一般にそれ以外の民間主体による資金調達の機会を圧迫するほか、投資家としての政府の判断が必ずしも経済合理性に従わないことから、市場機能に悪影響を与える懸念がある。したがって、公的資金についての政策的必要性と弊害のバランスを慎重に検討す

る必要がある。公的資金による銀行の資本増強も、一般的には望ましいものではないが、銀行機能のセーフティネットとして位置づけられる限りにおいて合理性が認められる。

また、一般に、公的資金を民間企業のリスクマネーとして投資することについては、当該企業が経営破綻に陥れば資金が毀損するため、財政負担の回避の観点からも慎重である必要がある。

そこで、公的資金による銀行の資本増強にあたっては、政府が介入することの意義を明確にすることが求められる。基本的には、監督当局の関与によって、引受け前の審査等に関し、一般投資家に情報面で優越していること、引受け後のガバナンスに関し、一般投資家よりも有効な経営介入を行いうることを活用していくこととなる。具体的に引受けを実施する機関においては、政策的必要性への適合性の確認とともに、投資資金の回収可能性の確保に細心の注意を払うことが求められる。このため、業務再構築による収益増強の見通し等の厳格な審査と的確なフォローアップが必要となる。

■ 政府の役割の二元性

公的資金による資本増強の結果、政府が監督当局としての側面と投資家としての側面の双方を有するに至ることは、二律背反をもたらす。

具体的には、銀行の行う業務再構築について、預金者の代理人である監督当局としての政府はリスク回避を最優先に考えるべき立場にあるが、投資家としての政府はリスクとリターンを中立的に考えるべき立場にある。その結果、情報処理機能の強化に関して効率化とサービス拡大のいずれを優先するか、資金運用の対象としてどのようなリスクとリターンの組合せとするか等で、判断基準に差異が生じてくる。

また、経営介入の手段に関しても、監督上の措置を講ずるか、株主としての権能を行使するかという選択肢が生ずる。具体的には、経営者の任免等の具体的な事項に関する能動的な介入については、前者は謙抑的であるべき立場にある一方、後者は中立的であるべき立場にある。一方、介入に伴うリス

クに関しては、前者は適正なプロセスを経て行われる限り損失につながらない一方、後者は介入に伴う経営責任によって損失のリスクをとることになる。政府は、公的資金を投入された個別の銀行の状況に応じ、その時々で困難な判断を求められることとなる。

　このように、公的資金による銀行の資本増強については、資本市場の機能のみならず、銀行監督の機能にもゆがみをもたらすため、特別な事態におけるセーフティネットとしての必要性と、これらの弊害とを慎重に対比して検討すべきものである。その実施にあたっても、資本市場の機能不全に際して、銀行の情報処理機能の再構築に要する期間を猶予するための手段であることをふまえ、可能な限り早期に民間資金による増資を可能とするための枠組みを構築することが必要である。

第5章

銀行監督の態勢整備

A 現　実

■ リスク管理モデルに関する研究会

　1999年春、主要行に対する公的資金による資本増強の目途がついた段階で、金融監督庁にとって焦眉の急となっていたことは、バーゼル銀行監督委員会による自己資本規制比率の見直しへの対応であった。国内的にも、早期是正措置制度の導入の影響もあって、貸渋り批判等、自己資本比率規制が金融市場にゆがみをもたらしていることへの批判が高まっていた。わが国としてバーゼル銀行監督委員会の議論を先導していくことが必要であった。

　ところが、金融監督庁には、これを担当する部署として、筆者が課長を務める企画課の別室である国際室だけしかなかった。銀行、証券、保険をあわせて10人余の小組織であり、大蔵省の国際関係部局から切り離され、在外公館にもほとんど認知されていなかった。バーゼル銀行監督委員会等の数多い国際会議に、単に出席することすらむずかしいような体制である。

　その背景としては、金融監督庁の発足にあたって、検査部局以外はすべて

縮小されていたことがある。これは、それまでの大蔵省の金融行政が通達と個別指導による裁量行政であって、不透明な先送り等を行ってきたという批判を受けたものである。金融監督庁は、「公正で透明なルールに基づく事後チェック行政」の考え方のもとで、検査と早期是正措置を基軸とする行政運営が想定されていた。その結果、金融監督庁は、大蔵省により策定される制度の執行を除き、自律的な企画立案が物理的に困難な状態に置かれていた。現実に対処すべき課題は拡大を続けていたが、金融監督庁の職員は荒海に小舟で乗り出したような状況のもとで疲労困憊していたので、とても国際的な議論への対応や市場から信認される態勢づくりに取り組むような余裕はなかった。

　こうした状況を独力で打開するために金融監督庁が講じた措置は、外部の人材の積極的な活用であった。金融関係者、弁護士、公認会計士、コンサルタントおよびシステムエンジニア等の民間の人材を職員として採用するとともに、アナリスト等の市場関係者や学者等と積極的に情報交換を行い、必要に応じて研究会を組成して金融行政の課題について議論を行った。こうした研究会のうち最も有名になったものが、第1章現実編で論じた金融検査マニュアルの策定に関する研究会である。

　筆者は、国際室を所管する金融監督庁官房企画課長の立場から、バーゼル銀行監督委員会における自己資本比率規制の見直しについては、わが国としての見解を早期に整理すべきだと考えていた。そのためには、こうした全体の流れのなかで、民間の専門家の知恵を結集することが必要である。

　一方、バーゼル銀行監督委員会における議論への大蔵省の従来の対応を振り返ると、筆者が知る限りでは、アメリカやイギリス等の提示する体系に対して部分的な修正要求を行うことに終始してきていたように思われた。このなかで、市場リスクに対する自己資本比率規制に関しては、1996年の実施段階で筆者が関与したところからみると、大蔵省銀行局はVAR (Value at Risk) 等の金融技術に関するノウハウを欠いていたため、泥縄で対応していたことが実情であった。これでは、バーゼル銀行監督委員会の議論を、わが国の実

情に即して主導することは見込めない。

　そこで、筆者としては、他国に先立って、わが国としての理論的な整理をきちんと行い、その成果を、バーゼル銀行監督委員会を含む国際的な場面で公表することを考えた。この観点から、金融情報システムセンターに事務局となってもらい、銀行、学者、公認会計士、金融技術者等の専門家を結集して開催した研究会が「リスク管理モデルに関する研究会」である。

　筆者としては、この研究会では、銀行がリスク管理モデルを用いて行う信用リスク管理について、その内容を自己資本比率規制に反映させることを許容するために必要となる論点について、基礎となる理論的整理を行うこととした。議論の開始にあたり、この研究会の目的を、この課題に関する当局と関係者の認識共有を図るとともに、バーゼル銀行監督委員会に対するわが国の積極的な貢献に資することに置くこととした。

　この研究会の議論の結果は、1999年夏に報告書として取りまとめられ、公表された。その内容としては、まず、信用リスク管理モデルについて概観し、次いで、自己資本比率規制について、金融行政上の意義、制度設計上の要件、副作用を整理した。報告書では、これらをふまえて、信用リスク管理モデルが銀行経営に活用されている場合には、自己資本比率規制にそれを反映させることが規制の副作用を極小化させるために適切だとした。そのうえで、監督当局が検証すべき論点や、検証の方法について整理している。また、自己資本比率規制の検討を行う場合の課題として、自己資本比率のディスクロージャー、リスクウェイトの設定、所要自己資本の設定について、論点整理を行っている。この報告書は、以上に加えて、信用リスク管理モデルの金融技術的側面を別添資料として簡潔に整理しており、この問題にかかわるわが国の知恵を結集したものとなっていた。

　この報告書は、パブリックコメントに付されたうえで、英訳され、公表された。当時の国内の報道では残念ながら注目されなかったが、バーゼル銀行監督委員会においても発表されたものと聞いている。

銀行監督のオペレーションの再構築

　銀行監督の一手法である自己資本比率規制については、こうした取組みによりバーゼル銀行監督委員会の議論に対応することとなったが、そもそも、当時の金融監督庁は、銀行監督の態勢自体を根本から見直すことに迫られていた。

　この点に関しては、金融監督庁の発足に際し、従来の金融行政の考え方の抜本的な見直しが行われたが、現に実務を担う立場に置かれてみると、そうした概念整理のみならず、銀行監督の具体的なオペレーションの再構築が必要であった。本庁の監督部局がきわめて小規模なものとされ、地方の出先である財務局も組織上分離されていたため、物理的な困難があった。一方、金融危機のさなかで監督当局による事態の掌握が切に求められていることにかんがみると、実務的な態勢の強化が緊急の課題であった。その際、単に地道に態勢強化の努力を積み重ねるだけでは足りず、世界の市場関係者に向かって、金融監督庁に事態を把握する能力があることを示すことが不可欠であった。

　ここで、筆者なりに銀行監督の具体的オペレーションを整理すると、まず、現実の正確な認識が前提となる。銀行検査はそのために最も有効な手段であるが、数年間隔でしか実施しえないという問題がある。タイムリーな実態把握のためには、監督部局によるオフサイト・モニタリングをあわせ行うことが不可欠である。次に、銀行監督では、実態に関する認識共有に基づいた銀行経営者とのコミュニケーションが重要となる。銀行の業務改善には長期間を要するので、日常の問題提起によって銀行経営者の自主的努力を促し、問題の深刻化を予防することが監督当局の本務となる。その際、単に権限を背景としただけの指摘では実効性がなく、監督当局の担当者は、情報の的確な分析と金融に関する高い識見に基づいて説得力のある問題提起を行うことができなければならない。さらに、こうした問題提起によっても銀行経営者が自主的な努力を行わず、金融行政上看過しえない事態を招致した場合には、監督当局は適時に行政上の措置を講じなければならない。その際に

は、措置に対する行政訴訟等が提起されてもきちんと対応できるだけの確たる証拠と適正な手続が求められる。

　こうした認識をふまえて、筆者なりに金融監督庁発足以前の金融行政を総括すると、まず、事実認識のオペレーションの体制が不十分であった。銀行検査に際してのみならず、日常の監督部局においても詳細な報告を継続的に徴求していたが、検査の準備資料や監督の断片的参考情報としては用いられても、体系的なオフサイト・モニタリングのためのデータベースとされていなかった。また、報告を求めていた項目も、過去の時々に行政課題とされた論点に関するものの累積が多く、銀行の抱えるリスクを全体としてとらえるものとはなっていなかった。

　次に、銀行経営者とのコミュニケーションに関しては、徴収した情報の分析が十分に行われていなかったため、銀行経営者が経営実務に反映すべき内容に乏しかった。なお、担当者の人材についても、銀行経営者を納得させるだけの金融の識見を有する者を必ず配置することを前提とするわけにはいかないことが実情である。

　さらに、監督上の措置については、法律の専門家が配置されていなかったため、訴訟リスクを回避することがまず優先され、必要な措置が見送られる傾向がなかったとは言い切れない。

　こうした問題点については、金融監督庁の発足にあたって、法律の専門家の任用や早期是正措置制度の導入により、一部は対処されていたものの、全体としての態勢を改善する枠組みは用意されていなかった。

　事後チェック行政は、金融商品や市場取引に関する規制の考え方としては適切であったが、銀行経営の健全性確保については事前予防の考え方がぜひとも必要である。市場関係者との意見交換をふまえれば、監督当局が銀行のリスク情報を体系的に把握していないという認識が広まること自体、金融危機を助長する懸念があると考えられた。金融システムの安定に責任をもつ金融監督庁としては、金融危機の昂進を防止するため、この点に早期に対処し、その成果について情報を発信していくことが急務であった。

モニタリングシステムの構築

　この点に関して金融監督庁が行ったことは、他の問題と同様、外部の知恵の導入であった。1999年の春には、筆者のもとに、期間を限って採用された民間のコンサルタントや金融業務のシステムエンジニア等からなるプロジェクトチームが組成された。彼らは、個人的には大幅な減収となるにもかかわらず転職してきたのである。筆者がその理由を尋ねたところ、「このまま金融危機が進行すれば顧客がいなくなるので、監督当局が適切に対応して金融システムを立て直せるよう、少しでも助太刀したい」という回答であった。

　筆者は、このプロジェクトチームによる態勢整備にあたり、銀行のリスク情報を入力、分析、出力する情報システムを構築し、日常的な監督実務は、このシステムの運用と一体となったオペレーションとすることを基本方針とした。これは、監督部局のマンパワーが絶対的に不足しているうえに、十分なノウハウを有する職員の配置を常には期待できないという事情からの帰結であったが、民間出身者からみてもなじみやすいものであった。彼らによれば、金融監督庁の業務をオペレーションからみると、中堅企業の顧客管理に相当するような業務であるということであった。

　こうしたプロジェクトでは、まず、具体的な業務の解析とシステム化の要件定義を行うことが必要である。この点については、チームに専門家を擁しているので、筆者としては実務作業になんら懸念をもつ必要がなかった。一般の職員も、通常の激務に加えてさらに負荷がかかったものの、体制整備の必要性を痛感していたので、積極的に参画してくれた。

　実は、筆者にとっては、こうしたシステム化の取組みは二度目であった。1985年に、当時の大蔵省銀行局検査部において、日本銀行考査局と共同で銀行の財務情報のデータベースのシステムを開発し、その出力結果と検査実施の手引書のフォーマットを連動させるプロジェクトを進めた経験があったのである。しかし当時は、こうしたBPR (Business Process Reengineering) の方法論を十分援用することができず、検査部局内部の取組みにとどまったことも

あって、10年が経過したこの時点ではシステムが陳腐化していたようである。

今回は、こうした制約は解消されていたので、筆者の職責は、銀行や報道機関等への対応に限られることとなった。銀行との関係では、まず、モニタリングの対象とするリスク情報の項目決定が論点となった。銀行のリスク情報については、概念的には標準的な項目があるものの、その具体的な定義や作成方法は、財務会計の情報と異なり、銀行間で微妙な差異があるからである。銀行の立場に立ってみると、あいまいな要求にうかつに応ずると、事後的に虚偽報告として行政処分を受けたり、開示を求められたりするのではないかという懸念があると推察された。この点については、モニタリングシステムは、当該行の時系列的な動きの分析と、比較可能な他行との概括的な横断的分析を行うためのものであるという趣旨を繰り返し説明し、最終的には協力を得ることができた。

また、銀行との関係では、情報の入力方法も論点となった。筆者の経験では、こうした情報系システムの運用では、入力負担がボトルネックとなることが常だからである。筆者は、インターネット経由ではセキュリティの問題が大きいので、なんらかのクローズドネットワークを構築できないかと考えていた。しかし、費用負担や責任分担の問題から、この時点では実現に至らず、CD等の物理的受渡しによることとなった。絶対的なマンパワー不足のもとで、入力担当者の事務負担を考えると、残念な決着であった。

一方、報道機関や市場関係者に対しては、金融危機への対応を考えると、できる限りプレイアップした情報発信を行わねばならない。そこで、こうした実務的な取組みであるにもかかわらず、その概要について、わざわざ対外公表を行った。その際、分類債権をめぐる議論にかんがみ、個別情報の開示要求につながらないよう細心の注意を払う一方で、情報システムの活用等の枠組みについては、世界で最先端の取組みであることを強調した。報道機関も事情を勘案してくれたのか、「金融監督庁が銀行をネットで監視」等という記事を流してくれた。市場の関係者に対しては、金融監督庁が事態を把握しているという強いメッセージになったと思う一方で、銀行の関係者は呆れて

いるのではないかと懸念していた。

■ 銀行監督の業務サイクル

　日常的な監督事務については、以上のモニタリングシステムによる体制整備が進みだしたので、次に金融監督庁が取り組むべき課題は、銀行経営者とのコミュニケーションの態勢整備となった。

　この点に関しては、大蔵省の職員が接待疑惑で捜査を受けたことの反動から、金融監督庁の職員と銀行経営者がコーヒーを一緒に飲むことすらはばかられるという風潮にあったことが大きな障害であった。かつてのような酒食の場での仕事のコミュニケーションが望ましくないことはもちろんである。しかし、わが国のビジネス全般にそうした習慣があったことをふまえると、これにかわるコミュニケーションのチャネルを明示的に設けない限り、監督行政が機能を停止してしまうおそれがあった。なお、1999年夏から地域銀行の監督担当に転じていた筆者にとっては、財務局の幹部にどのような役割を果たしてもらうかということも課題となった。

　この点について、銀行監督第2課で議論を重ねた末に採用した方策が、監督事務の年間スケジュールに関する事務ガイドラインの作成、公表であった。これは、決算発表の時期等にあわせ、財務局長が銀行経営者からトップヒアリングを行うこととし、当局と銀行の担当者は、それに備えた事実認識の共有作業を事前に行うことを軸とするものであった。どの組織においても、担当者は上司の意向を気にするのが常であろうから、こういう手順を公表しておけば、各レベルで論点整理が行われていくはずである。

　また、ヒアリングにおける議論の素材としては、財務会計情報に関する銀行の分布図等によって当該銀行の特徴を示す資料や、その時々の金融市場の状況等をふまえた検討資料を財務局に送付し、材料として用いてもらうこととした。このほか、銀行ごとの台帳を整備し、コンプライアンス等の情報を蓄積して、当局からの問題提起の基礎とすることとした。これらによって、財務局長も銀行経営者も十分な準備を行ってヒアリングに臨むこととなるは

図表10　銀行監督の業務サイクル

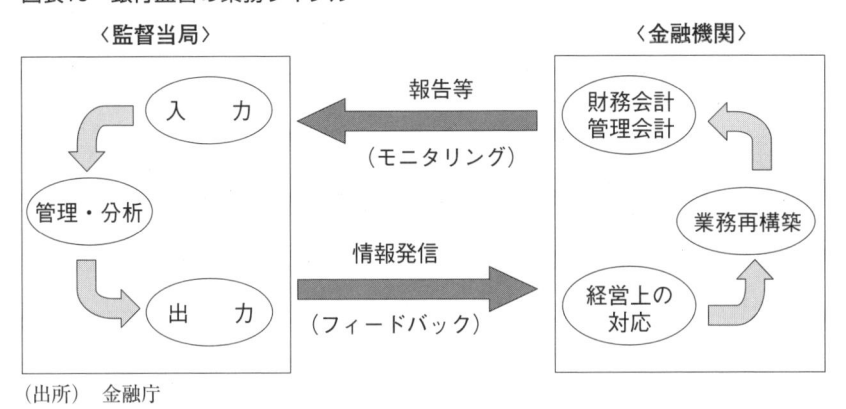

〈監督当局〉　　　　　　　　　　　　　　　〈金融機関〉

　　入　力　　←　報告等　　　財務会計
　　　　　　　（モニタリング）　管理会計
　管理・分析
　　　　　　　　情報発信　　　　業務再構築
　　出　力　　→（フィードバック）　経営上の対応

（出所）　金融庁

ずである。

　以上による監督部局と金融機関の間の情報の流れを図示すると、図表10のとおりである。

　一方、監督当局の内部においても、検査部局と監督部局の連携を図ることが課題となっていた。これは、大蔵省で監督部局が検査結果をゆがめたのではないかという批判から、検査部局の独立性が強調されるあまり、検査結果を的確に監督業務に反映させるための手順が整備されていなかったからである。特に、筆者の担当していた地域銀行に関しては、検査は主として本庁検査部局により行われる一方、個別の銀行監督は主として財務局の監督部局により行われるので、この問題は重要であった。

　この点に関しては、銀行監督第2課として検査部局と協議を重ね、手順を策定し、公表した。まず、検査実施前に、監督部局から検査部局への情報伝達をきちんと行い、検査の重点に反映してもらうこととし、その手順を明確化した。また、検査部局から監督部局への引継ぎについては、個別の銀行に対し、検査部局が検査結果を通知した後に、監督部局がそれをふまえた報告を求めるという手順とされていたので、その報告に関するヒアリングを両局の担当者が共同して行うこととした。検査官は全国各地に出張しているの

で、人繰りの問題が大きかったが、この手順の設定によって、監督部局のみならず、検査部局と銀行の議論にも緊張感をもたらしたのではないかと考えている。

■ 早期警戒制度

2001年秋には、不良債権問題が再燃してきた一方で、上記のモニタリングシステムの運用と監督事務の年間サイクルが軌道に乗ってきていたので、金融庁監督局総務課において、これらを総合して銀行監督の実効性を高める方策を検討することとなった。その基本的な問題意識は、当時の監督行政の基軸である早期是正措置は、問題が顕在化してからの措置であるため予防的機能が十分でないこと、バランスシートにのみ着目しているため貸渋り等の副作用が強くなりがちであることから、より早い段階での銀行の経営改善を総合的に促すところにあった。

そのために参考となる外国の制度としては、アメリカのCAMELSとCanary Warning Systemがあった。イギリスでも類似の制度が設けられていたが、監督当局であるFSA（Financial Services Authority）と銀行の関係が密接すぎるため、かつての癒着批判がなおくすぶるわが国では参考とならなかった。CAMELSは、自己資本の充実の状況（Capital Adequacy）、資産の質（Asset Quality）、経営管理（Management）、収益力（Earnings）、流動性（Liquidity）、市場リスク感応度（Sensitivity to Market Risk）の6つの評価項目について格付を行い、預金保険料の水準、検査手数料、検査頻度等の決定に反映させるものである。また、Canary Warning Systemは、銀行のリスク情報を入力し、一定の基準に従って監督当局の内部で評価を行い、個別の銀行監督に反映させるものである。

これらを当時のわが国の行政実務と比較すると、可変保険料率や検査手数料の制度がない一方、モニタリングシステムは軌道に乗ってきたので、その結果を監督上の措置にどう反映させるか、その内容をどのように開示するかが論点となった。

まず、監督上の措置への反映については、関係課で協議した結果、自己資本比率以外に、流動性、市場リスク、収益力の3点について一定の指標を算出し、その時々に設定される基準を下回る銀行については、自主的な改善策の報告を求め、それでも事態が改善しない場合には、業務改善命令の発出等を検討するという枠組みとなった。具体的な指標や基準の設定については、さしあたり、モニタリングシステムの運用のなかで試行を行うこととなった。

　また、外部への開示については、対象銀行には、当然伝えることになるが、枠組みを一般に公表すれば、銀行の行動全般に大きな反作用をもたらす危険があると懸念された。さしあたりは試行なので、金融庁の部内限りにとどめることとなった。

　金融再生プログラムが策定される運びとなったのは、この制度の運用開始から1年程度経過した2002年秋である。その検討過程では、わが国の金融システムの安定化に役立つと思われる措置はすべて盛り込むこととされたので、上記により導入していた銀行監督の枠組みも、その一環として公表し、本格実施することとなった。そのネーミングとしては、「早期警戒制度」ということとされた。

　具体的な公表内容は、
・基本的な収益指標、大口与信の集中状況、有価証券の価格変動による影響、預金動向や流動性準備の水準を基準とする
・収益性、信用リスク、市場リスクや資金繰りについて経営改善が必要と認められる金融機関に関して、原因および改善策等についてヒアリング等を行い、必要な場合には銀行法24条等に基づき報告を求めることを通じて、必要な経営改善を促す
・さらに、改善計画を確実に実行させる必要があると認められる場合には、銀行法26条等に基づき業務改善命令を発出する
というものであった。

　その後、この早期警戒制度には、銀行に対し信用リスクに関する枠組みが

図表11 早期警戒制度

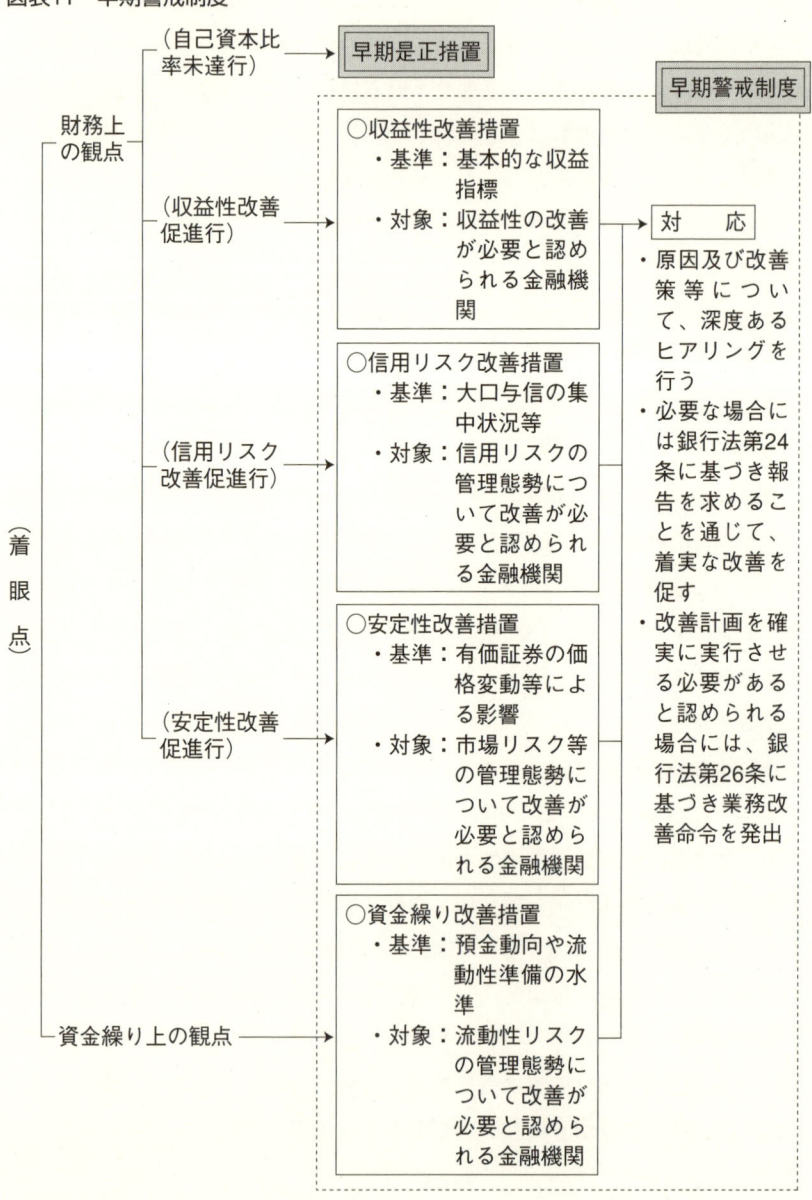

```
                            (自己資本比   ┌─────────┐
                             率未達行)  → │ 早期是正措置 │
                                        └─────────┘
              財務上                     ┌─ ─ ─ ─ ─ ─ ─ ─ ─ ─ ─ ─ ─ ─ ─ ─ ─ ─ ─ ─ ┐  早期警戒制度
            ┌ の観点                     │ ┌──────────────┐                        │
            │                            │ │ ○収益性改善措置       │                        │
            │               (収益性改善    │ │ ・基準：基本的な収益  │                        │
            │                促進行)    → │ │        指標          │  ┌──────┐              │
            │                            │ │ ・対象：収益性の改善  │  │ 対  応 │              │
            │                            │ │        が必要と認め  │  └──────┘              │
            │                            │ │        られる金融機  │  ・原因及び改善          │
            │                            │ │        関            │    策等について、        │
            │                            │ └──────────────┘    深度あるヒア          │
            │                            │ ┌──────────────┐    リングを行う          │
            │                            │ │ ○信用リスク改善措置  │                        │
            │               (信用リスク   │ │ ・基準：大口与信の集  │  ・必要な場合には        │
            │                改善促進行) → │ │        中状況等      │    銀行法第24条          │
   (着眼点) ┤                            │ │ ・対象：信用リスクの  │    に基づき報告          │
            │                            │ │        管理態勢につ   │    を求めることを        │
            │                            │ │        いて改善が必   │    通じて、着実な        │
            │                            │ │        要と認められ  │    改善を促す            │
            │                            │ │        る金融機関   │                        │
            │                            │ └──────────────┘  ・改善計画を確          │
            │                            │ ┌──────────────┐    実に実行させ          │
            │                            │ │ ○安定性改善措置      │    る必要がある          │
            │               (安定性改善   │ │ ・基準：有価証券の価  │    と認められる          │
            │                促進行)    → │ │        格変動等によ  │    場合には、銀          │
            │                            │ │        る影響        │    行法第26条に          │
            │                            │ │ ・対象：市場リスク等  │    基づき業務改          │
            │                            │ │        の管理態勢に   │    善命令を発出          │
            │                            │ │        ついて改善が  │                        │
            │                            │ │        必要と認めら  │                        │
            │                            │ │        れる金融機関  │                        │
            │                            │ └──────────────┘                        │
            │                            │ ┌──────────────┐                        │
            │                            │ │ ○資金繰り改善措置    │                        │
            │                            │ │ ・基準：預金動向や流  │                        │
            │                            │ │        動性準備の水  │                        │
            │                            │ │        準            │                        │
            └ 資金繰り上の観点          → │ │ ・対象：流動性リスク  │                        │
                                         │ │        の管理態勢に   │                        │
                                         │ │        ついて改善が  │                        │
                                         │ │        必要と認めら  │                        │
                                         │ │        れる金融機関  │                        │
                                         │ └──────────────┘                        │
                                         └ ─ ─ ─ ─ ─ ─ ─ ─ ─ ─ ─ ─ ─ ─ ─ ─ ─ ─ ─ ─ ┘
```

(出所) 金融庁

追加された。

この早期警戒制度の体系を図示すると、図表11のとおりである。また、この枠組みは、保険会社や証券会社にも拡大された。

■ 総合的な監督指針

金融再生プログラムは、主として主要行を対象とした措置であったが、中小・地域金融機関については、地域の企業や経済との密接な関係にかんがみ、2003年3月に公表された「リレーションシップバンキングの機能強化に関するアクションプログラム」に沿って不良債権問題への対応を進めていくこととしていた。そのためのさまざまな措置の一環として、2004年5月に策定されたものが「中小・地域金融機関向けの総合的な監督指針」である。

そもそも銀行監督については、銀行法において、監督当局に業務改善命令の発出権限が規定されているが、その要件はきわめて抽象的である。したがって、銀行に予測可能性を与えるとともに、監督当局の行動ルールを明確化する観点から、なんらかのガイドラインを示すことが必要である。

かつては、そのための行政文書の形式として、財務局の業務運営に関する大蔵省銀行局の通達が活用されていた。しかし、箸の上げおろしに介入するようなものも多く、いわゆる「通達行政」として批判されるようになった。そこで、1998年夏の金融監督庁の発足を前に、大蔵省銀行局は、ルールに基づく透明かつ公正な金融行政への転換の一環として、金融関係の通達等を全面的に見直した。その結果、通達等を基本的に廃止するとともに、必要なものは省令や告示として定める等により、行政の透明性の向上を図ることとした。また、行政の統一的な運営を図るための法令解釈、部内手続および銀行業務の健全性に関する着眼点等については、行政部内の職員向けの手引書である「事務ガイドライン」として取りまとめられることとされた。

しかし、その後6年を経て、金融庁として不良債権問題への対応を含む多様な銀行監督を進めていくなかで、より体系的なガイドラインが必要となった。特に、「リレーションシップバンキングの機能強化に関するアクション

プログラム」の実施にあたっては、従来からの簡素な事務ガイドラインでは不十分となった。そこで、「中小・地域金融機関向けの総合的な監督指針」が策定されることとなった。これは、行政部内の職員、特に中小・地域金融機関の監督を直接担当する財務局の職員向けの手引書として、監督事務の基本的考え方、監督上の評価項目、事務処理上の留意点について、従来の事務ガイドラインの内容もふまえ、体系的に整理したものである。

なお、主要行については、2005年夏に不良債権問題が終結した段階で、監督指針が策定された。

これらの監督指針においては、本章で述べてきた銀行監督の体制整備の取組みが、「銀行監督の基本的な考え方」として整理されている。その内容を紹介すると、以下のとおりである。

○監督部局の役割

わが国の金融監督システムは、いわゆる「オンサイト」と「オフサイト」の双方のモニタリング手法から構成されているが、これは、それぞれのモニタリング手法を適切に組み合わせることで、実効性の高い金融監督を実現するためである。行政組織上は、前者を検査部局が、後者を監督部局が担当しているが、両部局が適切な連携の下に、それぞれの機能を的確に発揮することが求められる。

このような枠組みの中で、監督部局の役割は、検査と検査の間の期間においても、継続的に情報の収集・分析を行い、金融機関の業務の健全性や適切性に係る問題を早期に発見するとともに、必要に応じて行政処分等の監督上の措置を行い、問題が深刻化する以前に改善のための働きかけを行っていくことである。

具体的には、金融機関に対して定期的・継続的に経営に関する報告を求める等により、金融機関の業務の状況を常に詳細に把握するとともに、金融機関から徴求した各種の情報の蓄積及び分析を迅速かつ効率的に行い、経営の健全性の確保等に向けた自主的な取組みを早期に促していくことが、監督部局の重要な役割といえる。

特に、監督部局は、個別金融機関の状況のみならず、金融機関全体の状況についても幅広く知る立場にあることから、他金融機関との比較分析を通じて、当該金融機関が全体の中でどのような状況に置かれているかを的確に把握し、分析結果の金融機関への還元及びヒアリングなどを通じて、問題改善

が適切になされるよう図っていくことが重要である。

○監督事務の基本的考え方
　上記を踏まえると、監督部局による監督事務の基本的考え方は次のとおりである。
(1)　検査部局との適切な連携の確保
　監督部局と検査部局が、それぞれの独立性を尊重しつつ、適切な連携を図り、オンサイトとオフサイトの双方のモニタリング手法を適切に組み合わせることで、実効性の高い金融監督を実現することが重要である。このため、監督部局においては、検査部局との連携について、以下の点に十分留意することとする。
　① 検査を通じて把握された問題点については、監督部局は、問題点の改善状況をフォローアップし、その是正につなげていくよう努めること。また、必要に応じて、行政処分等厳正な監督上の措置を講じること。
　② 監督部局がオフサイト・モニタリングを通じて把握した問題点については、次回検査においてその活用が図られるよう、検査部局に還元すること。
(2)　金融機関との十分な意思疎通の確保
　金融監督に当たっては、金融機関の経営に関する情報を的確に把握・分析し、必要に応じて、適時適切に監督上の対応につなげていくことが重要である。このため、監督部局においては、金融機関からの報告に加え、金融機関との健全かつ建設的な緊張関係の下で、日頃から十分な意思疎通を図り、積極的に情報収集する必要がある。具体的には、金融機関との定期的な面談や意見交換等を通じて、金融機関との日常的なコミュニケーションを確保し、財務情報のみならず、経営に関する様々な情報についても把握するよう努める必要がある。
(3)　金融機関の自主的な努力の尊重
　監督当局は、私企業である金融機関の自己責任原則に則った経営判断を、法令等に基づき検証し、問題の改善を促していく立場にある。金融監督に当たっては、このような立場を十分に踏まえ、金融機関の業務運営に関する自主的な努力を尊重するよう配慮しなければならない。
(4)　効率的・効果的な監督事務の確保
　監督当局及び金融機関の限られた資源を有効に利用する観点から、監督事務は効率的・効果的に行われる必要がある。したがって、金融機関に報告や資料提出等を求める場合には、監督事務上真に必要なものに限定するよう配意するとともに、現在行っている監督事務の必要性、方法等については常に点検を行い、必要に応じて改善を図るなど、効率性の向上を図るよう努めなけ

ればならない。

■ フォワードルッキングな銀行監督

　筆者は、2004年夏にコロンビア大学に派遣されて以降、銀行監督の企画立案から離れることとなった。

　その後において強い印象を受けた措置が、不動産市場に関する2006年秋の行政対応である。当時、金融庁監督局は、不動産の金融商品化の結果として、わが国の不動産市場が外国の投資ファンドの行動に左右されやすい状況になっていることを察知した。これをふまえて、ヒアリングの実施と結果公表を行い、関係当事者の問題意識の喚起と適正な価格形成の促進を図ったのである。

　これは、マクロ的な状況をふまえて、将来のバブルの芽を摘んだという点で、まさにフォワードルッキングな銀行監督の取組みであった。世界的金融危機の後、マクロ・プルーデンス政策が国際的議論の対象となっている。しかし、筆者としては、危機発生以前に、わが国の金融庁がそうした政策をすでに実施していたものと評価している。

B 理　　論

　銀行の経営と監督の関係は、金融システムをめぐる共進化のプロセスを経て、歴史的に形成されてきた。以下では、わが国における銀行監督の態勢整備を考えるための理論的説明として、アメリカにおける議論を念頭に、銀行経営のガバナンスの特性、インターバンクの短期金融市場による規律づけ、銀行規制と銀行監督の機能、自己資本比率規制の設定を通じた監督当局とインターバンク市場の相互作用について論ずる。

■ 銀行経営のガバナンス

　銀行経営に対するガバナンスの構造は、一般の企業とはかなり異なるものとなっている。

　一般の企業の経営に対するガバナンスについては、プリンシパル・エージェント問題の一環として分析が行われている。そのなかで、プリンシパルによる規律づけについては、株式等のエクイティによるものと借入れ等のデットによるものとが対比して論じられる。

　まず、資金調達の手段としてのエクイティとデットとを模式的に対比すれば、エクイティでは、調達した資金の返済が不要であり、配当も業績に見合って支払えばよい一方で、エクイティの保有者である株主等には、経営者の任免や事業計画の承認等に関する議決権が付与されている。これに対し、デットでは、調達した資金や約定した金利は業績にかかわらず弁済しなければならない一方で、デットの保有者である債権者は、弁済が適正に行われている限り経営に関与しえないという差異がある。

　次に、エージェントとしての企業経営者にかかわる問題を考えると、過度にリスクをとり拡張的な事業運営を行うリスクと、過度にリスクを回避して保守的な事業運営を行うリスクとの二形態が想定される。第6章理論編で論ずるように、一般の企業の経営は、デットに対応した倒産手続と、エクイ

ティに対応した企業買収の双方の脅威によって、こうしたリスクに関してバランスのとれた規律づけを受けることとになる。

　しかし、銀行経営に対する規律づけに関しては、預金の特性から、こうした一般の企業とはやや異なるメカニズムが働くこととなる。債務としての預金を、借入れや買掛金等の他の債務と対比すると、第1章理論編で論じたように、信用不安が生じた際に資金流出を抑止する要素が存在しないところに特性がある。また、情報劣位にある多数の預金者により保有されているので、いったん資金流出が始まれば、預金者間の取付競争に至るおそれが大きい。さらに、取付けに至った銀行の倒産手続においては、事業の再構築による企業再建が著しく困難であるという問題がある。したがって、銀行経営に対しては、本来、資金流出のリスクを極小化するよう、保守的なリスク管理に向けた強い規律づけが働くものと考えられる。

■ インターバンクの短期金融市場の機能

　ところで、一般の企業の経営に対する資金調達面からの規律づけに関しては、資金供給者の情報処理能力の限界に伴う制約が存在する。すなわち、個別の株主や債権者からすれば、資金供与先の企業の事業の状況に関する情報の収集や分析には一定のコストを要するが、それによるリスク調整後のリターンの向上は、供与する資金の額の大小に応じたものとなる。したがって、小口の株主や債権者は、自ら情報の収集や分析を行うことに経済合理性がないので、より大口の株主や債権者の行動を観察し、これにならうことによって、情報処理コストを含めた最適化を図ることとなる。金融市場における需給や価格変動の情報は、こうした情報のフリーライダー（Free Rider）のメルクマールとして機能することとなる。このことは、経営者に対しても、金融市場における企業評価を意識した経営を行うインセンティブをもたらす。株式市場等は、銀行を含む企業全般に対し、こうした機能を果たしている。

　銀行については、これに加わる固有の要素として、インターバンクの短期

金融市場を通ずる市場規律が重要となる。これは、第4章理論編で論じたように、銀行業務の特性である決済サービスが銀行間の決済システムを通じて行われることに基づくものである。決済システムにおいて発生する決済尻に関しては、銀行による他の資金取引の決済とあわせて、インターバンクの短期金融市場で資金の授受が行われる。この市場の参加者である銀行は、銀行システム全体として確実な決済サービスを提供するとともに、自らの供給した資金の回収を確保するため、相互に経営の健全性を精密に監視している。

ここで、インターバンクの短期金融市場の機能に関して、銀行送金における決済リスクについて説明しておくこととしたい。

まず、個別の資金送金においては、送金側の銀行の顧客口座の残高が減額されてから、受取側の銀行の顧客口座の残高が増額されるという処理が個別に行われる。しかし、銀行間での資金の決済は、膨大な件数の送金に応じて個々に行うのではなく、ある程度取りまとめて相殺したうえで、その結果生ずるネットの決済尻について、双方が中央銀行等に有する口座間で振替えを行うことによって行われる。

この結果、受取側の顧客の口座の増額が行われた後、銀行間の資金の決済が行われる前に、送金側の銀行が破綻した場合には、受取側の銀行は見合いの資産の増加がないのに債務である預金残高が増加することとなってしまう。こうした事態においては、論理的には、送金を巻き戻して受取側の顧客の口座を減額することも考えられないわけではない。しかし、そうした場合、顧客としては、送金を受けようとするたびに送金者の取引銀行の信用調査を行わねばならないこととなり、銀行の提供する決済サービスへの信認が低下してしまう。そこで、送金側の銀行が破綻しても顧客には影響を持ち込まないことが通例となる。受取側の銀行が送金側の銀行に対して与信を行ったこととして処理し、損害を負担するわけである。

これは、顧客間の送金と銀行間の資金決済のタイミングのずれが大きいほど大きなリスクをもたらすものである。このリスクは、かつてドイツの銀行が破綻した際にアメリカの銀行に生じた問題にちなんで、「ヘルシュタッ

ト・リスク」と呼ばれている。こうしたことから、決済システムを構成する銀行は、想定される決済尻を常にカバーしうるだけの担保を積むとともに、相互に経営の状況を厳しく監視することとなる。

かつてのアメリカにおいては、こうした相互監視を伴う決済システムが地域ごとに構築されており、これによって、銀行経営の健全性確保に向けた規律づけが適切に機能していたということが指摘されている。その典型としては、マサチューセッツ州のサフォーク地方の銀行によって構成されていたシステムがあるとされる。このシステムに属する銀行に関しては、経営状況が相互に監視される一方で、発行する銀行券が等価交換されていたことが指摘されている。

こうした銀行の相互監視システムは、銀行経営のインセンティブの均衡を一般の企業と整合的にするという観点からは、最も望ましいものである。しかし、このシステムは、時代を経るにつれ、十分には機能しないものとなっていった。これは、取引先である企業の経済活動がシステムに属する銀行の活動範囲を超えて広がり、相互監視の基礎となる情報が相対的に不十分となっていったことによるものである。また、このシステムにおける規律づけの最終的な拠り所は、資金繰破綻の脅威にあるが、破綻の影響がシステムでカバーできる範囲を超えて拡大したからでもある。銀行の資金繰破綻は、経済社会全体からみて看過できない弊害をもたらすことになった。アメリカのサフォークシステムについては、大陸横断鉄道の建設等を契機として、経済活動や資金決済の広域化が進み、大規模な恐慌がしばしば発生するようになって、機能の限界が明らかとなったものと考えられる。

■ 銀行規制

銀行規制は、こうしたインターバンクの短期金融市場を通じた銀行経営の規律づけの限界に対応して設けられたものである。その構成要素としては、免許、業務範囲、財務規制、行為規制、ディスクロージャーおよび監督をあげることができる。

第一に、免許については、銀行は、事業の採算性等について監督当局による綿密な審査を経てはじめて免許を付与され、他の企業とは商号等によって明確に区別される。免許制度は、わが国では審査に適合した株式会社に与えられるという位置づけとされているが、アメリカでは、銀行は免許を得てはじめて企業として設立できるという位置づけとされている。こうした差異があるために、経営が破綻していないが不適切な経営がなされている場合に、わが国では株主総会に経営者の解任を求めうるだけであるのに対し、アメリカでは管理人を送って経営させることができるといった制度面の差異が生じているものとみられる。なお、銀行と公的金融機関の相対的比重も重要な論点であり、わが国では郵便貯金が大きな比重を占めている。一方、アメリカには預金を受け入れる大きな公的金融機関は存在しない。

　第二に、業務範囲については、銀行業は、商業等の一般事業と分離される。これは、銀行経営に持ち込まれるリスクの範囲の限定を目指したものであるが、免許等によって信用を得ていることに伴う資金調達の競争上の優位も分離の理由の一端となっている。具体的な規制としては、リース、資金決済、情報通信等の境界線上の業務の取扱い、銀行と事業会社の株式の相互保有、証券会社等の金融商品取扱業者との区分に関するものである。いずれも銀行制度の設計における大きな課題として、各国でさまざまな工夫がなされている。

　第三に、銀行に対する財務規制としては、自己資本や流動性に関する財務比率の規制のほか、個別の取引先に関する大口信用規制等が設けられている。なかでも自己資本比率規制は、国際的に共通化が図られるとともに、早期是正措置のような監督上の措置と関連づけられること等により、銀行規制において大きな比重を有している。

　第四に、銀行に対する行為規制としては、グループ会社に対する資金供与等に関するアームズレングスルールや、多様な金融商品や金融サービスの提供に伴う情報提供義務等がある。このほかにも、営業時間やマネーロンダリング防止をはじめとして、銀行が経済社会のインフラストラクチャーである

ことを理由とする数多くの規制が設けられている。

　第五に、銀行のディスクロージャーについては、大会社に関する一般的なディスクロージャーの規定に加え、銀行固有のディスクロージャー義務が設けられている。追加的な開示項目としては不良債権額や自己資本比率がおもなものであり、開示方法についても店頭縦覧等の加重義務が課されている。

　さらに、以上のような法令による規制に加えて、銀行に対する検査監督の規定が設けられており、監督当局に対し、裁量による広範な措置を行う権能が与えられている。

■ 銀行システムのセーフティネット

　以上の銀行規制は、銀行経営の健全性を予防的に確保しようとする枠組みであり、一定の金融システムの安定化効果をもたらしている。しかし、現に銀行が信用不安に陥った場合に備える観点からは、別途、経済社会に混乱をもたらさないためのセーフティネットが必要となる。その機能を具体的に果たしうる枠組みとしては、中央銀行制度と預金保険制度等をあげることができる。

　まず、中央銀行は、前述のインターバンクの短期金融市場の機能の延長線上に位置づけられる。すなわち、銀行が、財務上は破綻に陥っていないが、資金繰困難に陥っている場合に、「最後の貸し手」（Lender of the Last Resort）として資金を提供する役割を担うものである。現代の中央銀行における最も大きな役割は、物価の安定を目的とする金融政策の運営にあるとされている。しかし、アメリカの歴史においては、まず最後の貸し手としての役割に着目して中央銀行が設立されたことに留意が必要である。他の各国においても、中央銀行は、しばしばこの機能を発揮してきた。

　ただし、この機能については、多くの制約が存在している。まず、中央銀行は、銀行券を発行する等により通貨制度の根幹を担っているので、資金供給先の破綻に伴い損失を被ることとなれば、通貨に対する信認が損なわれる事態につながりかねない。また、最後の貸し手としての機能は、インターバ

ンクの短期金融市場の機能を補完するものであり、当該銀行が他に資金調達手段を有する場合には、中央銀行が資金繰支援を行うことは適当ではない。さらに、セーフティネットが過度に銀行経営の規律づけをゆがめることがないよう、細心の注意が必要となる。

しかも、こうした条件を具体的に満たそうとした場合にも、経営困難に陥った銀行については、財務状況の判定が困難であるうえ、第2章理論編で論じたように、資産売却に伴うレモン費用の顕在化等によって、時間とともに財務内容が悪化していくことに伴う困難が生ずる。逆に、こうした問題を回避するために、中央銀行が過度に慎重となる危険もある。たとえば大恐慌期のアメリカについては、各地の連邦準備銀行が資金供給の担保の要件を過度に厳格にしたために、銀行の資金繰破綻が頻発することとなったという認識が一般的である。

預金保険制度は、こうした制約をふまえ、経営が破綻した銀行の損失を引き受けることを前提として、預金の弁済を保証するものである。これによって、信用不安が発生した場合にも、預金者による取付けを抑止する効果が期待される。また、破綻銀行の営業を引き継ぐ銀行に対し、預金保険金相当額を交付することによって、預金者への直接支払に伴うコストの回避や円滑な破綻処理に役立てることも可能とされている。

■ 銀行経営にかかわるモラルハザード

銀行に対しては、以上のように、特別の規制が課されているうえ、セーフティネットが整備されているが、このことは、副作用をも発生させる。

まず、預金者のモラルハザードが発生する。とりわけ預金保険制度は、預金者が銀行の財務状況を分析するインセンティブを阻害する効果をもつ。一般に、資金の授受においては、質の悪い資金調達者が高い金利を提示するのに対し、資金供給者が担保等によるスクリーニングや情報分析に基づく審査を行う。しかし、預金保険制度によって、こうした活動にコストをかける必要性が減殺される。その結果、質の悪い銀行が高金利で預金を集め、さらに

損害を拡大させていくといった現象を生じさせるおそれが高まる。

　次に、株主のモラルハザードも発生する。とりわけ過少資本となった場合には、よりハイリスクでハイリターンの資金運用を行うことに強いインセンティブが発生する。これは、リスクが顕在化すれば預金者や預金保険機関の負担となる一方、リターンが実現すればすべて株主に帰属することによるものである。

　セーフティネットによってゆがんだインセンティブは、銀行経営の規律に悪影響をもたらす。株主からは過度に拡張的な経営を行う方向への働きかけを受けるうえ、資金調達について預金者のモラルハザードが働くことにより、レバレッジを高めることで、過度のリスクテイクが相乗的に進行していく。歴史的にみても、アメリカのS&L危機においては、過少資本に陥ったS&Lがギャングにより乗っ取られ、極度にリスクの高い経営が行われた例がある。わが国においても、第2章現実編で論じたような同様の例がみられる。

　セーフティネットの整備に伴うモラルハザードは、一般的な現象として必然的に発生することに注意が必要である。銀行経営においても、上記のような極端な事例についてのみ発生するものではなく、より穏やかな形態で広範に発生しているものとみられる。具体的には、銀行の自己資本と債務の比率の低下傾向がその表れである。この点に関し、アメリカについては、銀行規制、中央銀行制度、預金保険制度といった銀行制度の整備のたびに、銀行の負債に対する自己資本の比率が低下してきたとする分析がみられる。

　こうしたモラルハザードは、経営破綻時における預金者等の保護の範囲が拡大されれば、より著しいものとなる。とりわけシステミックリスクの防止のために、全債務が保護されたり、的確な資産査定なしに資本増強が行われたりする場合には、銀行経営には、きわめて強い拡大志向のインセンティブがもたらされる。いわゆる「大きすぎて潰せない」（Too Big to Fail）問題は、こうしたモラルハザードの表れの一環であると考えられる。また、株主には、的確な資産査定を阻害し、公的資金による資本増強によって実質的な

保護を得ようとする強いインセンティブが発生する。このことは、これまでの各章現実編で論じたようなディスクロージャーに基づく市場規律を重視する金融行政に対する大きな阻害要因となっていると考えられる。

こうした銀行経営に関するモラルハザードについては、基本的にはデットによる規律づけが弱まっていることによるものであるから、倒産手続における責任追及の加重によって対処することが考えられる。しかし、この方策は、第2章理論編で論じたように、政治的議論に影響される結果、的確には機能しないものと考えられる。

銀行監督の機能と限界

銀行監督は、こうしたインセンティブの構造やその補整手段の限界をふまえて、預金者の代理人の立場から、銀行経営の健全性を確保するために行われる。監督当局は、預金者保護という目的のために、銀行経営のモニタリングを行い、その結果に応じて銀行経営に対する働きかけを行わねばならない。その手段としては、日常的なコミュニケーションによって自主的な改善を促すことが基本であるが、問題が重要かつ明確な場合には、行政命令によって改善を強制する権能も付与されている。多くの政府は、銀行経営の健全性確保と金融システムの健全性維持のために、こうした銀行監督に多大な資源を投入している。

しかし、銀行監督にも、さまざまな制約が存在している。

まず、銀行経営の状況把握に困難がある。一般に、規制業種の企業にはディスクロージャーのディスインセンティブが存在するうえ、銀行については、資産の大宗を占める貸出の評価が困難である。また、とりわけ窮境に陥った場合には、状況の変化が急速であり、監督当局による実態把握が後追いとならざるをえない面がある。

次に、銀行に対する働きかけの効果に限界がある。監督当局の行使しうる手段は業務改善命令等であり、その発出のためには、行政訴訟による取消しを受けないだけの客観的な根拠が必要である。こうした根拠を入手すること

は、一般的に容易ではない。とりわけ経営の状況悪化にかかわる問題に関しては、それが不可抗力ではなく、経営上の判断誤りや努力不足に基づくものであることを証明することがきわめて困難である。

また、命令等を発出するとしても、どのような内容の命令とすればよいかが問題となる。法令違反等の行為を停止することを目的とする場合には比較的容易であるが、経営の健全性を回復することを目的とする場合には、有効な命令の発出はきわめて困難である。具体的な取引を規制するような命令を発出した場合にはかえって問題を深刻化させるおそれがある一方、抽象的に事業成果を求めるような命令を発出しても実効性はあまり期待できない。

さらに、命令発出後のフォローアップも微妙な問題を含んでいる。とりわけ、銀行経営の収益性の改善については、顧客との取引の積上げによって達成されるものであり、経営者の努力のみによって達成されるものではない。しかも、適切な努力を行ったとしても、具体的な業績として実現するまでにはかなり長いリードタイムを要する。

■ 自己資本比率規制の金融行政上の意義

したがって、銀行監督においては、業務改善命令等を発出することはやむをえない場合に限定し、日常からのコミュニケーションとインセンティブ付与により、問題の事前予防を図るべきこととなる。そのための手段としては、監督上のガイドラインの公表や、定期的なヒアリングおよび検査の実施がある。

こうした監督上のガイドラインとしては、個別の取引に関する定性的な内容のものと、財務諸比率等に関する定量的な内容のものとがある。銀行経営の健全性確保の観点からは後者が重要であり、かねてから、行政上の重要な手法として用いられてきた。自己資本比率規制は、こうしたガイドラインのなかでも、中核的なものである。

ここで、自己資本比率規制が課される意義について整理してみると、以下のような点があげられる。

まず、監督当局に対する規律づけという意義がある。前述のように、監督当局にとって、銀行経営の健全性回復を求める監督上の措置を講ずることには、多くのハードルが存在する。第3章で詳しく説明した早期是正措置制度は、一定の自己資本比率を基準として、それを下回れば監督上の措置が講じられるというルールを設定しておくことで、監督当局に対し、こうしたハードルにかかわらず迅速に措置を講じさせるため、アメリカやわが国で採用されているものである。早期是正措置制度は、事前に公表されることによって、銀行経営に対する規律づけとしても機能し、措置の発動自体を予防する効果もあわせ発揮するものと期待される。

　次に、自己資本比率規制には、預金保険財政の保護という意義もある。預金保険は、潜在的には、銀行に対する大口の債権者の立場にある。銀行の自己資本は、経営破綻の際に預金保険が負う負担の緩衝となることから、銀行に対して一定の自己資本比率を上回るよう規制することで、預金保険財政を保護することができる。

　しかし、こうした意義については、早期是正措置の対象となった銀行の多くが破綻に至っており、銀行経営の再建を確保するための機能は十分とはいえないことに注意が必要である。また、破綻した銀行の事後的な債務超過の比率をみると、自己資本比率規制の基準値を大幅に上回るものとなっており、預金保険財政の負担を軽減する効果は限定的なものとなっている。一方で、銀行破綻の予防や預金保険財政の負担防止を達成できるだけの高い基準を設定しようとすることは、銀行株の投資家の期待収益率を考えると、非現実的である。

　したがって、銀行監督や預金保険財政からみた自己資本比率規制は、数多くの手段のうちの1つという位置づけとならざるをえない。銀行監督においては、銀行の財務状況を多角的にモニターし、問題点を指摘する等のコミュニケーションを行い、必要に応じて行政上の措置を講ずるという基本的なプロセスの積重ねが重要である。その際のチェックポイントとしては、銀行の抱えるさまざまなリスクとリターンの組合せがあり、自己資本比率はそのな

かの1つと考えるべきものである。

　また、預金保険財政の保護に関しては、保険制度全般において、モラルハザードを抑制するためのさまざまな工夫が行われているので、預金保険の制度設計においても、これらの措置の援用を検討することが考えられる。そうした工夫の具体的な例としては、まず、リスク対応保険料率がある。医療保険における喫煙者に対する高率の保険料等がその例であり、預金保険では、リスク管理体制等に応じた可変保険料率の設定が論点となる。また、契約者に対するリスク軽減行為の義務づけがある。火災保険におけるスプリンクラーの設置義務がその例であり、預金保険では銀行のリスク管理態勢に関する監督と機能がそれに対応するものである。さらに、被保険者の自己負担がある。自動車保険における免責条項がその例であり、預金保険においては預金の定額保護等の保護範囲の限定がこれに相当する。

■ 自己資本比率と市場規律

　このように考えると、バーゼル銀行監督委員会で論じられているような自己資本比率規制を、銀行監督のための制度としてのみ理解することは困難である。筆者としては、国際的なインターバンクの金融市場の参加者が個別銀行の財務状況を分析する際に、情報処理コストを節約するため、監督当局と共通のベンチマークを設定するものとして理解してはどうかと考える。また、その最低基準値の機能は、銀行の再建型の私的整理を開始するためのトリガーとして理解してはどうかと考える。

　この考え方は、銀行経営の規律づけについて、前述のように、インセンティブの均衡からみて、インターバンクの短期金融市場における相互監視に基づくものが望ましいが、銀行の活動範囲の拡大につれて、そのための情報処理に限界が生じてきたという経緯があったことをふまえたものである。すなわち、国際的なインターバンク市場においては、国内市場に比べて、個別銀行の財務の健全性に関する情報制約が大きい。しかし、市場参加者が処理すべき情報を適切なやり方で縮約できれば、こうした情報制約のもとでも、

銀行の相互監視による市場規律を援用することが可能となる。

　バーゼル銀行監督委員会で議論されている自己資本比率は、こうした相互監視のために情報を縮約する手段として位置づけられる。市場参加者からすれば、各国の監督当局がその算定方法について合意し、これに基づいて行動するものであるため、その開示情報の正確性や合理性からみて、最も信頼できるベンチマークとなりうるものと考えられる。

　また、私的整理開始のトリガーとする考え方は、前述のように、いったん窮境に陥った銀行は、状況が加速的に悪化するために再建がきわめて困難であることによるものである。この特性については、市場参加者が共通に認識しているので、銀行の破綻によって損失を被る可能性が生じた場合には、その可能性が顕在化する前に、信用供与の削減競争が始まることになる。これは、一般の企業における信用不安をトリガーとする私的整理の開始と基本的には同じ現象である。ただし、銀行については、その資産負債の特性等から、無秩序な取付けが生じやすいことに対応することになる。

　この点をインターバンク市場の参加者からみれば、相互監視を行っていくなかで、なし崩しに混乱に陥ることを回避するためには、共通のベンチマークを確立しておくことが有効である。その際、市場参加者のインセンティブに関しては、預金保険制度による保護を受けないことが重要である。政府が銀行の債務を必ず保護するのであれば資金回収に走る必要がなくなるが、保護されないのであれば、監督当局が経営に介入するより早い段階で行動を開始しないと手遅れになるおそれが高くなる。したがって、市場関係者は、監督当局がベンチマークを設定する場合には、これをトリガーとして資金回収に動くこととなる。こうしたメカニズムによって、国際的なインターバンクの金融市場に参加する銀行については、各国の監督当局と市場関係者の間で共通のトリガーが形成されることとなる。

　このように、バーゼル銀行監督委員会における自己資本比率規制をめぐる議論は、国際的な統一ベンチマークの設定を行っているものと考えられる。こうしたベンチマークの設定は、工業製品における規格設定と同様、標準化

により国際インターバンク市場における取引の効率化に寄与する一方、個別の銀行に対しては、調整圧力をもたらす。また、その対応の内容は、関連諸制度との兼合いで、国により異なるものとなる。たとえば、自己資本比率規制においてどのような項目がコアの資本として扱われるかについては、国際的に共通化されるとしても、その内容を規定するコーポレートガバナンスや株式市場の機能は国によってかなり異なっている。

■ 銀行監督と市場規律の相互作用

規制上の自己資本比率は、以上のように、監督当局と市場参加者の共通のベンチマークとして位置づけられる。しかし、元来、個別の銀行経営としては、その事業内容に応じた適切な財務構造を構築していくことが必要である。その状況をディスクローズして市場からの信認を確保するにあたっては、その一環として、市場から求められる自己資本比率を達成する必要がある。

この両者を対比すると、まず、市場から求められる自己資本比率の水準は、預金の安定性、資産の売却可能性、収益の見通し、資産のリスク等に応じ、個別の銀行により異なる。一方、規制上求められる自己資本比率の水準としては、多くの銀行に共通の基準を定めざるをえず、こうした特性を盛り込んでいくことは困難である。第二に、市場から求められる自己資本比率においては、持合いの有無や、株式保有の分散状況等によってガバナンスの構造が異なることが重要な要因である。一方、規制上求められる自己資本比率においては、別途、主要株主規制は課されるとしても、株主の構成等を要素とすることは困難である。第三に、市場から求められる自己資本比率の変動の効果は、おおむね連続的に、株価や資金調達コストに反映される。一方、規制上求められる自己資本比率の変動の効果は、一定の基準値を下回ると監督上の措置が講じられる等、著しく非連続的である。

このように、市場から求められる自己資本比率と規制上求められる自己資本比率の機能は一致しない。したがって、規制上求められる自己資本比率

が、監督当局と市場関係者における共通のベンチマークとして強く注目されるようになると、個別銀行の経営にゆがみがもたらされる。

　こうした副作用について、規制における基準値が市場から求められる水準よりも高い場合を考えてみると、まず、短期的な対応としては、基準を満たす水準まで、資産を圧縮することが考えられる。具体的には、貸渋りによって貸出残高を圧縮したり、市場性の資産を売却して資産規模を縮小させたりすることがある。これは、個別の銀行にとって収益機会の喪失や売却損の発生等の問題をもたらすのみならず、金融システム全体として信用収縮に陥る等の大きな弊害につながるおそれがある。

　次に、長期的な対応としては、規制上必要となる自己資本をまかなうに足る高いリターンをもたらす高いリスクテイクへと資産運用をシフトさせていくことが考えられる。また、自己資本比率の計算上ウェイトが小さい資産へのシフトや、オフバランス化によってリスクとリターンのみを留保する等も考えられる。さらに、金融仲介活動が銀行を迂回していくことも考えられる。こうした現象は、リスクが顕在化した際の損失を拡大させることにより、自己資本比率規制の引上げの効果を相殺する。監督当局としては、多様な金融市場にアクセスしうる銀行については、こうしたリスクテイクに対する行為規制を伴わない限り、市場から求められる水準を上回る自己資本比率規制は、長期的には効果をもたないものと考えておく必要がある。また政府としては、銀行監督に限られない広い視野に立って、金融システム全体の機能の健全性に注意を払っていく必要がある。

第6章

事業再生の枠組整備

A 現実

不良債権のオフバランス化

　そごうグループの再建計画と債権放棄要請への対応は、2000年夏に発足した金融庁が、金融再生委員会とともに、まず取り組まねばならなかった難問の1つであった。

　同グループは、同年春まで特別公的管理下にあった日本長期信用銀行の取引先であった。かねてから経営困難に陥っており、2000年に入り、メインバンクであった日本興業銀行の要請に沿って、再建計画を策定するとともに、取引銀行各行に債権放棄を求めた。これに対し、日本長期信用銀行を引き継いだ新生銀行は、株式の譲渡契約に含まれていた瑕疵担保条項に基づいて、そごうグループ向け貸出債権を預金保険機構に売り戻した。

　預金保険機構は、同グループの再建に協力するため、他の取引銀行とともに債権放棄に応じることを決定した。しかし、これは、公的資金によって個別企業の借金を棒引きするものとして、世論から激しい批判を受けることに

なった。この結果、この債権放棄を盛り込んだ再建計画の策定は不可能となった。そごうグループは、制定されて間もない民事再生法の適用を申請するに至ったのである。

　この事案は、特別公的管理の終了、公的資金による資本増強を行った主要行の再編、不良債権の実質的処理等、金融再生の取組みにかかわるさまざまな問題が集約されたものであった。個別事案としても、どう対応しても非難される厄介なものであったが、根底には、金融危機を真に克服するために、金融と産業の一体的再生をどう進めていくのかという大きな課題があった。

　すなわち、銀行が不良債権額をディスクローズし、所要の引当を積み、対応する資本増強を行ったとしても、不良債権が銀行の資産として残っている限り、収益機会の喪失や損失拡大のリスクといった問題は解消しない。また、不良債務を負っている企業も、いわゆるデットオーバーハング（Debt-Overhang）の状態にあって、積極的な投資を行うことができず、事業が衰退するだけである。問題の根本的解決のためには、銀行サイドでは、不良債権の売却や回収によって、いわゆるオフバランス化を行うことが必要であり、企業サイドでは、事業の再構築や清算とこれに見合った財務の再構築という整理を行うことが必要である。銀行のみならず、広く経済社会全体の観点に立って金融危機の克服を考える場合には、両者を一体として推進していくことが不可欠であった。

　ここで振り返ると、不良債権のオフバランス化は、1997年末における公的資金導入の決定直後から、金融危機の克服のために不可欠な課題として認識されてきた。1998年春には、自民党の関係議員のプロジェクトチームによって、「土地・債権流動化トータルプラン」が提言された。この提言は、不動産にかかわる債権債務関係の迅速・円滑な処理、虫食い地等の整形・集約化とこれらを活用した都市の再開発の促進、都市再構築のための公的土地需要の創出等を内容とするものであった。このプランのなかには、不良債権のオフバランス化に関し、

・債権債務関係の迅速・円滑な処理

・不動産・貸出債権等の適正評価手続による売買環境整備
・債権債務関係における輻輳する権利関係を整序する仕組みの整備
・ABS（資産担保証券）流通のための基盤整備
・不良債権売却促進のための買上げの仕組みの整備等
・債権回収業務と債権管理の実をあげるサービサー制度の創設
・開かれた明るい競売市場の形成と競売手続の迅速・円滑化
といった柱に沿った広範な方策が盛り込まれていた。

当時、筆者は、このプロジェクトチームに対する大蔵省銀行局の窓口担当官としての作業に従事していた。その過程では、とりわけ、従来の金融行政では手の届かなかった民事法分野に踏み込んだ枠組整備に強い関心を有していた。銀行の不良債権問題は企業の過剰債務問題であり、銀行が不良債権を売却したとしても、企業の過剰債務がそのままであれば、経済の活性化にはつながらないと考えていたからである。またこの時期には、ディスカウントペイオフと称して、銀行から不良債権を割り引いて買い取り、当該債務者に対しては、買取価額以上の金額の弁済を条件として、債権放棄を持ち掛けるというビジネスが盛んに行われていた。筆者としては、こうしたビジネスは裁判所が十分機動的に機能していないことから、迂回経路が発生しているものであると考えていた。そして、手続の公正性確保や企業の再建促進等の観点からは問題があるのではないかという懸念を有していた。

土地・債権流動化トータルプランに盛り込まれた方策のうち、こうした観点からとりわけ重要と考えていたものは、権利関係の整序に関する次の項目である。

① あっせん、調停等の手続を通じ、不動産担保付不良債権等に係る債権債務関係等を明確化し、整理するための「臨時不動産関係権利調整委員会（仮称）」の創設
② 企業の再建計画の実行と連動した金融機関の債権放棄促進と税務上の取扱いの明確化
③ 破綻企業の再建を図る新再建型手続（仮称）の創設、個人債務者の経済

的更生を図る個人債務者更生手続（仮称）の創設、国際倒産事件に対応する規定の整備等を盛り込んだ倒産法制の早期整備

　これらはいずれも、従来の金融行政の立場では手の届かなかった点について画期的な対策を講ずるものであった。

　このうち、③に関しては、筆者にとって嬉しい驚きであったことに、法務省民事局が倒産法制の全面見直しに着手することとなった。問題は①と②であったが、国税当局の基本的スタンスからみて、②単独で実効性ある措置を講ずることは困難であった。①との組合せで枠組みを整備していく必要があると考えられた。また、債権放棄に関しては、銀行に公的資金を入れた以上、その余得を企業にも及ぼすべきだという主張が声高に行われていた一方、「平成の徳政令」等として短絡的な批判を行う報道も多かった。こうしたなかでは、恣意的な処理を排除して権利整序を行うためのしっかりした枠組みが必要であった。これは、大蔵省銀行局だけでは、とても対応しうるような課題ではなかった。

　そこで、内閣官房に、関係各省からの出向者によって構成されるプロジェクトチームが設けられ、臨時不動産等権利関係調整委員会の制度を策定することとされた。このチームは、不眠不休で制度設計を行い、5年間の時限立法として、膨大な関係法律案を1998年夏の国会に提出した。これによれば、委員会は国会の同意を得て任命される10人程度の委員で構成する。委員会は、担保不動産への立入調査権をもち、権利整除のための調停案を作成したうえ、銀行などに受諾を勧告する。この調停に従った場合には、債権放棄は税務上損金として処理できるというものであった。

　ところが、この法律案は、同年のいわゆる金融国会において、ほとんど審議されず廃案となってしまった。筆者としては、こうした扱いとなった理由を知りえなかったものの、当時は、本件にかかわってきた担当官として大変残念に思った。それとともに、金融国会で整備された金融再生法と早期健全化法という金融サイドの枠組みのみでは、金融危機の最終的克服が困難ではないかという危惧を感じた。産業再生については、法務省が進めている倒産

法制の改革が実現するまでの間、法制度のインフラストラクチャーなしでの対応が必要となったのである。これは、とても個別の行政運用で対処できるような課題ではなかった。

　柳澤大臣は、金融国会の期間中、国土庁を担当する大臣として臨時不動産等権利関係調整法案を所管されておられたが、廃案のやむなきに至った。その後、金融担当大臣に就任されて以降は、皮肉なことに、この法律がないがゆえに生じた金融再生と産業再生の枠組みのアンバランスに対処されねばならないこととなったのである。具体的には、特別公的管理銀行の資産整理や公的資金による資本増強行の健全化計画において、債権放棄をどう取り扱うかという難問に悩まされることとなった。これらの事案においては、事実関係の正確な把握、調整の公正さに対する世論の信頼、税務上の的確な処理が不可欠であった。しかし、そのためのインフラストラクチャーがないなかで、世論は公的資金を背景とした債権放棄に感情的な反発を示していた一方、過剰債務を負った企業の再建のためには、抜本的な業務と財務の再構築が不可欠であった。この間の乖離はだれにも埋めることができないほど大きなものであった。

　そごうグループの倒産は、こうした矛盾が最もシャープなかたちで集約された事案であった。

■　私的整理に関するガイドライン

　そごうグループが適用を申し立てた民事再生法は、元来、中小企業向けに設けられた再建型倒産制度である。前述のように、法務省は、不良債権にかかわる権利関係の整除に向けた枠組整備について、きわめて前向きの取組みを進めていた。その一環として、従来の和議法が倒産制度として機能していなかったことをふまえ、中小企業を念頭に、担保を別除権として処理する一方で既存経営者がそのまま倒産企業を経営できるDIP（占有継続債務者、Debtor in Possession）制度を導入する等、再建の可能性を迅速に検討するための手続である民事再生法を整備したのである。

一方で、筆者は、企業や銀行の経営者の考え方は、こうした法務当局の前向きの取組みから立ち遅れたものだと感じていた。特にDIP制度は、中小企業では経営者の手腕が企業の存続にとって本質的に重要であることにより導入されたものであるのに、窮境にある大企業の経営者によって、地位保全のために濫用されているのではないかという懸念をもっていた。

　また、取引当事者における再建型倒産制度の認識も、時代にそぐわないものであった。債務を弁済することは倫理的な義務であり、倒産手続は、どうにも他に手段がなくなった際にはじめて検討するべきものという認識が一般的であったように思われる。そして、再建型倒産制度は、社会的に特別の価値がある企業についてのみ、裁判所が例外的に関与してくれるものと認識されていたようである。これに対応し、窮境企業に対する債権は、倒産手続の開始前には額面どおりの価値がある一方で、手続開始後は基本的に無価値になるということが社会通念であった。会計や税務上の取扱いにおいても、この通念が基調となっていた。

　筆者は、こうした社会通念は、先進国へのキャッチアップが中心であった高度成長期には、不動産価格の継続的上昇等もあって一定の合理性があったとしても、わが国の企業が自らの知恵でビジネスに取り組まねばならなくなった時点では、根本的に変えていかねばならないと確信していた。すなわち、事業者が新しいビジネスに挑戦する場合には、うまくいかない可能性が必ず存在している。それなのに、事業の失敗が倫理的に非難されるようでは、経済社会の活力は失われざるをえない。

　筆者の考えでは、幸いにして法務省や裁判所のなかには、この認識を共有している者もいるようであるが、わが国では裁判所の物理的な規模も小さく、利用者からみた敷居も高いので、取引当事者が私的自治のなかで企業再建に取り組むような枠組みが必要である。債権放棄に対する世論の批判も、こうした大きな枠組みが示されれば、短絡的な徳政令論から脱するのではないかと期待された。

　しかし、こうした枠組みの構築は、漠たる願望でしかなかった。地域銀行

の監督担当であった当時の筆者にはそれだけの権能はなかった。また、かりに取り組ませてもらったとしても、わが国の経済界がインフラストラクチャーの構築をすべて政府に求める傾向にあることからすれば、到底実現を望めないものと諦めていたことが実情であった。

　2000年末に再び金融担当大臣に就任された柳澤大臣は、こうした状況を抜本的に変えていくためのリーダーシップを発揮された。2001年春には、ゼネコン等に対する主要行の債権放棄が激しく批判される一方、停滞を続ける経済の活性化に向けた対策の策定が緊急の課題とされるに至っていた。こうしたなかで、同年春には政府・与党による緊急経済対策が策定され、不良債権のオフバランス化のルールとともに、「債権放棄のガイドライン」の制定が最重要の施策として盛り込まれた。柳澤大臣のもとで、筆者はこのガイドラインの策定を担当するプロジェクトチームのリーダーとされたのである。

　金融庁監督局では、この時点までに、窮境に陥った企業の再建に関する外国の制度を調べてきていた。その結果、機動性で有名なチャプター11を有するアメリカを含め、企業の再建は、まず当事者間の私的自治で検討が進められ、債権者間の合意が成立しない場合に初めて裁判所に倒産手続の開始を申し立てるものであることを確認していた。わが国では、公正性の確保のためには裁判所の関与が不可欠であり、そうでない場合の債権放棄は不公正であってモラルハザードを招く等という短絡的な議論が支配的であった。しかし、少なくとも米英では、そうは考えられていなかったのである。イギリスではイングランド銀行の仲介による企業再建の手順がロンドンアプローチとして定着していた。国際的にも、INSOL International（International Association of Restructuring, Insolvency & Bankruptcy Professionals）という専門家団体によって基本的な原則が提示されていた。

　これらをふまえ、筆者は、まず基本的な概念から修正していくことが必要だと考えた。金融庁が策定に取り組むガイドラインは、「債権放棄のガイドライン」ではなく、窮境企業の事業と財務を裁判所に頼らずに再構築する「私的整理に関するガイドライン」だという考え方を示すことである。ま

図表12　INSOL Internationalの8原則

1. 債務者が窮境に陥った場合、関連債権者は、実態把握と再建計画策定のための一時停止期間（Stand Still Period）を原則として提供すべきである。
2. 関連債権者は、一時停止期間中、債権の執行や与信の削減を差し控えるべきである。
3. 債務者は、一時停止期間中、債権者の回収見込みに悪影響を与えるような行動を行うべきでない。
4. 関係債権者は、調整委員会の設立と専門アドバイザーの任命を行うべきである。
5. 債務者は、一時停止期間中、資産負債や事業とその見通しに関する情報を債権者と専門アドバイザーに提供すべきである。
6. 再建計画と債権者間の調停は、一時停止開始時点での法と権利関係に応じたものとなるべきである。
7. 資産負債や事業とその見通しに関する情報と再建計画は、債権者によって守秘されるべきである。
8. 一時停止期間や救済・再建の提案の間に供給された追加的な資金は、優先的な地位とされるべきである。

（出所）　筆者抄訳

た、その内容については、国際標準であるINSOLの提出する原則に沿って検討するという方針を示してはどうかと考えた。その内容は図表12に示すとおりであった。民間企業としては、窮境に陥った場合でも、他の取引と同様、まず私的整理に取り組むことが基本であり、それがうまくいかない場合にはじめて裁判所に頼る法的整理に移行するという考え方に基づくものである。さらに、企業の整理の方法としては、再建を目指すものと清算してしまうものがあるが、まず再建を目指して手続を進め、うまくいかない場合にはじめて清算に移行するという考え方によるものであった。大臣を中心として議論が行われた結果、この方針が採用され、金融庁として、対外的に発信していくこととなった。

　次に、ガイドラインの性格については、民間関係者の共通認識だという位置づけとなった。この共通認識を形成するために、関係者による研究会を発足させることとし、その事務局を全銀協に引き受けてもらうことになった。

私的自治における共通認識である以上、金融庁が事務局となるわけにはいかないからである。

　ここまでは筆者達でも段取りが可能であったが、巨大な専門分野である企業の整理については、識見と腕力を兼ね備えた専門家がリードしてくれないと、これ以上は一歩も進むことができなかった。この局面に熱意をもって参入された専門家が高木新二郎先生であった。高木先生は、いわゆる倒産弁護士の大家であるうえ、法曹交流の一環として裁判官に任官された経験もあり、国際的にも多くの友人をもつという、筆者にとってはこれ以上考えられない人物であった。筆者は、以後、高木先生から継続的にご指導をいただくこととなったが、この時点では、上司の裁可を得て、研究会が発足した際に全体をリードしていただくことをお願いした。

　さらに大きな問題は、研究会への産業界の参加であった。金融界と専門家だけの研究会では、単なる勉強であって、民間関係者全体の共通認識とはなりえないということが柳澤大臣の判断であった。まことにそのとおりであったが、その実現は困難をきわめた。筆者レベルで日本経団連に話をもっていこうとしても、門前払いに近い扱いであった。筆者には、産業界がかくも強硬に拒否する事情を知るすべがなかったが、窮境に陥るような企業と日本経団連の中心企業は違うという感覚や、いわゆるゾンビ企業の救済に関与させられたくないという意向があったのではないかと推察された。

　また、内容的にも、手続の適正さに重点を置いていたことが反発を受けたふしもあった。「金融庁の課長ごときがつまらない主張をして財界の要人を悩ませている」等という報道さえあったように記憶している。一般には、どのような財務状況の企業を救済し、そうでない企業を破綻させるかという基準が期待されているのに、資産査定への専門家の関与や債権者集会における情報開示等が論点では、議論に値しないということのようであった。しかし筆者は、企業再建は、透明なプロセスを迅速に進めるなかで、債権者が成否を判断すべきものであり、だれが決めるにせよ、事前に基準を決めてしまうのでは進歩がないという確信をもっていた。

この事態を打開してくださったのは、柳澤大臣である。産業界出身の金融再生委員に仲介の労をとっていただくことと並行し、大臣自ら、私的整理に関するガイドラインの策定が緊急の国策である旨断言し、説得していただいた。これには、さすがに産業界も合意し、研究会にメンバーを出すこととなり、審議開始にこぎつけることができた。一方で、大臣は、筆者を含む金融庁の事務方に対し、研究会報告の内容に口を挟まないよう指示された。
　2001年春に本格的活動を開始した経済財政諮問会議の「骨太の方針」において、不良債権のオフバランス化が重要項目として盛り込まれたのは、不良債権発生後2、3年以内のオフバランス化ルールを金融庁がすでに軌道に乗せていたことに加え、ガイドラインに関するこうした進展をふまえてのことであった。しかし、これを契機に、夏までにガイドラインに目途をつけることが内閣の公約となってしまったので、担当官である筆者としては、またしても断崖に立たされることとなった。
　研究会が始まった後も、実体重視と手続重視、淘汰重視と再建の機会重視の2点に関し、メンバー間の意見の対立が目立った。筆者としては、議論がまとまらなければ責任問題となる一方で、内容に関与することはできないので、はらはらするばかりであった。この状況が収拾されたのは、高木先生と、事務局であった全銀協の尽力のおかげである。特に高木先生は、議論の取りまとめにあたっては、柔軟かつ冷静であった。先生の議事進行のもとで、夏までに、しっかりした手続の体系を基本とし、部分的に実体要件を盛り込んだガイドラインの骨格が策定された。当時の内閣の最優先の公約が実現されたのである。
　しかし、これだけでは、私的整理に関するガイドラインは、単なる作文に終わる危険があった。むしろ、中央官庁の常識からすれば、そうなることが通常だという受止めさえみられた。ところが、私的整理に関するガイドラインは、現実の企業再建において活用されるようになった。そして、私的自治による法制度形成の画期的な例としての位置を占めるに至ったのである。
　その理由としては、やや強引にでも産業界に参画してもらうという柳澤大

臣の大局判断があった。これによって、ガイドラインは経済界のコンセンサスと呼べるものとなったのである。また、銀行界も、現実の企業再建に援用するために真摯な工夫を重ねてきたものとみられる。

しかし本件においてさらに特徴的な現象としては、高木先生の呼びかけに応じて、倒産の専門家が私的整理に関するガイドラインによる手続を進めるべく、研究を進め、具体的な事案の実務に活かしてきたことがあげられる。その1つの形態として、「事業再生研究機構」という団体が発足し、官庁、法曹、金融、学者等の分野横断的な参加者の間で、企業の再建や再編等にかかわるさまざまな課題を勉強し、その成果を発表してきた。筆者も、この機構の設立当初から活動に参加し、勉強を続けてきている。

こうした経緯を経て、私的整理に関するガイドラインは、企業再建のための枠組みとして確固たる位置を占めるに至った。現在では、会計、税務、銀行検査といった分野でも、ガイドラインに基づく手続を経た結果であれば、裁判所の関与を得たものと同等に扱われるようになっている。さらに近年では、私的整理に関するガイドラインではメインバンクと窮境企業が要請することで手続が開始されるのに加え、中立の第三者が窮境企業とともに手続の開始を求める事業再生ADR（Alternative Dispute Resolution）の制度が設けられている。

■ RCCと企業再建ファンド

企業再建にかかわる次のエポックとなったマイカルの経営破綻は、2001年9月に発生した。同社においては、窮境に陥っているなかで深刻な内紛が発生しており、会社更生法の申請が内定していたのに、経営者が民事再生法の申請を行うという事態が生じたのである。取引関係の混乱も著しく、納入事業者が商品を引き上げていくような動きが報道された。

金融行政の立場からマイカル事件をみると、私的整理に関するガイドラインによるものを含む企業の整理が促進されるためのインセンティブが十分でないという点に問題があった。銀行サイドについては、2001年春の決算でマ

イカルを破綻懸念先としていなかったところが多いのではないかという指摘が行われていた。こうした場合、銀行の担当者としては、私的整理の実施が追加の損失認識の発生につながるため、タイムリーディスクロージャーに追い込まれることをおそれて、問題の先送りに走りやすい。また、企業サイドでは、再建手続後の再出発をリードしてくれるような機関がないので、再建型の手続といっても銀行の債権回収の手段にすぎないのではないかという懸念があった。アメリカでは、事業再生がビジネスとして確立しているが、わが国ではそうした専門家集団はなく、銀行部内では、既存債権の回収と放棄という受動的な議論に終始する傾向があったのである。

　この点については、同年春に金融庁が打ち出していた不良債権の発生後2、3年後のオフバランス化ルールが機能するはずであった。このルールは、政府として、主要行はそうした迅速な処理を行うことが当然であるという認識を表明し、銀行にその実績をディスクローズさせることで、市場からのプレッシャーのもとでオフバランス化を促すというものであった。市場規律のもとでの自主的な対応によって金融危機を克服するための枠組みである。

　これに先立つ部内の議論において、たとえば筆者は、不動産の減損処理の前倒しはどうかとも論じてみたが、制御不能なまでの混乱に陥る危険があるとして直ちに却下された。一方、外部からは行政指導の復活を求めるような意見もあったが、金融庁としてとりうるものではなかった。オフバランス化のルールは、そうした二律背反のなかで、当時の監督局の上司によって示された鮮やかなアイデアであった。

　ただし、このルールは、そもそも不良債権の発生が認識されない限り機能しないという制約があった。銀行による不良債権発生の認識は、資産査定手続を経て行われるため、どうしても後手に回りやすい。また、銀行は、引当負担をおそれて認識を先送りしているという批判もあった。一方企業経営者は、自らの地位保全のため、従来からの先送り傾向に加え、独断で民事再生法の適用に飛びつく例もみられるようになった。こうした状況のもとでは、突然の民事再生法の適用申立てによって、多くの銀行が次々に業績の下方修

正を公表するという事態は避けがたい。金融システムの安定化のためには、さらに追加的な対応が必要であった。

　この点について、金融庁全体として徹底した検討が行われた結果、銀行の不良債権処理に関して、特別検査の導入、RCC（整理回収機構）の役割拡大、企業再建ファンドの設立促進等の施策を講ずることとなった。これらは、それまでの金融行政の枠組みを超えた抜本的なものであり、証券市場に関する改革等とともに、2001年秋に経済対策閣僚会議で決定された「改革先行プログラム」に盛り込まれた。

　主要行に対する特別検査は、自己査定の期間中に検査を行い、外部監査人と共同作業を行うことで、当該期の決算において、企業の業績や市場のシグナルをタイムリーに反映した適正な債務者区分と償却・引当が行われることを確保するというものである。本来の銀行検査は、銀行の作成した決算を事後的にチェックすることで、それ以降の決算等における債務者区分や償却・引当の適正化を図るというものであった。しかし、銀行の自己査定自体が対象企業の決算をふまえて行われるものであり、銀行検査の頻度が2年に一度程度であることを考えると、これでは、銀行の決算における不良債権発生の認識が最長で4年遅れとなってしまうおそれがある。これは、この時期のように経済状況が急速に変化しているような場合には、銀行の財務の現状と決算とが大幅に食い違うことにつながる。その結果、マイカルの例のように、企業の突然の倒産と銀行の業績下方修正というショックを生むことになってしまう。

　そこで、市場規律を確保するための事後チェック行政という金融庁の大原則には反するものの、主要行の取引先のうち、市場からの評価に著しい変化が生じているような債務者に限定して、異例の同時チェックを行うことになった。銀行の経営の根幹である決算作業に対する強い介入である。筆者は、検査局がかくも思い切った措置を導入したことに大きな驚きを感じた。

　こうして不良債権として認識された先については、主要行に対し、すみやかに私的整理ガイドラインによる再建、民事再生法等による法的整理、また

はRCC等への売却を求めることとなった。企業再建は、早期に着手すればするほど功を奏する可能性が高いものである。本来、銀行を中心とする私的自治のなかで迅速に実施されるべきであるが、それが困難な場合のバックストップとして、RCCを位置づけることとされたものである。

　企業再建のコーディネーターとしてRCCを活用するという考え方に関しては、かつての金融国会の時期に、関係議員の提案に基づき、RCCによる不良債権の買取制度が金融再生法に盛り込まれていた。しかし、実行段階では、不良債権の買取価格の設定が過度に保守的に行われていたため、あまり機能していなかった。この保守的価格設定は、公的資金による不良債権の買取り自体を銀行への支援ととらえて懲罰的な価格とする考え方や、RCCにとっての採算性を最優先とする考え方に基づくものである。これを行政運用で変えてもらうことは著しく困難であった。

　これに対し、筆者は、2001年春、RCCに不良債権の信託設定を認めることで、債権売買に伴う問題を解決することを提案した。この枠組みは、同年夏には実現したが、いわゆる実弾の伴わないものでは、やはり実効性が乏しかった。特にRCCの強制調査機能は公的資金によって買い取った債権についてのみ認められるので、私的な信託手続に基づく債権については情報入手の優位性がないことが大きかった。そこで、2001年秋には、議員立法によって、不良債権の買取価格を「時価」とする金融再生法の改正案が提出され、国会で可決されることによって、立法的に障害が除去された。

　企業再建ファンドの導入は、この時点で筆者の担当とされた。公的な関与によって企業再建に必要となるニューマネーを供給する枠組みであって、金融庁の従来の行政手法からは、さらにかけ離れたものであった。日本政策投資銀行に新たな投資制度を設け、企業再建に際して必要となる資本を供給するためのファンド設立にあたらせるというものである。同行に対する資本増強が必要となる一方、窮境企業に対する補助金の代替として利用される危険も伴っていた。

　日本政策投資銀行は、これ以前にも、民事再生法等による再建計画策定期

間中の資金繰りを手当するDIPファイナンスの仕組みを導入するなど、事業再生分野に積極的な姿勢を示していた。当時の筆者としては、新たな金融の仕組みのパイオニアが必要だと考えていたが、一般の銀行や証券会社は、残念なことに、こうした前例のない仕組みを率先して試みることはしなかった。こうしたなかでは、日本政策投資銀行に対する期待は大きくならざるをえなかった。

　ただし、企業再建への投資という最も資本主義的な分野に、間接的とはいえ公的資金を投入するのであるから、枠組みの設計には慎重とならざるをえない。投資対象はデットエクイティスワップ等の企業再建のための資本に限ること、日本政策投資銀行によるファンドへの出資は過半とならないこと等の限定を設け、政治向けの説明に際しても、細心の注意を払った。一方、これに対応した民間投資家の参入を促進することが重要であり、筆者のチーム

図表13　発生時期別のオフバランス化進捗状況（残存率の推移）

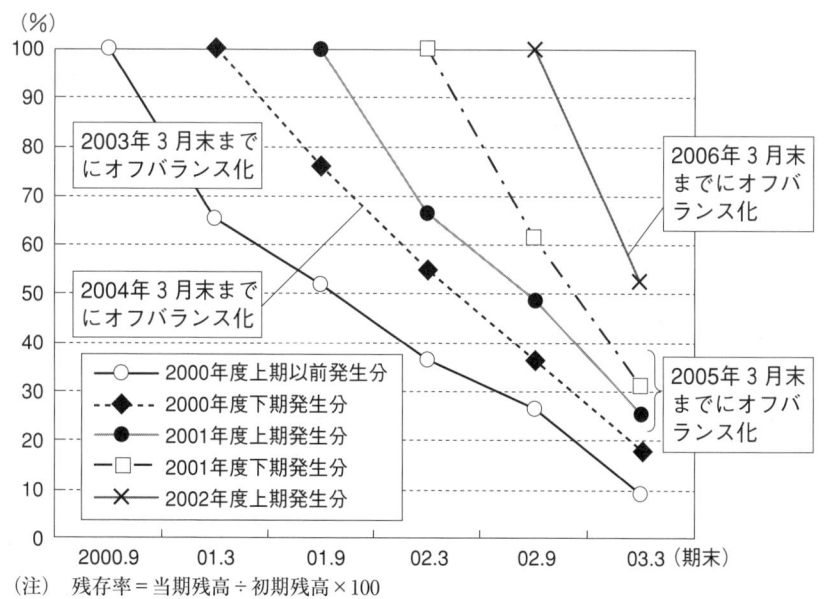

(注)　残存率＝当期残高÷初期残高×100
(資料)　各行決算資料より作成
(出所)　UFJ総合研究所「産業再生機構と企業再生の課題」

は、障害となっていた市場規制上の規定を改正するとともに、セミナー等でたびたび情報発信を行った。

2001年秋の改革先行プログラムには、これらを含む多くの施策が盛り込まれており、全体として不良債権問題を強力に解決していく枠組みを構成していた。その際、施策の各パーツは異なる主体により実施されることとなっていた。これは、個別事案に関する利益相反や圧力を防止するために意図して行われた制度設計であった。この枠組みのもとで、図表13に示すように、不良債権のオフバランス化は加速を続けていた。

金融庁は、この枠組みに沿って主要行の不良債権処理を推進するとともに、なお問題を抱えていた地域金融機関すべてについて、存続不可能な先の破綻処理や存続可能な先への公的資金による資本増強を含め、必要な対応を鋭意進めた。このように金融システムの安定化に向けて必要な措置を講じたうえで、2002年4月には、定期性預金を定額保護に移行させ、ペイオフの解禁にこぎつけることができた。

■ 産業再生機構

このように2002年春には、市場規律のもとで金融システムが正常に機能するための局面転換が行われた。

筆者には、これによって金融市場に引締圧力がもたらされたように感じられた。中小企業に対する貸渋りに関する批判がいっそう声高になったほか、引き続き地域金融機関の経営に対する懸念を表明する例も多数みられた。銀行界には、公的資金の制度の存続を求める者も見受けられた。筆者の考えでは、こうした動きは、それまで公的資金による全額保護によって麻痺していた市場規律が回復するに伴い、正常なリスク管理の一環として銀行や企業が手元資金を積み上げていく一過性のプロセスであった。

こうした現象に対し、金融庁は、市場規律のもとで、必要な対策を次々に講じていった。その1つは、銀行のペイオフに際しての決済システムの保護であった。わが国では、企業の資金繰りと資金決済が銀行の決済システムに

極度に依存しているため、銀行のペイオフによって企業の手形が不渡りとなり銀行取引停止処分が続出することとなってしまう。このため、定期預金を定額保護とした一方で、企業の決済資金に用いられる預金は恒久的に全額保護とする制度整備が行われた。また、第5章現実編で論じたように、銀行に対するモニタリングのいっそうの整備等、監督行政の強化措置も進められていた。

ただし、本章で論じてきた金融と産業の一体再生の取組みに関しては、特別検査の結果に基づいて着々と処理が行われていたものの、なお、大きな問題が残っていた。それは、要管理先への対応であった。

不良債権のオフバランス化のルールでは、破綻懸念先と分類された債務者については、2、3年内にオフバランス化につながる措置が講じられることとなっていた。しかし、要管理先については、ルールの対象外であり、管理対象とされるだけであった。第1章現実編で論じた筆者達のシミュレーションにおいても、オフバランス化を進めるにつれ、破綻懸念先以下の不良債権は減少していくが、要管理債権はむしろ累増するという結果となっていた。

その背景としては、わが国の貸出担当者において、破綻懸念先では元本の回収不能が見込まれるので、個別に非保全額の引当を行ったうえで、その額をいわば予算枠として企業整理の交渉を行うという慣行が確立していたことがあった。これに対し要管理先は、回収が遅れることはあっても元本に回収不能が発生するわけではないので、一般的な引当金の内訳として引当を計上してリスクを手当したうえで、貸出先の業況を慎重に管理することとされていた。特別検査も、こうした慣行をふまえて、適時に破綻懸念先を認定するものであった。これは、第3章現実編で説明した国税当局の償却引当の抑制スタンスに沿って、長年のうちに形成された通念であった。さらにその背景には、第1章現実編で論じたようなわが国とアメリカ等における貸出契約の差異や、本章で論ずるような倒産制度の相違があった。

他方、上記のような企業や銀行の不安があるからといって、たとえば銀行の安全宣言のような気休めのコメントを金融庁が出すことが不適当であるこ

とは明らかであった。経営破綻とそれに伴う預金者の損失のリスクがあってはじめて、銀行システムは本来の機能を発揮するからである。また、経済社会の活性化のためには、政府により保護された銀行預金に過度に依存した金融システムの構造を、より市場中心のものへと変革していくことも不可欠であった。しかし、金融と産業の一体再生に関しては、上記のような込み入った論点について、一般向けにわかりやすく説明することは不可能であった。

こうした状況のなかで、柳澤大臣は、自ら有識者と議論し、「わが国金融システムと行政の将来ビジョン」を示すことによって、あるべき姿の全体像を世論に訴えようとされた。

しかし、こうした金融庁のスタンスは、公的資金の投入を求める意見によって強い批判にさらされた。たとえば経営困難にある銀行においては、公的資金の投入を得て経営責任を肩代わりしてもらいたいという願望が見受けられた。したがって、ペイオフの脅威による規律づけのもとで業務再構築に自ら取り組むよう促すことが重要であった。しかし、当局が公的資金を含む思い切った措置を講ずることを回避していると非難された。要管理先についても、経営者が地位を維持しつつ銀行からの支援を仰ぎたいという傾向が見受けられた。したがって、デットエクイティスワップや貸出債権の転売の促進によって市場メカニズムのもとで対応することが重要であった。しかし、政府が銀行に公的資金を投入して再建させるべきだという論調が勢いを増していった。筆者としては、公的資金と政府の関与に依存していては、ペイオフ解禁による市場規律の確立が台なしになるのではないかという危惧を抱いていたが、どうにもならなかった。柳澤大臣は、金融担当大臣から退任されることとなったのである。

新しい体制のもとで策定された金融再生プログラムは、筆者にはよくわからないことが多かった。ただし、少なくとも、苦しい立場のなかで金融庁がそれまでに積み重ねてきたすべての工夫を体系的に公表したということには意義があったものと考えられる。特に、不良債権比率を半減させるという目標を明示したことは、大きな意味があった。この目標が後日達成されるため

図表14　全国銀行の金融再生法開示債権の増減要因　　　　　　　　　　（単位：兆円）

			2003年3月期	03年9月期	04年3月期	04年9月期	05年3月期	05年9月期	06年3月期
金融再生法開示債権			▲7.9	▲3.7	▲8.7	▲2.8	▲8.7	▲2.0	▲4.6
うち要管理債権			+0.1	▲2.9	▲5.5	▲4.1	▲5.2	▲0.7	▲1.2
	〔増減要因〕	債務者の業況悪化等	+4.7	+1.7	+3.0	+1.8	+2.1	+1.1	+1.5
		危険債権以下からの上方遷移	+1.5	+0.4	+0.3	+0.2	+0.2	+0.2	+0.4
		債権健全化（*）	▲2.3	▲2.2	▲3.8	▲1.9	▲3.4	▲1.0	▲1.5
		危険債権以下への下方遷移（*）	▲3.1	▲2.7	▲3.3	▲4.2	▲2.3	▲0.8	▲0.9
		返済等	▲0.7	0.0	▲1.7	0.0	▲1.9	▲0.2	▲0.7
うち危険債権以下			▲8.0	▲0.8	▲3.2	+1.3	▲3.5	▲1.3	▲3.4
	〔増減要因〕	オフバランス化等	▲15.1	▲5.4	▲9.8	▲5.3	▲8.9	▲3.5	▲6.3
		債務者の業況悪化等	+4.0	+1.9	+3.3	+2.3	+3.1	+1.4	+1.9
		要管理債権からの下方遷移（*）	+3.1	+2.7	+3.3	+4.2	+2.3	+0.8	+0.9
（参考）主要行の不良債権比率 （％）			7.2	6.5	5.2	4.7	2.9	2.4	1.8

（注）1．計数は、銀行に対するアンケート調査により把握したもの。
　　　2．都銀・長信銀等・信託（2004年9月期以降は同年4月に普通銀行へ転換した新生銀行を含む）および地域銀行（埼玉りそな銀行を含む）を集計。
　　　3．＊は、要管理先からの遷移であり、要管理債権のほかに（要管理先に属する）正常債権の遷移を一部含んでいる。
　　　4．2006年3月期時点の対象金融機関数は123行。
　　　5．9月期（網掛け）は半期の、3月期は通期の計数。
　　　6．2003年3月期以降の計数は、UFJ銀行（06年3月期においては、合併後の三菱東京UFJ銀行）の再生専門子会社分を含み、03年9月期〜05年9月期の計数はみずほフィナンシャルグループ各行の再生専門子会社分を含み、04年3月期以降の計数は、西日本銀行、福岡シティ銀行（05年3月期以降においては、西日本銀行と福岡シティ銀行の合併後の西日本シティ銀行）の再生専門子会社分を含み、05年3月期以降の計数は北陸銀行の再生専門子会社分を含み、05年9月期以降の計数は親和銀行の再生専門子会社分を含む。
　　　7．半減対象である主要行の2002年3月期不良債権比率は8.4％。
（出所）　金融庁

には、図表14に示されるように要管理債権の迅速な処理が必要であった。

産業再生機構の設立は、こうした流れのなかで決定された。財務省や経済産業省と並んで、金融庁も検討作業に関与していたが、筆者としては、当初、この構想に懐疑的であった。経営困難企業について、自ら債権買取りを行いつつ権利関係を調整し、さらに新規資金をも投入するというのでは、無制限な企業救済機関となったり、銀行をはじめとする関係者との利益相反問題が生じたりするのではないかと懸念したのである。現に、国、地方を問わず、公的資金で投資を行い、莫大な損失を抱えて塩漬けになってしまった機関は枚挙にいとまがない。

しかし、制度の設計が進むにつれて、筆者の懸念は解消した。まず、業務の基本は、私的整理に関するガイドラインの実施にあるということとされた。たしかに、企業再建の枠組みが確立していないわが国においては、まず公的機関が見本を示したうえで、民間からの参入を促すという方法をとることはやむをえない。また、幹部の人選も適切であった。事業再生の実務家と証券市場の関係者を中心としており、市場規律を基本としていることが明確であった。さらに、個別事案について責任をもって判断する組織としての産業再生委員会が設けられ、その委員長に高木新二郎先生が選任された。こうした組織に対しては、あらゆる方面から陰に日向に圧力が加えられることが予測されるが、これで圧力に屈する心配はなくなった。しかも、塩漬けの懸念に関しても、機構は時限組織であることが明確にされていた。なお、銀行との関係では、利益相反に配慮して隔壁が設けられた。

産業再生機構には、発足当初、案件があまり持ち込まれず、高木先生も手持無沙汰のようであった。先生とお話するに際し、筆者は、「いわゆる筋悪事案がどんどん持ち込まれるよりはよいのではないか」ともお話していたが、せっかく大きな使命を負っているのに世の中のお役に立てないでいることの残念さも理解できるところであった。金融庁の立場としては、第1章現実編で説明したような不良債権の定義に関する規定の整備は、元来必要な措置であったために、この機会に手当をすることができたが、具体的なかたち

で銀行に産業再生機構の活用を促すということはできなかった。

　しかし、時を経るにつれこうした事態も次第に改善し、結果として、産業再生機構はまれにみる成功例となった。事案の持込みについては、存続期間の後半になって、大きな企業の再建や地域の面的再生を手がけることができた。また、その過程において、地域の交通機関等で、公的機関を含むさまざまな関係者間の調整を行ったことも機構の業績であった。さらに、こうした調整を経て行った投融資については、全体として収益をあげ、予定していた時期に余剰をもって解散できたことも目覚ましい成果だったとみられる。

　筆者としては、産業再生機構は、こうした具体的な業績のみならず、事業再生の市場を確立したところで大きな貢献を行ったものと考える。まず、産業再生機構に参加したり、共同作業を行ったりした人々が、機構の解散後もファンドを立ち上げるなどにより事業再生に取り組んでいることである。かつては倒産弁護士の扱う特殊な分野であったものが、法曹、市場、企業、銀行をまたがるビジネスの分野として確立している。次に、事業再生の手法についても、かつては企業の再建のためには私的整理に基づく債権放棄、清算のためには破産や担保権実行等によるという硬直的な仕切りであった。産業再生機構の取組みを通じ、破産手続のなかで営業譲渡により事業再生を進める等、倒産手続自体が市場における取引の一形態となってきている。さらに、世論においても、こうした経済合理性に基づく事業再生の意義が認知されたように思われる。

　かつては、不良債権の実質的処理は、時として反社会的勢力が介入してくる特殊分野であった。筆者も、銀行監督という間接的な立場ながら、そうした暗い力に脅かされてきたことが実情である。しかし、筆者は、ビジネスにおいても、勝敗は兵家の常であって、破綻した場合も経済合理性に基づいててきぱきと処理し、再起を図っていくべきものだと確信してきた。高木先生をはじめとする専門家に参戦していただいてはじめて、こうした方向に向かって事態が好転し、わが国の不良債権問題も、本質的な解決に向かうことができたと考える。

B 理論

　事業再生は、窮境に陥った企業について、リスクを負う債権者によるガバナンスのもとで業務の再構築を図っていくプロセスである。これを考えるための理論的説明においては、業務面での企業の整理と財務面での企業の市場規律という2つの論点を整理する必要がある。両者は、企業の整理手続も1つの市場であること、金融商品の設計と企業の整理の枠組みの機能が代替的であることで相互に関連している。これをふまえ、以下では、前者に関し、企業の資金調達とガバナンスの関係、企業の整理と倒産手続、倒産制度の形成について論ずる。また、後者に関しては、DIPファイナンスやスポンサー等の事業再生ファイナンス、企業のガバナンスの市場、ファイナンスにおける事業と資産について論ずる。

情報の非対称性

　現代の経済活動の主役は企業であり、企業が事業を行うにあたっては資金が必要である。これは、自己資金によりまかなわれることもあるものの、外部からの調達によることが多い。こうした外部からの資金調達が円滑に行われることは、将来性ある事業を行おうとする者に対し、十分な資金や資産を有していなくとも、企業を経営する機会を与えるものであって、経済社会の健全な発展のために不可欠の要件である。

　一方、企業に対する資金供給を検討する者は、企業の営む事業の将来には必ず不確実性が存在しているので、これを減少させるための情報を必要としている。しかし、こうした情報に関しては、資金供給者と企業経営者との間に格差が存在している。経営者は、資金供給者に対し事業の将来に関するすべての情報を伝達することが物理的に不可能であるし、そのなかでも悲観的な情報については、伝達するインセンティブが小さい。したがって、企業における資金の調達と供給のプロセスには、必ず情報の非対称性が伴う。

経済学では、こうした情報の非対称性のもとでは、取引当事者が相互不信に陥る結果、市場が成立しなくなるおそれのあることがかねてより指摘されている。これは、その提唱者が用いた例にちなんで、レモン（欠陥中古車、Lemon）の理論と呼ばれている。この理論を、資金の調達と供給について敷衍すれば、資金供給者は、経営者との情報格差により、予期せざる損失を被るリスクにさらされている。しかもこのリスクは、それに見合うプレミアムを加えた金利で多数の企業に資金供給を行うことにより、保険の原理に基づいて処理しようとしても、回避することができない。なぜなら、そうした高利回りの資金供給は、資金調達を行う企業の採算を悪化させるとともに、高金利に見合うような高いリスクの借り手を集める効果をもつからである。また、企業の投資行動は、高利回りでの資金調達を行った場合、それ以前と比べ、よりハイリスク・ハイリターンを目指すことになるからでもある。資金の調達と供給の市場には、次章で説明するように、逆選択やモラルハザードが伴うので、価格メカニズムだけでは機能せず、情報の非対称性を処理するためのインフラストラクチャーを必要としている。債権法、会社法、倒産法等の民事法は、こうした情報の非対称性を処理していくための制度的枠組みとして位置づけられる。

残余請求者の決定権

　こうしたことをふまえ、以下では、主として企業の立場に着目し、情報の非対称性への対応について論ずることとしたい。

　民事法の諸制度のもとで企業が資金調達を行う手段としては、第5章理論編でも触れたように、株式等のエクイティと借入れ等のデットとがある。これを対比すれば、まず、元本返済については、エクイティは無期限であるのに対し、デットは期限がある。また、資金調達に伴う企業の経済的義務に関しては、エクイティでは企業の業況に応じて配当を増減させることが可能であるのに対し、デットでは企業の業況にかかわらず当初の約定どおりの金利を適時に支払わねばならない。さらに、企業のガバナンスの関係では、エク

イティには、経常時から、経営者の任免等に関する議決権をはじめとする経営関与の権能が組み込まれているのに対し、デットには、約定どおりの弁済が行われる限り原則として経営関与の権能が組み込まれていない。デットの保有者には、倒産手続に入ってはじめて経営関与の権能が発生する。

　こうした両者の性格の背景には、「残余請求者の決定権」という経済的鉄則が存在する。これは、保有する請求権について経済的なリスクを負う者が、請求権の経済価値を左右する経営の意思決定を行う権利を有するというものである。すなわち、経常時においては、エクイティには企業の業績に応じて配当や持分の価値が変動するリスクがある一方、デットにはそうしたリスクはないので、エクイティの保有者にのみ経営関与の権能がある。しかし、倒産手続に入ると、デットの保有者にも権利が縮減されるリスクが生ずるので、経営関与の権能が与えられることとなる。

　この経済的鉄則のもとで、資金供給者が企業の経営に関与する枠組みとしては、法制度の面では、倒産手続の開始による債権者への経営関与の権能発生や、清算処理による株主の権利消滅等が存在している。また、デットに関してはとりわけ担保が重要であり、倒産手続においても担保権者には特別の取扱いが定められている。さらに、金融商品の設計の面では、エクイティとデットの間で、議決権制限付きの優先株式や、コベナンツ（誓約条項、Covenants）付きの融資等、さまざまなバリエーションが設けられている。

■ 企業の資金調達とガバナンス

　外部から資金を調達したにしても、企業の経営者としては、事業の状況について最も多くの情報を有し、運営に取り組んでいるのであるから、可能な限り自らの判断による経営を進めていきたいと考えることが当然である。多くの企業においては、経営者の判断によって、必要とする資金の性格と経営関与の可能性をふまえて、資金調達手段の選択が行われ、事業運営の基礎として有効に用いられている。

　しかし、企業経営には時として病理現象が発生する。その1つの形態は、

経営者が、事業をめぐる競争のなかで、いわば帝国建設を目指して、リターンに比して過度のリスクをとり、事業規模を拡大しようとするものである。こうした場合には、企業は借入れによる資金調達を拡大する一方で、収益不足から内部留保や増資による資金調達が困難となるため、過剰債務に陥りやすい。また、もう1つの病理現象は、経営者が、自らの地位保全を図るため、リターンに比して過度にリスクを回避し、手元の資金を温存しようとするものがある。こうした場合には、企業は内部留保が蓄積される一方で借入れによる資金調達を回避するために投資を抑制するため、事業をめぐる競争に後れをとりやすい。

残余請求者の決定権の基本原則は、このような企業経営の病理現象の進行を抑止する機能をもつ。すなわち、過度のリスクテイクが進行すれば、企業は債務不履行に追い込まれ、倒産手続等による整理の対象となる。また、過少なリスクテイクが進行すれば、企業は縮小均衡に陥り、他の企業や投資家による買収の対象となる。そのいずれの事態においても、不適切な経営を行う経営者は地位を失い、より事業の遂行に適した人材によりとってかわられることが一般的である。こうした枠組みが有効に機能することは、経常時から、企業の経営を規律づける効果がある。そしてこのことは、適正な競争の確保と相まって、活力ある経済社会を形成する基盤となる。

■ 企業の整理と倒産手続

企業の営む事業が窮境に陥り、財務的にも過剰債務となった場合には、第1章理論編で説明したように、条件変更をめぐる銀行との交渉と取引先企業における信用不安が相互に連関するなかで、資金繰りの困難が昂進する。とりわけ、債権者が多数の場合には、資金回収の競争が発生し、取付けに至る危険が大きくなる。また、取引信用に依存している場合には、納入事業者は、売掛金の保全が見込めない限り取引を停止するので、資金繰りの困難が直ちに事業の継続を脅かすことにつながる。こうしたなかでは、経営者は、当面の資金繰対策以外に経営判断を行いえない状況に陥る。

企業の整理は、こうした資金繰困難に対処し、企業が再建計画を策定するために必要となる期間を確保することを出発点とする。

　この観点から、まず私的整理をみれば、企業が、経常時から資金繰りをモニターしているメインバンクとともに、債権者に対し資金回収の自粛を要請することが最初のステップとなる。その際、取引債権者に対しては、事業の継続に必要な範囲の支払を行う一方で、銀行等の金融債権者に対しては、再建計画が策定された段階で公平な弁済を行うこととして、当面の弁済を停止することの了解を求めることとなる。金融債権者は、法的整理に移行した場合には回収見込額がかえって減少するおそれがあること、他の事例において自らがメインバンクの立場になることがあること等から、当該企業とメインバンクの要請に応ずることに経済合理性がある場合がしばしばである。こうして資金回収が停止されれば、企業の経営者には、経営再建計画を策定し、債権者の判断を仰ぐための時間的余裕が与えられることになる。

　しかし、窮境企業の整理にあたっては、私的整理が円滑に開始できないことも多い。まず、企業が虚偽のディスクロージャーを行っていたような場合には、メインバンクとの信頼関係が存在しないので、資金回収の自粛の呼びかけを行うことができない。窮境企業が単独で回収停止を要請しても効果がないことはいうまでもない。次に、銀行や取引債権者以外の債権者が存在する場合には、当該債権者が独自の回収行動を行う結果、資金回収停止の合意形成が困難になりやすい。たとえば、窮境企業に対する債権を買い取り、ディスカウントペイオフを行おうとする事業者では、私的整理のための回収停止に協力するインセンティブが乏しくなりがちだとみられる。さらに、金融債権者のなかでも、自らの債権が担保で完全に保全されていたり、企業の再建の見込みがきわめて小さいと評価していたりするものは、私的整理により再建を目指すことに伴う不確実性を除去することを優先し、回収停止要請に合意しない場合がある。

　法的整理の手続は、裁判所が関与することによって、こうした場合でも、窮境企業に対し、資金繰り面の保護（Bankruptcy Protection）を与える効果

を有する。倒産制度は、こうした法的整理の手続を進めるなかで、債務者の資産を保全し、債権者の権利の公平な実現を目指すものである。その内訳としては、破産法等の清算型倒産制度と、民事再生法や会社更生法等の再建型倒産制度がある。後者は、企業の再建によって、債権者の権利の実現度合が前者によるよりも大きくなると見込まれる場合に実施できる。

再建型倒産手続においては、裁判所の監理下で、債務の弁済停止を認める一方で、迅速に再建計画を作成させ、債権者集会による可否の議決に付すことが行われる。この再建計画に債権者が合意すれば、企業は債務の切捨てや資本化によって財務面でも再構築を行い、計画の実行に着手することができる。他方、債権者の合意が得られなければ、清算型倒産手続に移行することとなる。

以上の企業の整理にあたっては、自らの権利に直接の影響を受ける債権者が再建計画の諾否に関する決定権を有することとなる。その際に問題となることは、担保権によって債権の保全された債権者の取扱いである。担保権者は、企業の再建の成否にかかわらず自らの債権の弁済が保全されるので、再建計画に合意するインセンティブに乏しい。一方で、企業からすれば、主力工場のような重要な資産に対する担保権を実行されると、その時点で企業再建の可能性がなくなってしまうという問題がある。そこで、再建型倒産手続においては、担保権者の弁済保全の権利を確保したうえで、権利の実行に制約を課す枠組みが設けられている。たとえばわが国においては、民事再生法では担保権実行が再建計画から別除されるものとされ、会社更生法では再建計画の枠内でのみ担保権の実行が可能とされている。

いずれにせよ、企業の再建を目指す手続の意義は、資金繰対策から離れて再建計画の策定に取り組む機会を与えることにある。その結果、再建計画の実行着手となるか、清算手続への移行となるかは、必ずしも本質的ではない。早期に企業再建に着手し、公正かつ透明な手続を経て迅速に結論に達することが重要である。また逆に、破産手続を用いる場合であっても、対象企業の中核事業が一体として譲渡されたうえで残余の部分が清算されるような

場合には、企業は再建されなくとも、実質的に事業は再生されていることとなる。とりわけ、企業が窮境に陥った原因が、大株主でもある経営者にあるような場合、株主に発言権が残る再建型手続の適用は、事業再生に適していないとされる。

このように、私的整理と法的整理、再建型手続と清算型手続の区分はいずれも相対的である。個別の事例に応じ、いずれの手段によることが窮境企業と債権者にとって経済合理的であるかによって選択されていくものである。

■ 倒産制度の形成

ここで、本章で論ずる事業再生に関し、倒産制度の性格を振り返ってみると、当事者の「取引費用」(Transaction Cost)を削減するために形成される法制度の一分野として理解することができる。

一般に、当事者が取引を行おうとする場合、相手の探索、条件などの交渉、履行の強制などのために情報を処理する費用が必要となる。法と経済学においては、この情報処理費用を取引費用と呼んでおり、当事者がこうした処理を個々に行うよりも、一定の枠組みに基づいて行うほうが取引費用を節約できる場合には、そうした枠組みが法制度として確立してくるものとしている。倒産制度も、窮境に陥った企業からの債権回収を、個々の債権者が実施するよりも、集合して行うほうがより効率的である場合に形成される法制度の1つである。

再建型の手続について、その構成要素をみると、
・債権回収の停止
・債務のリストアップと組分け
・債務者の状況に関する正確な情報の開示
・債務者の業務と財務の再構築の計画の策定
・計画に対する債権者等の諾否の決定
・計画の実行
があげられる。

具体的な倒産制度は、これらの要素の各々について、関連する他の法制度との整合性等を保ちながら、当事者の経済合理性に沿うものとして設計される必要がある。倒産制度の位置づけは、刑法等のようにすべての国民に必ず適用されるものではなく、当事者の申立てがあれば利用が可能となるという任意的な法制度である。したがって、制度設計に際し、かりに計画の諾否は必ず全員の合意を要するといった規定が設けられれば、当事者としては、交渉に要する取引費用をあまり節約できないので、そうした制度を利用しないこととなる。裁判所や弁護士等に要する費用が過度に高かったり、手続終了までの期間が長かったりする場合も同様である。また、個別の事例についても、当事者による制度利用の選択が行われる。これは債権者数が多ければ倒産制度の取引費用節約効果が大きいが、債権者がメインバンク等の少数の者に限られる場合は、制度を利用することの合理性は小さくなるからである。

　とりわけ再建型倒産手続は、一方では私的整理の手続と、他方では清算型倒産手続と境を接している。また、後述のような金融商品の設計による機能代替もあるので、制度の実効性は、微妙なバランスのうえで成り立っている。

　かりに一時点で最適な設計がなされたとしても、関連する法制度が改正されたり、取引実態が変化したりした場合には、利用されなくなるおそれが生ずる。立法過程には長い期間と大きな費用がかかることにかんがみれば、取引関係者により柔軟に運用される私的整理の手続と裁判所の関与による法的整理の手続が相互に補完し合うことにより、経済社会のインフラストラクチャーとしての機能が確保されることが重要だと考える。

■ 企業の整理と金融商品の設計

　以上のように、企業の整理は、債務不履行を境目として、株主と債権者の間で経営関与の権能を移行させる枠組みである。その結果として企業が再建されるか清算されるかは、企業の営む事業の価値と企業の保有する資産の価値との大小に応じて、債権者により選択される。その際、担保により保全されている債権者は、いずれの場合にあっても、担保資産の価値により自らの

債権の弁済を確保することを前提として行動する。

　こうした債権者の行動を考える際には、企業の整理の形態に応じて、企業価値が大きく変動し、これにつれて債権者の回収見込みも変わってくることが重要である。すなわち、私的整理から法的整理に移行した場合には、当該企業の業況悪化が公式に明らかになることに伴う取引関係の縮小やブランドイメージの悪化が企業価値を毀損する。また、再建手続から清算手続に移行した場合には、企業特殊的な投資やノウハウが価値を失うことなどにより、企業価値がいっそう低下する。法と経済学で指摘されるように、個人ではなく企業の形態をとって事業をすすめるなかでは、役職員がノウハウを共有することで情報交換を効率化したり、既存事業にのみ適合した設備投資によって業務の最適化をすすめたりすることが行われる。しかし、企業の解体に伴って、こうした蓄積は経済的意味を失うことになる。さらに、双方の手続の期間中を通じ、企業の能動的な経営判断が行われないことに伴う企業価値の下落が進行する。

　こうしたことから、資金供給者としては、リスクを伴う企業の資金調達に際して、企業の整理の形態変更に伴う企業価値の断続的な変化に対するヘッジを行うニーズが生ずる。

　企業の整理の枠組みは、経常時においても、経営者が株主や債権者の行動を予測することを通じて、企業の経営規律に大きな影響を与える。このため、経営者としては、資金供給者からの必要な関与を受ける一方で、法的整理や清算型手続への移行を極力回避できる金融商品によって資金調達を行うニーズがある。

　以上のような資金供給者、企業経営者双方のニーズに応じ、企業の資金調達のための、企業の整理の実施に伴う効果をあらかじめ内製化しておくような金融商品の設計が行われる。たとえば、配当が行われなければ議決権が発生するような優先株は、エクイティのなかで、配当が可能である限り経営関与を避けるような金融商品だとみることができる。また、経営上の行為制限等に関するコベナンツの付された貸出は、その規定に関する限りでは、デッ

トのなかで、企業の整理を早い段階で部分的に開始しうる金融商品だとみることができる。さらに、第10章で説明するCDS（クレジットデフォルトスワップ、Credit Default Swap）は、かりに企業が整理を行っても経営に関与しなくてすむための金融商品だとみることができる。このように、企業の整理の枠組みと金融商品の設計は、機能面で相互代替的である。上記のような中間的な金融商品への投資は、企業の整理の手続においてセグメントされる金融市場の間で、裁定を行うという側面を有している。

DIPファイナンス

　一方、企業の整理が円滑に行われるか否かは、その際に必要となる資金の調達を行うための金融市場が発達しているか否かによって影響される。

　まず、企業の整理の開始にあたっては、再建計画の策定期間中の資金繰確保が不可欠の前提となる。小売や不動産等の現預金による収入がある企業では、売上げを手元に留保しておくことが対処手段となるが、取引先との企業間信用に大きく依存しているような企業においては、事業を継続していくためにも新規資金の調達がぜひとも必要である。しかし、窮境に陥った企業に当面の資金供給を行うことは、継続的関係を有してきたメインバンクにおいても困難である。むしろ、こうした追加的資金供給が行われなくなったことが企業の整理を開始する契機となる面もある。

　この点について、法的整理においては、共益債権の制度が設けられている。この制度では、再建計画策定期間中の事業継続のために必要となった支払に関する資金調達は、手続終了後の弁済において、手続開始前から存在した他の債務よりも優先して取り扱うこととされる。この制度を利用して再建中の企業に対して融資を行う仕組みがDIPファイナンスである。ただし、この融資の仕組みは、経営者が手続中も引き続き地位にとどまるDIPの場合に限らず、広く整理期間中の企業に対する融資全般について用いられている。DIPファイナンスの出し手としては、既取引の銀行では他の貸出先との兼合いがあるので、新たな貸し手が参入することもある。

DIPファイナンスは、共益債権として優先性を有することで比較的安全であるが、倒産手続の結果、企業再建に至ることができず、清算に移行した場合には、破産企業の財産の範囲内での弁済しか受けられないというリスクを伴っている。こうした場合も優先性を与えるか否かは、いわゆるスーパープライオリティ（超優先性、Super Priority）の問題として議論されている。しかし、わが国の制度においては、そうした優先制度が設けられていない。

　また、法的整理であれば、共益債権の制度が定められているが、私的整理においては、再建期間中の資金供給は大きなリスクを伴う。そこで、こうした融資にあたっては、担保による保全がきわめて重要となる。窮境に陥った企業においては、不動産のようなまとまった資産は残されていないが、債権者が経営に強く関与している整理の手続中では、売掛金や在庫等の流動性資産も担保として有効に活用することができるので、これらが保全手段として用いられることが多い。

　このように、企業の整理の円滑な実施のためには、DIPファイナンスが機能することが必要である。逆に、この枠組みが整備されることにより、企業の整理が促進される側面もある。まず手続の開始に関して、メインバンクが、窮境に陥った企業に対する追加融資のリスクを負うことが困難となった際に、共益債権としての保全を図るために法的整理を開始するよう勧める場合がある。他方、倒産手続開始前に設定された流動資産担保の効力が、手続開始後も広く認められる場合には、共益債権と扱われる場合であっても新規の資金調達が困難となり、手続を継続できずに清算に追い込まれるおそれが高くなることも指摘できる。

　なお、逆に、債権者の数が少数であり、メインバンクがはっきりしている中小企業においては、企業の整理の段階に至らずとも、コベナンツとの併用によって流動性資産担保を有効に活用していく可能性がある。この点については、次章において詳しく説明する。

◼ スポンサー

　企業が整理の手続を経て再建計画を実行する段階になれば、既存の債務の切捨てだけでは足りず、新規の事業への投資を行うとともに、再構築された業務に見合った資本を確保するため、エクイティによる新規の資金調達が必要となる。これに見合った投資を行う企業がスポンサーであり、大きく、ストラテジックスポンサーとフィナンシャルスポンサーに区分される。

　前者としては、窮境企業に関連する事業等を営む企業等が、統合による規模の経済性やシナジーによる範囲の経済性を目指すことが多い。他方後者としては、自らは事業を営まないものの、経営者を派遣する等によって業況を改善し、株式の市場売却やストラテジックスポンサーへの企業売却によって利益を得ることを目指すことが多い。

　また、前者では、事業面での経済性発揮等に利点がある一方、後者では、多数の企業に投資することによるリスク分散や早期の売却による資金効率的使用等に利点がある。事業価値のある窮境企業の再建にあたっては、こうしたスポンサー間で競争が行われることがある。

　スポンサーの活動については、投資に要する資金の調達をエクイティとデットのいずれでまかなうかという選択肢がある。ストラテジックスポンサーの場合は、自らの財務構造の健全性を維持する必要があるのに対し、フィナンシャルスポンサーは、投資家のリターンを確保するために、デットによる資金調達の比重が大きくなる場合がある。とりわけ、レバレッジドバイアウトの場合は、買収後の企業が結果として過剰債務の状態となることさえある。

　スポンサーによるこうした資本投入が見込まれる場合には、債権者としては、債権の回収見込みが高くなるので、手続開始後、企業の策定した再建計画に合意する可能性が高くなる。逆に、スポンサーが、事業を承継する際のリスクを軽減するために法的整理の手続を経ることを求めることもある。

　プレパッケージ型の法的整理は、こうした企業の整理とスポンサーの関係

が最も端的に表れるものである。ここでは、メインバンクが主導して私的整理の準備を進めるなかで、スポンサー候補が存在している。しかし、窮境企業の財務状況が不透明だったり、他の債権者の協調が得られなかったりするために、私的整理による企業再建に至ることができず、法的整理を開始するものである。こうした場合の取扱いについて、アメリカでは、手続開始前に得られた債権者の合意に沿って、事前に想定されたスポンサーが事業を承継することが認められる。これに対し、わが国では、あらためて競争によりスポンサーを選定する扱いとなる。この相違は、企業の再建に向けた交渉を迅速に進めることを重視するか、法的手続における公正さを重視するかという法制度の基本的な考え方の差異を反映するものである。しかしその結果、これまで論じてきたような相互作用を通じ、両国の金融市場の機能にも影響を与えると考えられる。

企業のガバナンスの市場

　筆者は、以上で述べてきた企業の整理の手続は、それ自体、不良債権に関する取引が行われる市場であると考えている。すなわち、企業の整理の開始に伴って、既存の債権が株式に近い性格の金融商品となる一方、新たな資金調達については、事業ではなく資産の価値に依存したものへとシフトしていくことになる。また、再建計画に対する債権者の同意のいかんは、引き続き債権として信用を供給していくか、より少ない額となっても現金化して回収していくかという判断に基づくものであり、経常時における貸出審査とパラレルな活動である。さらに、再建計画の実施段階における出資の判断は、新規事業に対する出資の判断とパラレルなものである。この投資は、まったく新規の事業に対するベンチャーキャピタルに比べ、従前の事業実績があることが異なる。窮境を招いた原因を除去できるのであれば、よりリスクの小さい投資対象だとみられている。

　他方、金融市場は、もう一方の病理現象である過度のリスク回避に関しても、前述のように、株主によるガバナンスや企業買収等を通じて、企業経営

を是正する方向の規律づけを行う。

　すなわち、こうした企業は、内部留保が蓄積される一方で縮小均衡に陥るため、既存の株主が議決権行使を通じて収益増強を求めることが基本である。しかし、株式が小口に分散して保有されている場合や、大口株主がいても持合い関係にあるような場合には、こうした規律づけが十分に働かないことが多い。この場合には、外部の投資家等にとって、株式の大きな部分を買収して経営を刷新することによる収益機会が生じる。そうした投資家が企業を買収した場合には、周辺の事業の状況に応じ、新規投資や他企業の買収による事業拡大を進めるか、高率の配当や資産売却によって余剰資金を処分するかという選択肢がある。いずれにおいても、過度に保守的な既存の経営者は、多くの場合地位を失うことになる。したがって、こうした可能性があるなかでは、企業の経営者は、買収の対象とならないよう、経常時から適正なリスクをとってリターンを確保するよう努めることとなる。

　ただし、企業買収による規律づけは、倒産による規律づけと異なり、中小企業を中心とする非上場企業では機能が弱くなるという特性がある。また、株式を上場している大企業においても、株式の持合い等の安定株主工作やポイゾンピル（毒薬条項、Poison Pill）のような買収防止策によって、買収の脅威を回避することができるという問題点がある。

　このように、企業の整理と買収は、株式による規律づけと債務による規律づけを通じ、リスクとリターンの適正な組合せのもとで事業が行われるよう、企業のガバナンスに強い影響を与える。両者が適切なバランスのもとで機能することは、経済社会における金融システムの重要な役割の1つである。

　この点からみると、わが国の金融システムにおいては、企業の資金調達に占める銀行借入れ等のデットの比重が大きいこと、株式の上場が限られていることから、株式による規律づけが十分に機能しないと考えられる。筆者としては、わが国においては、これに加え、株式の持合い等が大きいことから、資金調達面からの企業経営への規律づけが、企業経営を過度に保守的なものとする方向に偏って作用しているものと考える。

さて、資金調達によるガバナンスが有効に機能するためには、株式と債務の適正な価格が適時に発見されることが重要である。

　株式においては、上述のように、株式の分散所有や買収防止策によって規律づけが妨げられるおそれがある。しかし、こうした場合でも、市場において株式が売買されることにより、タイムリーに価格が発見されれば、株価の変動が経営者に対するシグナルとなり、適時に必要な規律づけが行われる効果をもたらしやすい。

　一方債務については、社債を発行している大企業では、上場株式と同様、債券価格の変動等によって、価格変動が経営者に対するシグナルとなり、適時に必要な規律づけが行われる効果をもたらす。しかし、そうでない場合には、市場において情報が集約されることはない。また、債権者による資産査定の段階まで評価が行われないので、適時にシグナルが発信されることは望めない。銀行検査は、監督のための情報収集という本来の目的に加え、こうした債務による規律づけの短所を補整していくという副次的効果をもつものである。

　こうした金融市場における価格形成は、企業の整理や買収およびこれに関連して設計された金融商品の取引と相まって、全体として企業のガバナンスの市場を形成しているものと考えられる。

■ 事業のファイナンスと資産のファイナンス

　企業のガバナンスの市場が適正に機能するためには、事業の状況に関する正確なディスクロージャーが不可欠の前提である。企業の整理における債権者の行動や企業買収における投資家の行動は、金融商品の取引の一形態であって、情報の非対称性への対応が最も重要な要素となるからである。たとえば再建型倒産手続においては、円滑な開始のためには、メインバンク等に対して公正なディスクロージャーが行われてきたことが前提となる。また、手続開始後は、債権者集会に財務状況のディスクローズを行うためのデューデリジェンスが基礎となる。

一方、事業の状況に関するディスクロージャーが十分に機能しない場合には、金融商品の取引が資産の評価に依拠することになる。企業の整理のプロセスにおいて、再建計画の策定途上のDIPファイナンス等で流動資産担保が用いられることがその表れである。一方、会社更生法においては、適正なディスクロージャーに基づく再建計画のもとで担保権行使が拘束される。これも、事業に関するディスクロージャーと資産に依拠するファイナンスの関わりを示すものである。また、この観点から、企業の清算の決定は、債権者が事業に関する情報生産をやめ、資産の評価にのみ基づくこととしたものであると整理できる。

　こうした事業に関するディスクロージャーに依拠するファイナンスと、資産の評価に依拠するファイナンスは、経常時における企業の資金調達においても、拮抗して用いられている。すなわち、増資による資金調達は、事業に関するディスクロージャーにより収益の見込みが十分高いとみられる場合に行われる。これに対し、資産担保証券を用いた資金調達は、そうした収益見込みが十分でなくとも資産価値が十分高いとみられる場合に行われる。

　これを資金供給者の観点からみれば、増資等では事業に関する情報を分析したうえで資金供給を行っているのに対し、資産担保証券等ではそうした情報生産活動を放棄していることになる。また、企業の経営者の観点からみれば、前者では能動的なディスクロージャーによってリスクをとっているのに対し、後者では、資産価値に依存してリスクを回避していることになる。

　金融市場においては、こうした企業の状況を観察のうえ、さまざまな金融取引が図られる。たとえば企業買収に関しては、事業に着目する場合にはストラテジックスポンサーが提携や合併を求める一方、資産に着目する場合にはフィナンシャルスポンサーが買収のうえ「アセットストリッピング」(資産の切売り、Asset Stripping)を図ることとなる。また窮境に近づいた企業においては、優先株や転換社債等をもととして、オプションを組み合わせた複雑な金融商品が設計され、企業経営者と資金供給者のニーズの突合せが図られる。これは、適切な事業再構築に対応する資金調達であれば、金融技術の

活用による早期の企業再建につながるものである。ただし、場合によっては、リスクの移転と経営への関与をめぐって、一時のわが国におけるMSCB（転換価格修正条項付転換社債、Moving Strike Convertible Bond）の濫用のような病理現象につながるおそれもある。ここでは、企業が経営関与なしに返済を要しない資金調達を行おうとする一方、投資家は必要なリスクをとらずにリターンを得ようとする結果、市場の機能が阻害される場合があった。特に、一部投資家においては、空売り等の行為により株価の下落を誘発し、市場実勢を下回る水準で利益をあげようとしていた可能性がある。

　以上のように、金融市場においては、一方では企業の整理と買収を軸とし、他方では事業に関するディスクロージャーと資産の評価を軸として、多様な資金の調達と運用が行われている。金融行政の最も大きな役割の1つは、こうした市場の機能が的確かつ円滑に発揮されるよう、基盤となる情報のインフラストラクチャーを整備するところにあると考える。

第7章 中小企業金融の円滑化

A 現実

中小企業金融のモニタリング

　これまで述べてきたような金融システムの安定化に向けた取組みに関しては、いわゆる貸渋りのような副作用があるという指摘が常に行われてきた。とりわけ、中小企業金融については、中小企業と地域金融機関の双方から、銀行検査における債務者区分の判断が融資判断を厳格化させているという強い批判が行われてきた。

　これに対し金融庁では、金融機関における資産査定に関しては、主要行と地域金融機関の間で評価基準に相違はありえないとする一方で、企業の経営の実態については、経営者と企業の一体性等の点で、大企業と中小企業との間に差異があるという見解を示してきた。そのうえで、銀行検査の担当者に対しては、繰り返し、金融検査マニュアルの基準を機械的・画一的に適用してはならないとしてきた。しかし、地域金融機関の担当者からは、具体的にどのような場合には上位の債務者区分としてよいかを示してほしいという要

望が強かった。

　そこで、金融庁においては、2001年秋から、前章で述べたような特別検査等の措置を進めることと並行し、中小企業等の債務者区分について、財務面における代表者等との一体性、企業の技術力、販売力や経営者本人の信用力等を、検査の際にきめ細かく検証することを示すための方策を検討してきた。その結果、2002年夏には、金融検査マニュアルを中小企業等の債務者区分等の検証にどのように適用するかについて、その検証のポイントと具体的な運用例をまとめた「金融検査マニュアル別冊〔中小企業融資編〕」を作成し、公表した。

　その後、2002年秋に公表された金融再生プログラムにおいては、主要行の不良債権問題について、中小企業金融に関する措置を含む詳細なメニューが提示されていた一方、地域金融機関の不良債権問題については、「リレーションシップバンキングの推進によって対処する」として、別途の取扱いとしていた。筆者としては、地域金融機関は、預金や貸出の金融商品については主要行と共通の市場に属していると考えていた。しかし、不良債権問題の処理については地域経済とのかかわり等に留意して異なる取扱いとするという政治判断が下されたのである。こうした判断のもとで、事務方としては具体的なメニューを構築していくこととなった。

　この時点では、筆者は監督局総務課長であり、主要行や証券会社を含む金融機関全般の監督にかかわる問題を担当していた。金融再生プログラムのもとでは、中小企業金融やリレーションシップバンキング全般にかかわる施策に関与することとなった。

　この立場から、まず筆者が対処しなくてはならなかった課題は、中小企業金融の実態把握の体制整備である。具体的には、貸渋りや貸剥がしに関する情報をメールやファックスで受け付ける「貸し渋り・貸し剥しホットライン」が導入されることとなったので、寄せられた情報の内容を吟味し、金融行政上の対応方法を企画することであった。

　そこで、このホットラインに寄せられた情報すべてに目を通したところ、

窮境にある中小企業から、「資金繰りがぎりぎりの段階になって銀行に裏切られた」という趣旨の情報が多く寄せられたことが目立った。筆者としては、中小企業金融の現場においてコミュニケーションが不足していると感じた。そして、企業が窮境に近づいた際に、経営者は融資継続の希望的観測をもつ一方、銀行からは必要な警告やアドバイスがあまり行われていないケースが多いのではないかと考えた。すなわち、銀行の職員にすれば、日常業務に追われるなかで、相手から嫌がられるようなことをあえていうことは、できる限り先送りしたいというのが実情ではないか。しかし、これを企業経営者からみれば、手形が落ちるかどうかの土壇場になって、突然に最後通牒が渡されるように受け止められているのではないかという懸念である。

　また、こうした事態に直面して、銀行の職員が自らの融資謝絶の理由を金融庁の銀行検査に転嫁している例もみられた。筆者としては、破綻か否かの瀬戸際で苦しい局面であることはわかるとしても、銀行検査における資産査定は会計上の処理の適正性確保のためであって、融資判断を指導するものではないので、言い訳に使われることは、まことに困った現象だと感じていた。

　一方、貸し渋り・貸し剥しホットラインに寄せられた情報に関しては、よくよく困った場合の情報に限定されているとみられた。これは、個別企業の経営者からみると取引先銀行はこわい存在であるからである。これらの情報は、中小企業金融の状況全体を把握するには十分ではないという制約がある。そこで、金融庁としては、中小企業金融モニタリングというタイトルのもとで、情報収集の枠組みを構築することになった。

　具体的には、各県の商工会議所や商工会においては、会員企業の金融状況を分析したり、個別企業の経営指導を行ったりする仕組みがあるので、財務局の職員がこうした事業の担当者から定期的にヒアリングを行い、金融庁においてその結果を取りまとめて分析を行うこととした。また、中小企業金融の状況全般については、地方自治体、公認会計士、税理士等に情報があるとみられたので、財務局の幹部が、これらの代表者と定期的に情報交換の会合

を行うこととした。これらは、全国的に行う施策であるため、各地で整然と枠組みを立ち上げるためには多大な手順を要した。しかし、問題に前向きに取り組むものであるとして、商工会議所や商工会等の協力を取り付けることができたため、2004年春から軌道に乗せることができた。

次に、金融庁としては、このようにして収集された情報をどのように金融行政に生かしていくかを検討することが必要となった。この点については、個別事案に関する情報を寄せられる方は、個別の資金供与を指導するよう期待されているのではないかと推測される一方で、金融行政が個別取引に介入することがあってはならないという鉄則があるので、その折合いをどうつけるかが課題となった。

そこで、貸し渋り・貸し剥しホットライン等による個別情報については、情報を寄せられた方に迷惑がかからないことに留意しながら、基本的には当方で銀行ごとに情報を蓄積し、銀行の管理態勢に関する検査監督に反映させることとした。寄せられた情報のような事例をもたらす不適切な内部管理が行われているのではないかという点について、銀行の管理態勢を分析し、必要に応じて自主的検討を求めるというものである。

一方、それ以外の一般的な情報に関しては、中小企業に対する不良債権処理に関する枠組整備に反映していくこととした。たとえば、中小企業が窮境に陥った際に、経営者の親類や友人が連帯保証人となっているために金銭では片付かない深刻な事態に陥っていることへの対応が必要であった。また、事業再生についても、中小企業では、専門家によるデューデリジェンス等のコストが割高となることや、財務再構築に必要となるリスクマネーの供給者がいないという制約がある。このため、大企業のように、私的整理に関するガイドラインや産業再生機構等の枠組みを用いることができない。メインバンクに大きな役割を期待することにならざるをえず、そのためには、融資実務において、従来にない枠組みを整えていく必要があるとみられた。

こうした情報処理を組織的に進めていくなかで、筆者としては、担当課においてリレーションシップバンキングの推進が行われることに並行し、法務

省や経済産業省と緊密に連携しつつ、こうした一般的な枠組みの整備に取り組んでいくこととなった。

■ 新しい中小企業金融の法務に関する研究会

　こうした状況をふまえ、2003年春には、監督局総務課を事務局として、学者、金融市場、中小企業、法曹、公認会計士等の専門家をメンバーとし、金融機関の実務者にも参加していただいた「新しい中小企業金融の法務に関する研究会」を設置することとした。監督当局の研究会としては珍しく、民事法務にかなり踏み込んで、中小企業金融の実務に関する検討を行うものである。こうした異例の研究会を設けた趣旨は、当事者のリーガルリスクを効率的に軽減しようというところにあった。すなわち、筆者としては、中小企業金融における不良債権問題の処理に際しては、全国各地の金融機関や中小企業等の当事者が個々に法的な検討を行うよりも、こうした場で集中的に問題を解明し、個別実務に適用可能な標準的モデルを提示していくほうが効率的だと考えたのである。

　この研究会においては、まず、連帯保証について、金額や期間の限度なく差し入れられた包括根保証契約等の効力が検討対象となった。これは、債務者の規律づけや銀行の資産保全を目指したものではあるものの、企業再建の着手を先送りさせることや保証人の破綻により保全の実効性が得られなくなること等の弊害が指摘されていた。場合によっては関係者の自殺等の悲劇にさえつながるという指摘もあった。これをふまえて、研究会においては、専門的な議論の結果、包括根保証契約等における責任には、契約締結時の説明内容に応じた一定の制限があるという認識が示された。監督行政上は、保証契約等に関する説明態勢の整備を求める事務ガイドラインの改訂を行う必要があるという方向性が打ち出された。

　一方、中小企業の再建における財務の再構築に関しては、中小企業金融においては、経営者の自己資金等による資本が小さく、しばしば、いわゆる「根雪」のような借入れが財務上は資本に近い「擬似エクイティ」の機能を

果たしていることが論点となった。この場合、その資金の安定性やこれに伴う経営への関与について、企業経営者と銀行が同床異夢となっている例がしばしばみられることが問題とされた。この結果、中小企業の資金繰りが厳しくなった段階で、経営者は資本としての資金据置きを求めるのに対し、銀行は貸出としての更新を拒むという対立が生じることになる。

そこで、研究会においては、大企業におけるデットエクイティスワップに機能面で準じた取引を行うことにより、資本性を明確にもつ金融商品として実態と形式とを一致させようとするアイデアが提示された。具体的には、そうした取引として、転換権付無議決権株式を用いた株式型の取引（DES、Debt Equity Swap）と、業績に連動した財産的権利と事業に対するコントロール権を組み合わせた債務型の取引（DDS、Debt Debt Swap）について、標準となるモデルを示したのである。これは、その後、金融検査マニュアル

図表15　新しい中小企業金融の法務に関する研究会報告書概要

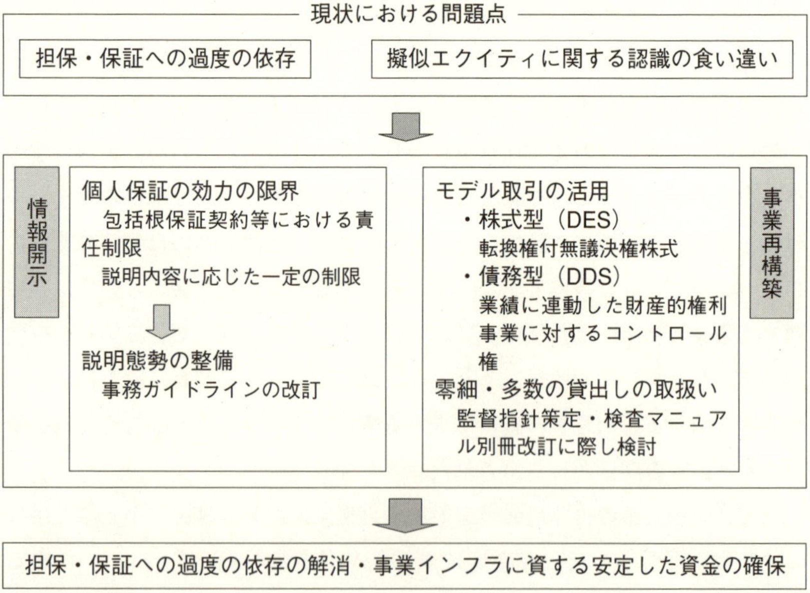

現状における問題点
- 担保・保証への過度の依存
- 擬似エクイティに関する認識の食い違い

↓

情報開示
- 個人保証の効力の限界
  - 包括根保証契約等における責任制限
  - 説明内容に応じた一定の制限
  ↓
  - 説明態勢の整備
    - 事務ガイドラインの改訂

事業再構築
- モデル取引の活用
  ・株式型（DES）
    転換権付無議決権株式
  ・債務型（DDS）
    業績に連動した財産的権利
    事業に対するコントロール権
  ・零細・多数の貸出しの取扱い
    監督指針策定・検査マニュアル別冊改訂に際し検討

↓

担保・保証への過度の依存の解消・事業インフラに資する安定した資金の確保

（出所）　金融庁

の中小企業向け別冊において、こうした取引に対応する劣後債務等が資産査定の作業上は資本として認識されるものとされたこと等により、実務に広く定着することとなった。

このほか、研究会においては、零細・多数の貸出の取扱いについて、「融資先が相互に関連がないなどリスク分散としての合理性が高い場合には、個別企業ごとに法律関係を厳格に検証するよりも、ポートフォリオとしての信用リスクの認識と制御を行っていくことが合理的となることも考えられる」という見解が表明された。大企業に集中して信用供与を行うよりも、多様な中小企業に分散して信用供与を行うほうがリスク管理上も安全であるということに対応したものである。同様の考え方は、バーゼル銀行監督委員会の自己資本比率規制においても取り入れられている。

以上の新しい中小企業の法務に関する研究会報告書の概要を図示すれば、図表15のとおりである。

関係省庁との連携

金融庁は、中小企業金融に関して、上記のような対応を進めるとともに、法務省や経済産業省と緊密な情報交換を行った。

両省においても、中小企業金融について前向きな対応が行われていた。まず、上記の問題点のうち、連帯保証の問題に関しては、法務省において、債務保証に関する民法改正に向けて、法制審議会における審議の準備会合が設けられることとなった。これは、民事法の基礎である民法について、経済政策的な観点から改正を検討することには消極的な見解もあるので、まず、法律専門家の間で、審議に向けたコンセンサスを形成するものであったとみられる。筆者は、この準備会合において、包括根保証契約の問題点や金融行政上の考え方に関する説明を行った。また、これに引き続き、後述の民法改正に関する法制審議会の部会にも出席することとなった。

また、中小企業の再建に関しては、経済産業省において、金融庁の研究会に先立ち、各都道府県に中小企業再生支援協議会を設置するという構想が打

ち出された。これは、産業再生機構が結果としてはおもに大企業を取り扱うこととなったのに対し、中小企業を対象として設けられた組織である。具体的には、各県において、専門家に再生に関する相談を受け付け、助言や再生計画策定支援を行ったうえで、公正中立な立場で関係者間の調整を行うものである。ここでは、各地の商工会議所の中心となる企業や地域銀行が重要な役割を担うこととなる。個別の事案について、関係する取引銀行が直面する利益相反の適正な処理が課題となった。金融庁としては、中小企業の再建に向けた専門家の関与を促進することが重要である一方、地域銀行が当該企業と他の取引先一般の間で板挟みとなることも避ける必要があると主張したのである。中小企業庁では、この点をふまえ、中小企業再生一般にかかわる検討と個別事案にかかわる検討を切り離して行う方向で制度設計を進め、2003年初には、各地で中小企業再生支援協議会が発足するに至った。

　中小企業金融に関しては、このように、主として不良債権処理の切り口から施策が講じられた。しかし、金融行政の観点からは、それに留まらず、証券市場の発展が展望されるなかで、中小企業金融は銀行の本業であり、日常業務として改善していくことが重要であった。また、経済全体の活性化の観点からしても、中小企業の占めるウェイトはきわめて大きいので、資金調達面の環境整備が必要であった。

　2003年夏には、こうしたことをふまえて、企業金融全般に関し、金融庁と経済産業省を中心とする関係省庁の連携を総合する作業が進められることとなった。金融庁の窓口担当は、筆者が所掌していた総務企画局政策課である。半年間、両者を中心に議論をすすめた結果、同年末に「経済活性化のための産業金融機能強化策」を公表することとなった。これは、
① 産業金融の担い手・手法の多様化（多様な資金の流れの整備）
② リスクへの対応の多様化（担保・保証に過度に依存しない資金調達）
③ 産業の収益力・財務基盤強化（産業の活性化と企業の活力増進）
という3つの柱について、資金調達を行う企業と資金供与を行う金融機関の双方の観点からの施策を整理し、方向づけたものである。

当時の筆者の担当分野からすれば、これらのうち、②に関する枠組整備が重要であった。その具体的内容としては、まず、信用リスクデータベースについて、金融機関のニーズ等をふまえ、信用リスクの評価や管理のための基盤インフラとして機能を強化し、活用を促進することが盛り込まれた。また、中小企業の決算書類の信頼性向上と財務情報の開示促進により、金融機関の信用リスク管理の向上を促すこととされた。さらに、法務省において検討中の動産譲渡の公示制度等について、関係省庁が協力して、早期の実現と活用促進を図るとともに、人的保証についても合理化・適正化の検討を進めることとなった。

　一方、銀行監督においては、リレーションシップバンキングの推進に際し、貸出後の業況把握の徹底、財務制限条項や信用格付モデルの活用等により、事業からのキャッシュフローを重視し、不動産担保・保証に過度に依存しない融資の促進を図るという方針があらためて表明された。

　こうした枠組整備のうち、法制度の面では、債務保証に関し、法制審議会における議論が進められた結果、2005年春施行の民法改正により「貸金等根保証契約」に関する規定が新設された。これにより、貸出等に関する根保証契約は、書面または電磁的記録により、極度額を定めなければ効力を生じないとされた。また、在庫や売掛金等の流動資産担保に関しては、2004年秋に「債権譲渡の対抗要件に関する民法の特例等に関する法律の一部を改正する法律」が成立した。これにより、2005年秋から、動産譲渡登記制度の運用が開始されることとなった。

■ 流動資産担保の活用

　中小企業金融に関しては、金融庁は、こうした連携作業のほか、自らの施策に関する広報活動に注力した。中小企業金融は、多数で多様な当事者により、全国各地で営まれているものであり、これらの方々に理解していただいてはじめて、施策の効果が期待されるからである。筆者は、政策広報の担当官として、パンフレットの作成・配布やPR番組への出演等の職務に従事し

た。特に金融検査マニュアルの別冊については、金融機関サイドのみならず、企業サイドにも読んでいただくことによって、円滑な資金調達に役立ててもらうことを目指し、情報発信に注力した。

　こうした職務を行うなかで、筆者なりにあらためて銀行の中小企業金融の実情を考えると、担保・保証に過度に依存していることが最大の問題だと思われた。しかし、金融行政上の施策としては、銀行実務に対する介入となることは厳に避ける必要がある。さしあたりは、個別銀行による担保・保証に過度に依存しない融資の取組みを評価する旨の一般的な情報発信等に限定せざるをえなかった。これでは、表面的な対応にとどまるおそれがある。筆者としては、状況を実質的に改善するためには、世の中に問題の所在を広く認識してもらうことが先決だと考えた。

　そこで、筆者は、まず、当局としての権限に基づく介入でないことを明確化しつつ、個人名義でワーキングペーパーを発表することとした。わが国の中小企業金融における問題の所在と取組みの基本的な考え方を提示し、関係者のコンセンサスを形成していくことを目指したものである。これが、金融庁の金融研究研修センターから公表した「担保・保証と企業金融システム」というエッセイである。

　ここでは、
・企業と銀行等との間の情報量の格差に関し、担保・保証は、当事者の情報処理コストの節減に役立つ一方、企業の経営規律について状況変化に応じた能動的な事業革新や、経営困難に対する機動的な事業再構築に悪影響がある
・担保・保証に過度に依存した企業金融システムは、現在のわが国においては十分に機能しておらず、変革が進みつつある。具体的には、民事法制や金融行政の変革等により、企業の状況把握、資金供給者への情報の伝達、資金供給者からの情報のフィードバック、企業の事業革新について、より早いタイミングでの情報処理が行われるようになってきている
・今後、ITの革新に伴って、企業整理の市場化、流動的な資産担保の活用

などのビジネスの発展が見込まれる
という指摘を行った。
　このエッセイの公表は、コロンビア大学での研究のためにニューヨークへ移った後の2004年秋に行われることとなった。しかし、筆者は、出発までの間もドラフトを用いた発表等により関係者に精一杯の情報発信を行った。
　コロンビア大学での滞在中は、金融システム全般に関する研究に全力を投入した。そのなかで、銀行融資と担保の関係についても、多くの文献を読むほか、現地の関係者からも話を聞いて、筆者なりに考え方を整理した。この間、わが国では、流動資産担保の活用に関し、ABL（資産担保融資、Asset Based Lending）という名称のもとで、在庫が販売され売掛金となり、それが回収され流動性預金となるという、事業のプロセスに着目して行う融資が注目されるようになっていた。そして、商工中金等において流動資産担保を取り入れた約款が策定されるなど、実務関係者の取組みも活発化しつつあった。こうしたなかで、資産の流動化等に関する外国の関連事業者も、わが国での事業展開を検討し始めていた。
　筆者は、2005年夏に帰国したが、そのまま、九州財務局に赴任することとなった。この配属の結果、かつてのような立場からの施策の立案は困難となった。しかし、筆者なりに考えを整理してみると、この立場を活かして中小企業金融の円滑化に寄与することは、十分に可能であり、むしろ、有意義でもあると考えるようになった。
　これは、まず、流動資産担保の活用は、金融行政や民事法制のみならず、法律関係者による約款の工夫や、資産の流動化や評価を行う事業者である清算業者（Liquidator）や資産評価士（Appraiser）の活動等、民間実務における広範な広がりを必要とするものだからである。こうした課題については、権限に基づく通常の金融行政では取扱いがむずかしい一方、この分野をビジネスチャンスとしてとらえるパイオニアとの意見交換が有効である。これは、筆者にとって可能な行動であった。当時、首都圏等で不動産向けの貸出が急増していたところから、筆者としては、バブルの誤りを繰り返さないた

めにも、不動産担保依存に対する警鐘を鳴らす必要があると考えた。

　そこで、まず、高木新二郎先生をはじめとするさまざまな有識者と議論を行うことで、流動資産担保の活用に関する認識の普及を促すこととした。また、個人の研究者という立場から、2006年3月2日付けの日経新聞の経済教室に「流動資産担保の活用を」という記事を寄稿した。こうした努力もあって、次第に理解者は広がりをみせるようになった。たとえば、事業再生研究機構により、2007年春に「ABL（Asset Based Lending）の現状と課題」と題するシンポジウムが行われた。その内容は、同年冬に『ABLの理論と実践〔事業再生研究叢書〕』として出版された。

　筆者は、一方で、九州財務局長という金融行政の担当官としても、流動資産担保の活用は有効なツールとなりうるものと考えた。これは、南九州においては、上場企業が少ない等、証券市場があまり機能していないが、製造業や農業等で、リスクマネーを得れば事業推進が可能な分野が多く見受けられたからである。従来の銀行融資の実務では、新規顧客については、担保や保証を十分に確保することを貸出の取組みの前提としていたが、起業段階の製造業では担保提供が困難であり、農業では、農地を担保提供しようにも非農業者では処分できないという問題があった。また、地域銀行は、リレーションシップバンキングを推進するといっても、具体的な施策としてはビジネスマッチング等の周辺分野のものが多く、本業である中小企業金融における業務革新の手段が限定されていた。筆者としては、在庫等の流動資産担保と、経営関与に関するコベナンツを組み合わせた融資を行えば、双方の制約に対処できるはずだと考えたのである。

　しかし、直接の銀行監督の責任者としては、どういう意義があるとしても、個別融資の実務への介入を避けることが鉄則である。また、真に普及させるためには、銀行のみならず、企業サイドにも十分理解していただくことが前提となる。そこで、筆者は、地方の財務局としては異例であるが、金融庁の支援を得て、九州財務局主催のシンポジウムを行うこととした。東京の専門家に講演をしていただく一方、地元の企業や銀行の方にパネルディス

カッションをお願いした。これによって、流動資産担保の活用が机上の議論ではなく、地道な金融実務に根差したものであることを理解していただくことを目指したのである。このシンポジウムの内容についても、季刊「事業再生と債権管理」2006年4月号に、「流動資産担保の活用と金融サービス」として掲載してもらい、周知に努めた。

　流動資産担保については、その後、九州の地方銀行において、他地域に先立って農水産物の在庫を担保とする貸出の事例が示され、次第に全国の地域金融機関に広がっていった。現在では、流動資産担保の活用は、銀行融資の一手法として定着しつつある。

B 理論

　中小企業による資金調達の手段はデットが中心であり、その取引にあたっては、企業と銀行の継続的関係のもとで、担保が大きな役割を果たす。以下では、中小企業金融の円滑化を考えるための理論的説明として、企業と銀行の継続的関係、担保の機能と弊害を検討したうえで、制度の経路依存性をふまえて、日米の貸出市場における取引慣行を対比する。

■ 貸出市場における情報生産

　企業と資金供給者の関係を経済学的にみる場合、繰り返し述べてきたように、情報の非対称性が鍵となる概念である。すなわち、企業の行う事業には常に不確実性が伴うが、これを減殺するための情報については企業と資金供給者の間に非対称性が存在しており、資金供給者は、事業の実態や将来性を判断する際に情報劣位とならざるをえない。この点について、第6章理論編では、企業の立場からまず検討したが、本章では、銀行等の資金供給者の立場を中心として説明することとしたい。

　さて、貸出市場では、こうした情報の非対称性を乗り越えるために、さまざまな情報生産活動が展開されており、その具体的な形態としては、貸出の実行前における「シグナリング」(Signaling) や「スクリーニング」(Screening) と、実行後における「モニタリング」(Monitoring) がある。

　シグナリングとは、企業サイドにおいて、自らへの資金供給に採算性があることを、事実により示すことである。資金を借り入れようとする企業は、自らの事業の将来性を説明することが通例であるが、説明だけで資金供給者に信用してもらうことはむずかしい。一般的には、十分な額の自己資金の投入や担保・保証の提供によって、経営者が自ら事業の将来性を確信していることや企業の財産状況が良好であることを示すことが必要である。

　また、スクリーニングとは、資金供給者サイドにおいて、資金を借り入れ

ようとする企業を、事実に基づいて選別することをいう。不確実性を伴う事業を営む企業に資金を供給する以上、資金供給者は、一定の貸倒損失を見込まざるをえず、採算を確保するためにはこれをまかなうだけの金利を得ることが必要である。しかし、高金利を支払うのであればリスクの高い企業に対しても資金を供給するというオファーを行うと、よりいっそうリスクの高い企業が集まる。これは、「逆選択」（Adverse Selection）現象と呼ばれている。一般的な財の市場では、需要と供給が価格のシグナルによって均衡することとなるが、このように、貸出市場においては価格のみでは需給調整が機能しがたい。したがって、担保・保証の提供等の客観的な情報に基づくスクリーニングによって、参加する企業を分離することが市場均衡の前提となる。

さらに、モニタリングとは、貸出実行後、対象企業に関する情報生産を継続して行うことである。この点に関しては、借入れを受けた企業は、元利を円滑に弁済している限り、情報を提供するインセンティブが小さいところに問題がある。そこで、貸出契約において、事業や財務に関する情報開示を義務づける情報を設けることや、口座における資金繰りの状況を分析すること等の工夫が行われている。

この点に関し、資金供給者の採算をみれば、貸出実行に伴う利益は、元利が弁済されてはじめて実現するということに留意が必要である。以上のような情報生産活動に要する費用は、いわば前払いとなるので、元利弁済に支障が生じた場合のみならず、審査の結果貸出が実行できなかった場合にも、資金を供給しようとする者には損失が発生する。したがって、一定の水準に達しない企業については、審査自体を行わないこともありうる。

■ 企業と銀行の継続的関係

銀行は、貸出市場において企業に資金を供給することを基本的な収益源としている。その際、第1章理論編で論じたように、企業との間で、資金の供給と返済を反復して行うことにより、個別の取引当りの費用を節約している。特に中小企業との間では、資金繰りのフォローを含めて、長期の継続的

関係を構築している。

　この点に関し、銀行の立場から継続的関係の意義を考えてみると、まず、貸出の実行前においては、継続的な関係にある企業については逆選択の懸念が小さく、前述のような審査費用の前払いの問題も限定されたものとなる。また、貸出の実行後においては、企業の貸出決済の状況をフォローして継続的なモニタリングを行うことや、短期資金のローリングによって情報の開示を求める機会をふやすこと等の利点がある。

　一方、中小企業の立場からみれば、債務による資金調達の比重が大きく、基本的には情報開示のインセンティブが小さい。ただし、ガバナンスの観点からは、銀行による働きかけが重要な意味をもつ。

　さらに、ゲーム論の成果をふまえてこの継続的関係の性質を考えると、繰返しゲームによって機会主義的行動が抑止され、安定的な相互協力が行われる効果をもつ。ただし、こうした協力関係が確立するためには、双方が相手の裏切りに対する威嚇手段をもっていることが必要である。銀行が企業に対して有する威嚇手段は、貸出のローリングの拒否や担保権の実行等であり、企業が銀行に対して有する威嚇手段は、他の資金調達先への切替えや倒産手続の申立てである。

　このような中小企業との継続的関係に関し、わが国の銀行の対応をみると、実質的には長期の資金需要に応ずるものであっても、形式的には短期の貸出のローリングで対応することが多い。これは、銀行がモニタリングや牽制の機会を確保するために有効だからである。特に手形を用いる場合には、資金不足がすべての銀行との取引停止につながるというきわめて厳しい制裁の脅威があるため、中小企業の債務弁済に対する強い規律づけの効果をもっている。そのうえ、銀行は、短期の貸出のローリングによる資金を継続的に保全するため、企業に対し、根抵当権や包括根保証等の提供を求めている。

　一方、わが国の中小企業の経営者は、銀行との継続的関係のもとで、短期の借入れが継続的に更新されるため、あたかも長期安定的な資金を調達しているかのように認識することとなる。これは根雪と呼ばれ、経営に関与する

権能を与えていないにもかかわらず、残高を解消する必要を感じない点において、あたかも出資であるかのように誤認される場合がある。

　わが国の中小企業と銀行の継続的関係においては、資金の性格と経営関与の権能に関して、潜在的な認識の不一致が存在している場合があると考えられる。こうした取引形態をとることにより、企業においては、長期資金を調達するために必要な情報開示等の費用が節約され、銀行においては、継続的な資金供給の基礎となるべき契約を結ぶ費用が節約されている。しかし、この不一致は、企業が窮境に近づくと表面化し、さまざまな摩擦現象をもたらすことになる。

■ 担保の機能

　担保は、こうした企業と銀行の関係において、重要な機能を果たしている。

　まず、企業サイドからみた担保の機能は、シグナリングの手段であるところにある。企業は、担保を提供することによって、事業継続に要する資産を手元に確保しながら必要なシグナルを発信することが可能となる。円滑な資金繰りを確保するためには、こうした担保提供を、取引期間中継続して行うことが有効である。

　これに対し、銀行サイドからみた担保の機能は、貸出に関する再交渉が必要となった場合に、情報劣位を克服するための対応オプションとなるところにある。企業が窮境に陥り、再建できるか否かを銀行と議論する場合には、経営者は、事業の将来を楽観的にみる方向の偏りを有しており、それを裏付けるための情報を多く保有している。これに対し、銀行は、事業の将来を悲観的にみる方向の偏りを有しているが、それを裏付けるための情報が不足している。また、企業を清算させれば、自らの損失につながりかねないという懸念もある。この結果、再交渉の結果は、現状による事業継続に偏りがちになる。その点、担保をとっていれば、銀行は、自らの損失を回避しつつ清算のトリガーを引くオプションを留保することができる。このように、担保

は、いざというときに抜かれるべき伝家の宝刀であるとともに、偏りがちになる再交渉の結論を補整する機能をもっている。

担保は、再交渉時におけるオプションとしての機能が想定されることを通じ、経常時においても、企業と銀行の間の情報の非対称性を緩和する機能を果たす。具体的には、モニタリングに際し、担保の残高の把握や資産価値の評価が継続的に行われ、その基礎として、貸出契約に情報開示を義務づける条項が置かれることとなる。

以上のように、担保の機能の核心は、コミュニケーションの媒体であるところにある。

■ 不動産担保への依存

以上の担保の機能をふまえてわが国の実務をみると、不動産担保への依存が強いことが特徴である。

不動産については、担保物の権利変動が少なく、担保評価も、企業の業況と直接の相関がないうえ、更新の頻度が低い。従来のわが国の融資においては、不動産担保、特に根抵当権への依存が強かった。このことは、企業と銀行のコミュニケーションのインセンティブを減殺してきたとみられる。

まず、企業サイドでは、不動産担保を提供さえしておけばシグナリングとして十分という考え方が強く、事業や財務の状況に関する情報開示が不十分となっていた。また、資金調達面での情報開示の必要性が小さいことは、経営者が事業の実態把握を行うためのインセンティブをも小さくした。この結果、事業の状況が悪化しつつある場合にも、経営者がそれを認知することが遅れ、事業再構築に着手する経営判断の時機を逸することにつながっていたものと考えられる。早期着手と迅速処理が企業再建の鍵であることを考えると、これは、結果として企業と銀行の双方にとって不利益な結果につながるものであった。

一方、銀行サイドでも、不動産担保の価格鑑定さえ行えばスクリーニングが可能と考えがちであり、事業の分析を十分に行わないままに貸出判断を行

うようになっていた。また、貸出実行後のモニタリングにおいても、不動産担保による保全に依存し、事業の状況把握が不十分になりがちであった。さらに、企業の事業の状況が悪化しても、不動産価格はこれと必ずしも連動して低下しない。これは、保全面では有効なものの、過剰融資に陥る危険を大きくするものでもある。特に、バブル崩壊の時期においては、不動産価格の下落が鑑定結果に反映されるタイミングが遅れ、保全面で十分な機能を果たさないこともしばしばであった。

　こうした不動産担保への依存は、わが国の金融システムに対し、銀行の資産内容のディスクロージャーが困難となるという深刻な弊害をもたらした。これは、不良債権か否かの認定は、契約どおりの弁済が行われているか否かによるものであるが、わが国においては、契約上の権利義務関係自体が不明確だったからである。この結果、不良債権の認定は企業の業況の実質判断によることとならざるをえず、銀行によるモニタリング不足も相まって、銀行のディスクロージャーに対する市場の信認を確立させるまでに長期間を要する要因となった。それ以外にも、不動産担保には、希少な売買実例に依拠して使用収益と無関係に行われるという不動産の価格鑑定の構造的な問題があった。

■ 制度の経路依存性

　こうした弊害にもかかわらず、わが国で不動産担保に依存した貸出が大きな位置を占めていた背景としては、経路依存性（Path Dependence）のメカニズムがあると考えられる。

　法と経済学の理論によれば、金融取引の慣行を含め、経済社会の制度には、経路依存性が存在するとされる。制度の変遷についても、基本的には、経済社会にとって効率的なものが存続し、そうでないものが廃止されるという進化論的パラダイムが想定される。しかし、現実には、最も効率的とはいえない制度であっても、従来から存在していたことが理由となって、継続していくことも多いのである。

こうした経路依存性の発生メカニズムについては、組織によるものとルールによるものがあるとされる。まず、前者についてみれば、ある支配的な制度に基づいて組織を形成している者は、それが経済社会全体に対して有する意義の如何にかかわらず自らの事業の効率化に努めるため、それ以外の制度に基づいて形成される組織に対し競争力を確保していくこととなる。また、後者についてみれば、既存の制度に基づいて事業を行っている者は、新しいルールの策定に際しても、既存の制度と補完的なものとすることを求めることとなる。

　こうした経路依存性の根底には、既存の制度に従うことが個々の当事者にとって「ナッシュ均衡」(Nash Equilibrium) となっていることがある。すなわち、ある制度に従うことが当事者の共有する予想となっている場合、個別の当事者が他の制度に従うことがより効率的と考えたとしても、相手がこれに応じないおそれが高いので、その制度に従うことがベストレスポンスとなるというものである。こうした個別の制度に関するナッシュ均衡は、隣接する諸制度と相互に補完することによって、いっそう頑健なものとなる。

　これをふまえてわが国の貸出市場を概観すると、不動産担保に依存した貸出が当事者にとってナッシュ均衡となっている可能性がある。すなわち、企業が借入れを申し込む場合、不動産担保を提供しなければ銀行に応じてもらえないおそれが高いと考え、銀行も、不動産担保を提供できないような企業は健全でないおそれが高いと考えられる。双方がこうした予想のもとで行動すれば、不動産担保に依存した貸出は、現在のわが国にとって最も効率的か否かにかかわらず、大きな位置を占め続けることになる。

　こうした状況が生じた背景として、筆者は、企業と銀行の双方に、情報処理費用を節約するインセンティブが強く働いた時期があったことがあると考える。

　銀行が金融仲介サービスで得る利益の源泉は、預金者の信認を確保する一方で、前述のような情報生産活動を通じて貸出先の企業に関する私的情報を蓄積することにより、預貸の利鞘を得るところにある。しかし、戦後のかな

りの期間のわが国においては、預金金利が規制され、貸出金利も横並びが確立していたので、情報生産活動の如何にかかわらず預貸利鞘の幅が固定されていた。このため、銀行の経営努力は、資金量の拡大と、情報生産に要する費用の削減に集約されがちとなっていた。貸出の大口化、不動産担保への依存、簡単な貸出契約、頻繁でないモニタリング等がその方策となった。特に不動産価格が継続的に上昇していたことは、企業と十分なコミュニケーションを行わずとも損失のおそれがないという状態をもたらすこととなった。

他方、中小企業としては、より低コストで安定的な資金調達を行うことが目的である。そのなかで、借入金利一般については受け手の立場にあるため、銀行への情報開示に要する費用の削減が主たる関心事となり、不動産担保に依存しがちとなった。また、経済成長のもとで、外部資金に対する旺盛な需要をもっていたので、手形を用いた短期借入れのローリングと根抵当権の設定等という銀行側の要求に従うインセンティブが強かったものと考えられる。

このように、特に戦後の経済成長期において、個々の銀行と企業からみれば、不動産担保への依存がコミュニケーションに要する費用の削減のために有効な手段であった。この慣行は、その後も、上記のようなナッシュ均衡となってしまっているうえ、根抵当等の民事法制や銀行取引停止処分等の取引慣行と相互に補完し合うことで、わが国の貸出市場において頑健な地位を占めてきた。

不動産担保に依存しない貸出

以上に対し、不動産担保に依存しない貸出の形態を考えてみると、まず、財務情報の分析に基づく貸出がある。ここでは、企業が厳格な会計処理を行って適時に銀行等へ開示するとともに、貸出契約に財務制限条項を設け、これに抵触すれば債務不履行とする等により、情報の非対称性に対処することとなる。

この制度には、企業と銀行の間のコミュニケーションに要するコストが高

くなるという短所がある。すなわち、企業においては詳細な情報処理とその正確性担保、銀行においては事業の状況に関する綿密なモニタリング、両者間においては詳細な契約の策定等に大きなコストがかかる。こうしたコストは、取引件数に応じて発生するので、少額であったり頻繁に行われたりする資金調達に際しては、相対的に負担が大きくなる。また、銀行からすれば、事業の状況が悪化した際に、担保というオプションがないので、情報の非対称性の問題が深刻になるという問題がある。

したがって、財務情報に基づく貸出が用いられる事例は、信用リスクの小さい企業による大口の資金調達に限られがちとなる。しかし、こうした企業は、公開情報による証券市場での資金調達も可能であるため、銀行としては、私的情報の蓄積による準レントから十分な利益を得ることが困難である。

以上に対し、在庫や売掛金等の流動資産担保を用いた貸出は、財務情報に基づく貸出では対応が困難な企業について、コミュニケーションの媒体としての担保の機能を活用するものである。

すなわち、企業サイドでは、流動資産の価値は、事業実施のためいずれにせよ把握すべきものである。流動資産担保では、この情報を銀行に開示することでシグナリングを行うので、コミュニケーションのための追加コストが小さい。また、銀行サイドでは、企業が経営困難となった場合、担保を処分することで損失を回避しつつ清算のトリガーを引くオプションとなることに変わりはない。流動資産の状況に関するモニタリングとの組合せによって、財務情報に基づく貸出で対応しえなかった企業にも、貸出を行うことが可能となる。

他方、コミュニケーションの媒体としての流動資産担保を不動産担保と対比すれば、数量や価値の変動を把握するタイミングが早いこと、担保価値と事業の状況との連動性が高いこと、企業サイドの情報処理のインセンティブが大きいことという長所を指摘できる。この結果、不動産担保に依存した貸出におけるようなコミュニケーションのインセンティブ阻害という弊害はより小さなものとなる。

日米の貸出慣行の対比

　以上に関して、わが国とアメリカにおける担保実務を対比してみると、まず、わが国においては、不動産等の固定資産担保が主体であり、制度としては根抵当権が広く用いられている。一方、アメリカでは、売掛金や在庫等の流動資産担保が主体であり、制度としては「浮動担保」（Floating Lien）が広く用いられている。また、担保の対象となる融資契約は、わが国では簡単かつ抽象的であるのに対し、アメリカでは詳細かつ具体的に規定されている。特に企業から銀行に対する情報開示を中心として、多岐にわたる「コベナンツ」（誓約条項、Covenants）が設けられている。さらに、再交渉の手段に関しては、わが国では相対の交渉や私的整理が基本であるのに対し、アメリカではチャプター11に基づく法的整理が早い段階から行われる。

　こうした日米の実務慣行の背景には、環境の差異がある。まず、法制度の面をみると、担保の実効性確保のためには、対象物が第三者に売却された場合等に銀行が対抗しうる仕組みが必要である。アメリカにおいては、統一商事法典（Uniform Commercial Code）の第9編において、担保権設定物件の内容が記された「与信公示書」（Financial Statement）を公示（Filing）するという制度が確立している。その際、記載内容としては、わが国のような担保物の「特定の原則」は必要とされず、「現在及び将来の全ての売掛金」というような包括的なものも許容される。

　また、担保物の換価や評価をめぐる関連事業者の発展の違いも見逃せない。まず換価については、アメリカでは清算業者が活発にビジネスを行っている。対象資産としては、在庫等の動産だけでなく、不動産や営業も含まれ、事業の内容としては、対象資産を売買するのみならず、自ら運営することもある。また評価については、資産評価士の活動が盛んである。たとえば企業再建においては、弁護士、公認会計士と並ぶ専門家としての位置づけを与えられている。清算業者が資産評価をあわせ行う例もあり、その場合、提示した評価額で自らが購入することを約することもある。

前述のような不動産担保への依存がもたらす弊害をふまえて、流動資産担保の意義を考えると、担保物の残高確認や評価を通じて、企業と銀行との間で、より頻繁なコミュニケーションをもたらすための媒体として機能することが重要である。また、担保物の価値変動のタイミングも、企業の業況変化に即応したものとなるので、企業が業況不振に陥ろうとした場合にも、早期の事業再構築の着手につながる効果をもつ。こうした視点から、わが国とアメリカの担保実務を対比すると、残念ながらアメリカに一日の長があるようにみられる。

■ 流動資産担保の環境整備

　従来、わが国においては、流動資産担保を用いた貸出に対しさまざまな制約が存在していた。まず、流動資産に関する担保権者の権利確保に懸念があった。また、貸出契約についても、在庫と売掛金の統合的管理等、対処すべき課題が多々存在した。さらに、流動資産担保は添え担保という認識が一般的であったことから、これを用いた資金調達を行うと信用不安が発生しかねないという懸念もあった。これに加え、流動資産の評価や処分について確立した慣行がなく、処分時には著しく低い価格となったため、保全の実効性に懸念があった。筆者は、これらの制約について、不動産担保と流動資産担保の相対的な地位について、前述のような経路依存性が働いていることによるものと考える。

　この点に関しては、わが国においても、流動資産担保に関する環境整備が進んできていることに注意が必要である。まず、不動産担保については、地価の下落や再建型倒産法制の整備によって、保全手段としての限界が強くなっている。評価をよりタイムリーなものとするためにディスカウントキャッシュフロー法が導入されるなどの工夫がなされているほか、不動産ファンドなどの投資スキームが整備されてきているものの、コスト面から、こうした扱いは大規模な資金調達にかかわるものに限られがちである

　一方、流動資産担保については、まず、担保物の確保について、動産・債

図表16－1　中小企業の担保・保証比率（2001年）

担保提供企業の比率		77.4%
	うち不動産	(95.9%)
保証人提供企業の比率		72.6%
	うち代表者	(94.8%)

（出所）　中小企業庁「中小企業資金調達環境実態調査」

図表16－2　ABLの市場規模の日米対比（2006年）

		日　本	アメリカ
企業借入総額		395兆円	24,777億ドル
	うちABL	2,346億円	4,893億ドル
	（シェア）	(0.06%)	(19.8%)

（出所）　経済産業省平成19年度動産・債権担保融資（ABL）インフラ整備調査委託事業
　　　　　野村総合研究所「動産・債権担保融資（ABL）の普及・インフラ構築に関する調査研究」

権譲渡の公示制度が整備された。また、貸出契約については、いくつかの類型の提案がなされ、実務に定着してきている。さらに、流動資産担保に関する認識についても、公的機関を中心に、修正を促す努力が続けられている。ICタグを用いた在庫確認システムの発展等は、こうした変革を強力に後押ししうるものと期待される。こうした状況のなかで、わが国における流動資産担保の活用の経緯をみると、まず、DIPファイナンスにおいて用いられ、次いで事業再編や農林水産業のように不動産担保が困難な分野で用いられてきている。

しかし、わが国における企業向け貸出に占める流動資産担保貸出の割合は、図表16－1に示すように、なお微々たるものにとどまっており、図表16－2に示すようにアメリカとは大きな差異がある。

■ 流動資産担保を用いた貸出の将来

こうした点をふまえ、流動資産担保の将来を考える際には、担保の主要な

機能が企業と銀行の間のコミュニケーションの媒体であることに留意する必要がある。とりわけ銀行サイドで、貸出契約の再交渉が必要となった際の対応オプションとしての機能が重要である。

アメリカにおいても、当初から現在のような実務が確立していたわけではない。チャプター11等の企業再建法制と前述した統一商事法典第9編との緊張関係のもとで、取引当事者により、企業と銀行の間の契約実務や関連ビジネスが形成されてきたものである。これは、前述したような企業と銀行の繰返しゲームにおいて、銀行が企業に対して有する威嚇手段である担保権の実行と、企業が銀行に対して有する威嚇手段である倒産手続の申立てが取引慣行のうえで相互作用を起こしてきたものと考えられる。

この点に関し、近年のわが国においては、企業側で、再建型倒産制度が整備されるとともに、事業再構築における早期着手の重要性が認識されるようになったことが重要である。これを企業と銀行のコミュニケーションの観点からみれば、企業側に早期に再交渉のトリガーを引くオプションが確立したことになる。銀行としては、これに対応し、自らのオプションである担保についても、より早期に行使可能となるようなものとしておかなければ、不利な結果を甘受せざるをえなくなる。そのための担保としては、前述のように事業の状況との連動性が高い等の特性を有する流動資産のほうがより有効である。

さらに、流動資産担保を用いた貸出が定着すれば、企業サイドにおいてもこれに対応した貸出契約を結んでおくことがベストレスポンスとみられるようになる。この観点から、アメリカにおける流動資産担保の経緯をみると、チャプター11の普及による企業サイドにおける早期倒産申立ての拡大にやや後れるかたちで導入されてきたこと、まずノンバンクによって用いられ、次第に銀行にも普及してきたことが注目される。わが国においても同様の展開をたどることが十分考えられる。

このように、流動資産担保については、わが国においても、マイナスの経路依存性からの脱却が可能となってきている。この基礎のうえで、将来、流

動資産担保を用いた貸出が市場において大きな位置を占めるためには、流動資産の換価と評価に関連するビジネス等のインフラストラクチャーの確立が必要である。特に、こうした貸出の市場と隣接する動産や債権の市場との相互補完が重要である。わが国においても、在庫や債権の処分が極端なディスカウントなしに行われるようになれば、企業と銀行のコミュニケーションの媒体としての流動資産担保の有効性がいっそう高まることになる。

　筆者は、こうした流れが強まれば、流動資産担保を用いた貸出が不動産担保に依存した貸出にかわるナッシュ均衡を形成する可能性があるものと考える。

第8章

郵便貯金

A　現　実

郵政民営化委員会

　郵政民営化関連法案は、2005年度通常国会に提出され、参議院でいったん否決されたが、これを契機として行われた総選挙を経て、再度審議が行われ、同年10月に成立した。

　この法律のもとで、それまで日本郵政公社が営んできた事業は、郵便局会社、郵便事業会社、郵便貯金銀行、郵便保険会社の株式会社に分社化され、この4事業会社を子会社とする純粋持株会社として日本郵政が設立されることとなった。また、日本郵政は、平成27年10月までに、郵便貯金銀行および郵便保険会社に対して保有する株式をすべて処分し、民有民営を実現することとされた。他方、郵政各社の業務範囲については、郵便局会社は届出のみで新規業務を行えるとされたものの、郵便事業、郵便貯金、簡易保険の各社に関しては、2006年10月までは従来どおりに業務範囲を制限することとされた。そして、その後、申請に応じ、郵政事業の状況と株式の売却の状況を勘

案して、逐次新規業務を認可していくこととされた。郵便貯金の限度額等についても、2006年10月までは従来どおり1,000万円までとする等の制限が政令により維持され、民営化後の状況に応じて検討していくこととされた。

2006年夏、筆者は、こうした状況のもとで、内閣官房に配属され、郵政民営化委員会事務局長の任に就くこととなった。郵政民営化委員会は、郵政民営化法に基づき設けられた審議機関であり、有識者5名の委員により構成されていた。その任務は、郵政民営化法に基づく政令の制定、郵政民営化の実施計画の認可、郵政各社の新規業務の認可について調査審議を行って意見を述べるほか、3年ごとに郵政民営化の進捗状況について点検し、見直しを行うことなどであった。

筆者にとって、この配属は、地域における金融行政上の個別処理から国政の重要課題である郵政民営化の推進という課題の変化や、財務局長という実務担当官から委員会の事務局長という調整担当官への立場の変化等、さまざまな変化への適応を必要とするものであった。

■ 郵便貯金金利の交渉

ただし、郵便貯金に関連する業務を行うことは、筆者にとって、これが初めてであったわけではない。10年以上前の1994年夏からの1年間、金利調整、短期金融市場、金融先物等を所管する大蔵省銀行局金融市場室長として、預金金利自由化措置を完了させるに際し、郵便貯金金利に関する交渉に従事した経験があった。

郵便貯金金利については、1990年代を通じ、預金金利の自由化を段階的に進めていくという国際的公約を背負った大蔵省銀行局と個人貯金者の福利向上を目指す郵政省貯金局の間で、民間連動を機軸とした金利決定ルールの設定に関する交渉が行われてきた。これは、郵貯シフトが進むなかで、大蔵省銀行局にとってきわめて厳しい交渉であり、取りまとめはしばしば難航した。特に、1994年春に定められた通常貯金の金利ルールについては、厳しい交渉が行われた。その結果は、普通預金金利に0.9～1.1％を上乗せするとい

う内容であり、通常貯金が決済機能において劣るという特性を考慮しても、郵便貯金に有利すぎるものとして、民間金融機関からの強い反発を受けていた。大蔵省銀行局としては、わずかに半年後の実施直後である1994年末に再協議するという付則をつけることによって、とりあえずは何とか収めることができたということが実情であった。

　こうしたなかで金融市場室長に就任した筆者は、なお積み残されていた定期積金等の案件を何とか調整して、10月には預金金利自由化措置の完了にたどりつくことができた。

　しかし、自由化直後の金利決定に際しては、早速、郵政省が通常貯金金利を引き上げようとし、大蔵省が異議を唱えるという事件を発生させてしまった。新聞紙面では、「大蔵・郵政百年戦争の再燃」という見出しが躍った。さらに、同日には、報道された城南信用金庫の懸賞金付定期預金の発売をめぐる大蔵省批判が大々的に報道された。預金金利が自由化された以上、懸賞金をつけることが認められるべきだとする城南信用金庫に対し、財務局の担当者が賭博罪に当たるかもしれないと指摘したことが、恣意的な行政指導だと非難されたのである。筆者にとっては、自分の所管について、2つの案件が同時に新聞の1面を飾るという、悪夢のような出発となった。

　通常貯金金利について、こうした騒ぎに至ったことについては、それなりの事情があった。もともと、郵便貯金の金利決定ルールにおいては、個別の金利決定に関する交渉のスケジュールについて、郵政省が決定する前日に通知してから交渉を開始することとなっていた。したがって、受身の立場である筆者としては、大蔵省としての対処方針を決めることが物理的に困難であった。徹夜明けの筆者が上司のところへ駆け込んだ時には、すでに諾否の二者択一となっていたものである。上記のようにルール決定に際して、民間金融機関の反発が収まっていなかったことからすると、銀行局は大蔵省として異論を唱えるほかなかったのである。

　それから年末までは、筆者にとって塗炭の日々となった。民間金融機関の関係者は、入れ代わり立ち代わりやってきては、通常貯金金利ルールを破棄

すべきことを唱え続けた。他方郵政省は、いったん合意したルールを特段の事情の変更もなしに変更することはありえないというスタンスである。当方には、何のカードも残されていなかった。

あれこれ頭をひねったあげく、金融機関の損益構造や金融商品の商品性と金利等について当方の考え方をぶつけ、郵政省として理解しうる点について共同の文書をまとめるという提案を行うこととした。郵政省は、議論には応じてくれたので、さまざまな切り口を工夫しては年末ぎりぎりまで徹夜の協議を続けた。しかし、前年の経緯から、年末再協議において通常貯金金利ルールを破棄してほしいという主張に固まっている民間金融機関が理解を示す気配はなく、部内の調整すらできなかった。結局、筆者限りで事を収めることはできず、上司に骨を拾ってもらい、ご用納めの週末に文書を公表することとなった。その文書の内容は、「通常貯金の決済性が向上すれば普通預金との金利差が縮小する」というものであった。

この協議のプロセスで筆者が感じていたことは次の3点である。

第一は、こうした事案に関する調整システムの欠如である。筆者としては、政府の意思決定である以上、利害調整ではなく論理的に結論を得るべきだと考えたが、まったく通用しない。郵政省の金利引上げ志向と、これに対する民間金融機関の非難は驚くばかりの激しさであった。こうした場合、政府の対応の枠組みとしては、関係省庁が正面からぶつかって議論したうえで、内閣のなかで上級者に裁定を仰ぐということが本来だと思われる。しかし当時は、官邸がそうした調整を行うことはなかった。

第二は、郵便貯金と民間金融機関の損益構造の相違である。郵政省によれば、通常貯金に民間金利の1.1％以上の上乗せをしても、大幅な黒字であり、金利決定ルールがなければもっと高い水準としたいとのことであった。一方、民間金融機関によれば、普通預金に0.1％程度の金利をつけても採算はとれないということであった。当時の筆者の所管分野からすれば、なぜこれほどの差があるのか、合理的説明は不可能であった。普通預金の決済サービスにかかる費用、職員の給与や事務運営、郵便貯金への税制等の特典等を

見積もり、郵政省とも議論してみたが、どうにも計算があわなかった。

第三は、せっかく預金金利が自由化されても、郵便貯金を理由に創意工夫が回避されていたということである。民間金融機関に対し、預金商品の商品開発についてヒアリングをしてみても、「当局が郵便貯金による追随を許さないことを約束しない限り検討できない」という回答であった。本末転倒の論理と思われたが、当面はいかんともできなかった。

なお、金融商品の設計自由化については、上司の指示に基づき、前述の懸賞金付定期預金の問題とあわせ、「預金を考える懇談会」を設け、金融市場室と銀行局総務課のチームを事務局として、有識者に議論してもらうこととなった。1995年夏に発表された懇談会報告書においては、金融機関が当局に新規の預金商品の届出を行う制度を廃止し、商品内容の的確な説明を前提として、金融機関が自己責任により商品設計等を行うこと等が提言された。

■ 委員会事務局の業務

さて、こうした経験をふまえ、筆者は、2006年夏においては、法律に基づいて内閣官房に設置されている郵政民営化委員会が、郵便貯金に関する検討を有効に行ううえで、重要な位置を占めていると考えた。また、全体としての郵政民営化は、総選挙で激論が行われる国政上の課題であるから、担当官レベルで多少たりとも左右できるようなものではなかった。そこで、筆者としては、郵政民営化委員会の審議が最も的確に行われるための調整に徹することとした。

まず、事務局の第一の責務を、どういう論点について、いつまでに審議し、見解をまとめる必要があるかについて、常に洗い出し、委員会のスケジュールを設定することにおいた。郵政民営化の作業は、複雑な法制度の執行と膨大な実務処理の組合せである。したがって、その円滑な進行管理のためには、多数の課題について、郵政事業における実施に必要なリードタイムを確保しながら、委員会が見解を示し、総務省や金融庁が決定を行う必要がある。リードタイムの長さや審議に要する期間は課題によってさまざまであ

る一方、郵政民営化委員会の委員は非常勤なので、こうしたアジェンダは事務局で立案する以外にない。

次に、審議対象となった論点について、委員会の審議に必要な情報を提供することである。その際、郵政事業体、所管省庁、競合する事業者等に十分な意見表明と説明の機会を提供するほか、必要に応じ、有識者等に対して第三者としての説明をお願いした。一方、事務局からの説明については、事務局主導の決定等という批判を決して招くことのないよう、進行管理、郵政民営化制度の説明、行われた議事の整理等に限定することとした。

第三に、審議の状況については、徹底的に公開することとした。これだけの巨大な課題であり、ビジネス上の関心も強いので、公正な議論を確保するためには、情報開示が最も有効だからである。審議終了後直ちに記者説明を行い、議事録がまとまり次第、資料を添えてホームページにアップした。

第四に、見解の取りまとめについては、上記により公開される議論が行われたものに限り、反映しうるものとした。委員は、当然、さまざまな場面で郵政事業に関する情報収集等を行うはずであるが、委員会の議論というかたちで透明性が確保されないものであれば、その内容は郵政民営化委員会の見解には含まれてこないということである。

こうしたやり方は、わが国の伝統的なやり方からすると、かなりギクシャクするものであって、外部の出席者からは、「率直な意見表明がむずかしい」などとする苦情もあったが、委員の理解を得て、貫徹させることができた。

■ 郵便貯金の新規業務に関する調査審議

筆者は、事務局の業務としては、上記のような進行管理や議事整理に集中する一方で、アジェンダ設定等の背景とするため、郵政事業の置かれた環境や歴史等について勉強し、その将来を考えた。その結果、今後の郵政事業の経営環境はきわめて厳しいとみざるをえないと考えるようになった。筆者としては、情報通信技術の革新等の経済社会の構造変化や、財政投融資の抜本

改革等の関連制度の改正等に対し、郵政事業がタイムリーに対応できる環境を早急に整備する必要があると考えた。

　特に、金融機関としてみた郵便貯金の経営の健全性確保は緊急の課題である。従来の財政投融資制度における預託金利は、7年ものの預託に対し10年ものの国債利回りに0.2％を上乗せするという有利なものであった。この時点で振り返ってみると、この預託金利が、かつての金利交渉時に痛感した郵便貯金と民間金融機関の損益構造の相違の1つの要因であったのである。しかし、預託制度廃止後の郵便貯金事業は、国債を購入するための資金を、政府保証のない小口の貯金で調達するものとなる。これは、利鞘を常時確保できることが難しい事業である。筆者としては、金融市場の変動のおそれ等を考えると、早急に郵便貯金の事業内容を改革して収益性を強化するよう検討してもらうことが必要だと考えた。

　その手段の1つが新規業務の導入である。ただし、その業務開始までには、システムの開発等に相当の準備期間を要する。郵政事業が環境変化にタイムリーに対応できるようにするためには、郵政民営化委員会として、その是非や条件に関する見解を早期に明確化することが重要だと考えた。

　この趣旨を説明したところ、各委員はほぼ同意見であった。そこで、郵政民営化委員会として、郵便貯金および簡易保険事業の新規業務の調査審議に関する方針をまとめるというスケジュールを示すこととなった。具体的には、2006年夏の日本郵政による民営化実施計画の策定に際し、ガバナンスやコンプライアンスの体制整備等を求める意見表明を行う一方で、総理の指示を受け、年内に方針を取りまとめるための検討作業を開始する旨を公表した。

　こうして始まった郵便貯金の新規業務に関する調査審議において、委員会のメンバーは、まず、郵便貯金事業は、既存の事業内容のままでは、長期的にみて採算性を確保することが困難だという基本認識で一致した。しかし、新規業務の実施に関しては、郵便貯金のガバナンスとリスク管理の体制整備が前提であり、これを確保してはじめて、業務実施の是非を検討することが

可能となるという考え方がコンセンサスとなった。十分な体制整備なしに新規業務を行えば、かえって損失を被るという考え方である。

　また、民間金融機関との競合に関しては、郵便貯金が暗黙の政府保証によって競争上有利な立場にあるか否かが論点となった。委員会の考え方は、郵便貯金も銀行として民営化する以上、セーフティネットは、他の金融機関と同じく、預金保険制度等によるのであって、特別な救済措置を講ずることはありえないということを確認したうえで、暗黙の政府保証の存在を否定するものであった。そうしたなかで、郵便貯金が適正なガバナンスとリスク管理のもとで新規事業を行うのであれば、競争上の問題は生じえないという考え方である。

　この2つの基本的な考え方のうえで、より具体的な論点となったことは、まず、株式の売却と新規業務実施の前後関係であった。郵政民営化法においては、新規業務の是非について、郵政事業の状況と株式の売却の状況を勘案して検討するものとされていた。また、上記の委員会の基本的な考え方からも両者は裏腹の関係にあった。すなわち、株式が売却されて株主のガバナンスが利くようにならなければリスク管理も確立しないおそれがあるとともに、政府による株式保有が続けば暗黙の政府保証に関する誤解が残る懸念もあるという考え方である。しかし、株式の売却のためには上場が必要である。そのためには、ディスクロージャーや内部統制体制の整備に加えて、新規業務の導入によって収益性を向上させる計画を示さなければならない。ここでは、株式上場と新規業務が鶏と卵の関係にあった。

　次に、郵便貯金の規模が重要な論点であった。郵便貯金は、きわめて大きな残高を有しているが、運用と調達の構造は、薄いリターンと大きな金利リスクを抱えている。机上の議論としては、ガバナンスとリスク管理が確立すれば、収益の増強と規模の縮小がおのずと実現するはずであった。しかし、新規業務によって収益基盤を強化する前に過度に規模が縮小すれば、固定費用をまかなえないような事態に陥りかねない。

　さらに、郵政民営化委員会の方針明示と郵便貯金事業における準備作業へ

の投資との前後関係も難問であった。新規業務の準備には、システム開発等で多大な費用とリードタイムを要するからである。委員会としては、業務の適正な実施やリスク管理体制の整備等を確認したうえで個別に意見を表明するべき立場にあるが、郵便貯金事業の経営者としては、最後まで白紙のままだと準備のための投資が困難だからである。

具体的な調査審議にあたっては、こうした論点をめぐり、日本郵政および郵政公社、関係省庁、競合業界、有識者や証券市場関係者等、さまざまな方から意見表明や説明をいただいた。ビジネス上の利害がかかっていることもあり、場合によっては激論となった。筆者としては、そのたびごとに、審議結果について、記者説明等を行い、ホームページに掲載した。

郵便貯金銀行及び郵便保険会社の新規業務の調査審議に関する所見

以上のような調査審議を通じ、委員の間で徹底した議論が行われた結果を取りまとめたものが、2006年末に公表した「郵便貯金銀行及び郵便保険会社の新規業務の調査審議に関する所見」である。

これは、以上のような検討を経て、郵政民営化委員会として、苦心の末取りまとめたものである。筆者が要約することは適当でない。以下では、その移行期間中における基本的考え方と現時点における当面の対応に関する記述を紹介しておくこととしたい。図表17は、この所見の公表時に、説明資料として内容を整理したものである。

○基本的な考え方
① 利用者利便の向上
郵政民営化の目的は競争の促進による経済の活性化であり、新規業務を考える際の最も重要な視点は、金融二社と関係業界の利害の調整ではなく、これらの金融機関のサービスが向上することにより利用者にもたらされる利便性の向上である。
② 金融二社のバランスシートの規模
経営の健全性確保の観点から、ビジネスモデルの革新に向けた柔軟な検討と厳格なALMの実施を求める。その結果として、バランスシートの規模

図表17　郵便貯金銀行及び郵便保険会社の新規業務の調査審議に関する所見

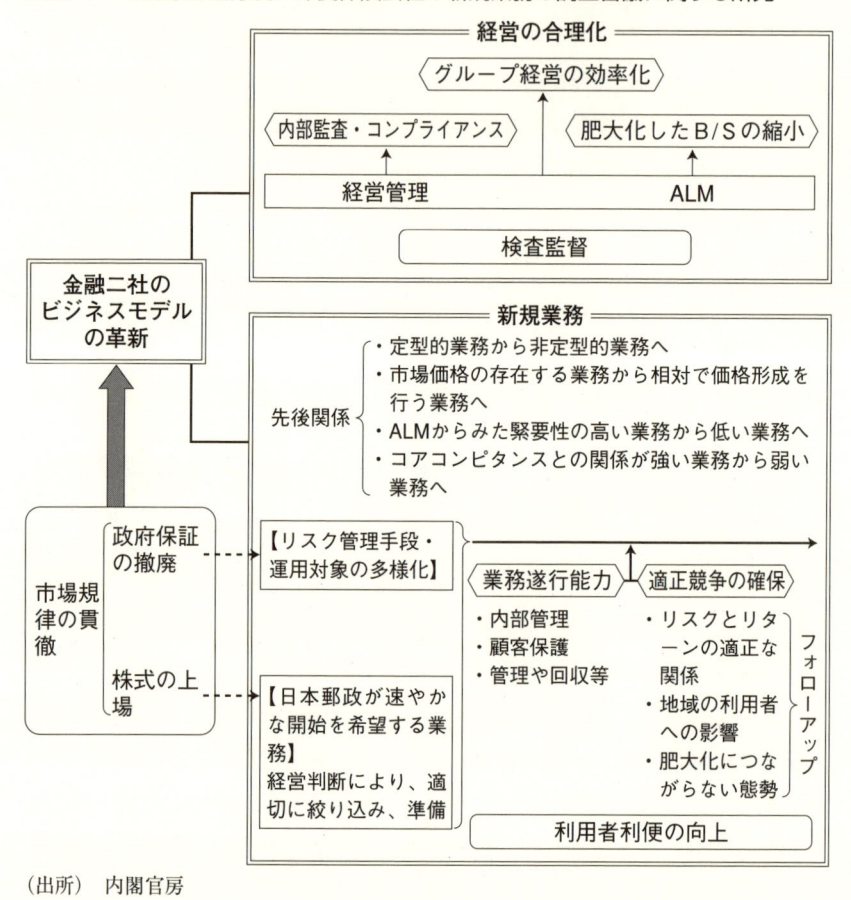

【経営の合理化】
- グループ経営の効率化
  - 内部監査・コンプライアンス
  - 肥大化したB/Sの縮小
- 経営管理　　ALM
- 検査監督

【金融二社のビジネスモデルの革新】

【市場規律の貫徹】
- 政府保証の撤廃
- 株式の上場

【新規業務】
- 先後関係
  - 定型的業務から非定型的業務へ
  - 市場価格の存在する業務から相対で価格形成を行う業務へ
  - ALMからみた緊要性の高い業務から低い業務へ
  - コアコンピタンスとの関係が強い業務から弱い業務へ

【リスク管理手段・運用対象の多様化】

【日本郵政が速やかな開始を希望する業務】
経営判断により、適切に絞り込み、準備

- 業務遂行能力
  - 内部管理
  - 顧客保護
  - 管理や回収等
- 適正競争の確保
  - リスクとリターンの適正な関係
  - 地域の利用者への影響
  - 肥大化につながらない態勢

フォローアップ

利用者利便の向上

(出所)　内閣官房

についても市場原理に基づき自ずと適正化されるべきものと考える。

③　新規業務の実施に係る先後関係

　新規業務の実施に係る先後関係については、郵政民営化法において、基本的に金融二社の経営状況と適正な競争関係の確保の観点によるものとされている。

　このうち、金融二社の経営状況の観点については、民間金融機関としてのリスク管理と顧客へのサービス提供によるリターンの確保を勘案するこ

とになる。また、適正な競争関係の確保の観点については、郵政民営化法において議決権比率等が尺度として例示されているが、その趣旨を踏まえれば、形式的な比率のみならず、株式市場からの規律が不十分な場合には、各種の取引において経済合理性が浸透しないおそれが残りやすいことに着目すべきである。

新規業務の実施に係る先後関係について、これらの観点から業務の特性を見ると、以下のような準則が考えられる。新規業務の導入について、これらの先後関係に沿って検討されることが望ましい。

なお、その際には、個々の業務ごとの検討のみならず、業務間の相互関係にも留意する必要がある。

・定型的業務から非定型的業務へ

　株式市場からの規律が不十分な場合には、各種の取引において経済合理性が浸透しないおそれが残りやすいことにかんがみると、これに伴う弊害が発生しにくい業務から順次取り組むことが適切である。こうした観点から、定型的な業務の方が、相対的に早期の実施になじむものと考えられる。

・市場価格の存在する業務から相対で価格形成を行う業務へ

　上記と同様の観点から、市場価格が存在すること等により価格の合理性が担保されやすい業務は、相対の取引により価格形成が行われる業務よりも、相対的に早期の実施になじむものと考えられる。

・ALMからみた緊要性の高い業務から低い業務へ

　民営化後の金融二社の健全経営のためには、早期に顕在化するおそれが強いリスクについては、ヘッジ等による管理を有効に行えるよう、可及的速やかに対応していく必要がある。したがって、市場性のリスクに対応するALMの観点からみて緊要性が高いものから、早期の実施が必要と考えられる。

・コアコンピタンスとの関係が強い業務から弱い業務へ

　民営化後の金融二社がリターンを得るためには、顧客の望むサービスを提供することによりその支持を獲得していくことが必須である。コアコンピタンスとの関係が強い分野では顧客のニーズを把握しやすいため、こうした分野の業務から早期に実施することが有効である。

④　適正な競争関係の確保

郵政民営化法は、利用者利便の向上をその目的の一つとしており、この点では、独占禁止法や金融商品取引法等と共通の性格となっている。新規業務の検討に当たって考慮すべき適正な競争関係の確保についても、これにかんがみ、利用者利便の向上に資する観点から検討すべきである。

また、手法の面では、現在の金融行政の手法が事後チェック型となって

いる中で、金融二社の業務規制では、官業として拡大してきた経緯から、通常の行政手法に留まらず、事前の要件審査と事後の条件付けが必要となるものである。その運用に当たっては、事前の競争制限ではなく、事後の適正な競争関係の確保を図るものとすべきである。
(3) 当面の対応
① 新規業務開始のタイミングについての考え方
　郵貯・簡保の財務内容にかんがみ、リスク管理手段の多様化（デリバティブ取引や運用対象の自由化等）については、政府保証が廃止される民営化直後における具備が急務である。その他の新規業務については、上場に向けて市場の評価を得られるタイミングでの実施が課題である。
② 個別業務の調査審議についての考え方
　新規業務については、事前に満たすべき要件として、内部管理や顧客保護等の業務遂行能力を十分具備している必要がある。また、適正な競争関係の確保については、リスクとリターンの関係が民間金融機関としての経済合理性に基づくものとなっていることや地域の利用者への影響等を事前に確認し、必要に応じ事後のフォローアップを条件付けることとする。
　具体的な要件と条件の設定については、個別業務ごとに異なる。例えば、流動性預金の預入限度額の撤廃については、政令改正の際には、必要に応じ、肥大化につながらない態勢という点や、他業務との関連での必要性という点に留意することが考えられる。また、個人向けローンでは、リスクとリターンの関係が適正であること、管理や回収等の面で適正な業務遂行能力が確保されていること等について留意することが考えられる。こうした点に関しては、当委員会の委員が実態を更に調査した上で、要件や条件について審議を行っていくこととする。
③ 個別業務への対応
　日本郵政が民営化後速やかに開始を希望している業務については、同社の経営判断により、以上を踏まえて、適切に絞り込み、準備を行うことが考えられる。

　郵便貯金の具体的な新規業務については、この所見に沿って、2007年秋の民営化直後に運用対象の自由化、2008年初に他社商品仲介および既存商品・サービスの見直しについて肯定的な意見表明を行った。

B 理論

　郵便貯金は、国営事業であった郵政事業の一環であるとともに、金融機関の1つでもある。以下では、郵便貯金について考えるための理論的説明として、まず郵政事業全体を視野に入れて、国営企業に関する「ソフトな予算制約」問題等の理論の概観と、郵政事業を取りまく競争環境や関連制度の改正について説明を行う。そのうえで、郵便貯金について、財務構造と預託金利、行政運営との関係、民営化の効果について論ずることとする。

民営化の経済学

　国営企業の民営化は、イギリスのサッチャー政権による導入以来、世界各国で有力な政策手段として採用されるようになった。民営化は、体制移行国や発展途上国において大規模に行われたほか、先進国においても、インフラストラクチャー等の分野でしばしば実施されてきている。わが国においても、かつての国鉄、電々、専売の3公社をはじめ、さまざまな分野で民営化が進められてきた。

　民営化については、その政策判断をめぐって政治的な議論が行われることが多いが、民営化される事業自体は経済現象である。この側面については、世界各国において、多岐にわたる分析が行われてきた。

　その内容を概観してみると、ミクロの観点からは、
① 市場の失敗への対応としての国営企業
② 政策手段としての規制と企業の国営
③ 国営企業の経営のインセンティブとモニタリング
といった論点に関する分析が行われている。

　また、マクロの観点からは、
① 政府の財政収支と国営企業の関係
② 民営化と金融市場の発展の関係

③　民営化の労働市場に対する影響

といった論点に関する分析が行われてきた。

　これらの経済学の蓄積に関し、わが国の郵政事業をみると、ユニバーサルサービス提供という側面はあるが、自然独占等のような生産技術に関する市場の失敗への対応という側面は小さい。また、郵政民営化は、少なくとも一義的には財政運営上の観点から行われたものではない。したがって、経済学の観点から郵政民営化を考える場合には、国営企業としての経営に着目し、そのインセンティブや効率性について検討することが適しているものと考えられる。

　そこで、経済学の観点から、事業の実施主体として国営企業と民間企業を対比すると、通常の業務遂行や経営管理においては大きな差異がみられず、経営のインセンティブ構造の差異が重要である。この点に関しては、「ソフトな予算制約」（Soft Budget Constraint、以下「SBC」）問題として論じられることが一般的である。

　SBC問題とは、典型的には、国営企業において、利益があがらず赤字が発生しても、民間企業のように倒産せずに、政府による損失補てんなどによって救済される傾向があるため、経営効率化のインセンティブが損なわれることをいう。国営企業が救済される理由としては、事業分野が自然独占等の市場の失敗を伴うものであるため、限界収入と限界費用を一致させるような効率化を図ると損失が発生すること等があげられている。

　第二に、国営企業の経営における目的関数は、収益と政策目的の双方を含むものとなっていることが指摘される。また、経営が失敗した場合の政府の対応については、たとえ事前に予算制約を定めておいたとしても、事後的には社会的影響などを配慮し、救済せざるをえなくなるという時間の非整合性問題が内在していることも指摘される。したがって、この両者の間の交渉においては、政府のコミットメントに信頼性が欠ける結果、規律づけが働かなくなることとなる。また、国営企業の経営者は、プロジェクトが成功すれば利得を得、失敗しても救済されるため、あらゆる投資をすべて実施すること

で帝国建設を目指すこととなる。

　第三に、国営企業の経営については、資金調達面からの規律づけが不十分であることも指摘される。具体的には、その債務は政府のものと同等視されるので、倒産手続を通じた責任追及のおそれがない。また、株式を発行していないので、株主や投資家からの経営監視も行われない。したがって、国営企業の経営においては、効率化努力が不十分となるおそれがあるとされる。

　ただし、こうしたインセンティブ構造が論じられる分野は、国営企業に限定されるわけではない。たとえば銀行に対しては、かりに経営困難に陥っても、中央銀行が流動性支援を行ったり、政府が資本増強を引受けたりすることで倒産させないための枠組みが設けられている。銀行の経営においては、事後的には政府が救済せざるをえないと予測されることにより、SBC問題が発生することとなる。

　また、資金調達による規律づけに関しては、一般の企業においても、特定の銀行と密接な関係があり、利害を共有しているような場合には、事後的な救済の見込みを通じてSBC問題が発生し、経営の効率化が阻害されるおそれが高くなるとされる。これに対し、資金調達先が多数の投資家等に分散している場合には、予算制約はよりハードなものとなり、より効率的な事業実施が促されるとされる。

郵政事業の競争環境

　以上をふまえ、事業主体としての郵政事業の提供するサービスをみると、きわめて競争的な環境にあることを指摘できる。

　まず郵便事業についてみると、これは、物流と情報通信の両面にわたるサービスを提供しているものである。

　物流の側面では、輸送する対象物に応じ、貨物運送と信書便に区分される。貨物運送については、一般の貨物運送事業者と競争関係にあることが明らかである。一方、信書便については、郵便局がユニバーサルサービス義務を負う一方で、他の事業者に対して設備や守秘等の参入要件が課されてお

り、単純な競争関係にはない。

　しかし、信書便についても、たとえばアメリカと比べた場合、わが国の郵便事業はより競争的な環境で行われているものとみることができる。

　まず、アメリカでは、家庭の郵便受けには郵便配達人のみが投函してよいものとされているのに対し、わが国では、家庭の郵便受けにはだれでも文書等を投函することができる。この結果、わが国では、かねてより、新聞配達にあわせて行われるチラシの配布と地域内におけるダイレクトメールなどの郵便配達が競合的なサービスとなってきた。

　また、アメリカにおいては、一定の重量以下の文書について、緊急性等の特別な条件をつけずに宛先へ配達するサービスは、郵便局の独占分野とされている。これに対し、わが国においては、「特定の受取人に対し、差出人の意思を表示し、又は事実を通知する文書」と定義される「信書」を運ぶサービスが参入規制の対象とされている。この信書の定義は、通信の秘密に対応している点で、法律的には意義があるものの、提供されるサービスのもたらす効用に即していない点で、経済的には有効な定義ではない。実務的にも、配達の対象物がこれに該当するか否かが外観から明らかでないという問題がある。こうしたことから、近年では、貨物運送事業者が信書に該当しない軽量便を配達する「メール便」が拡大を続けている。これは、配達の対象物について信書との境界が不明確であるうえ、配達に際して受取人の受領確認を行わないことから、利用者からみれば、郵便事業の提供するサービスと代替的なものとなっている。

　また、郵便事業を情報通信の側面からみると、利用者にとっては電気通信と代替的なサービスを提供している。郵便は、葉書、封書等の有体物を媒体とするため、電話等の電気通信に比べて、情報伝達の物理的効率が劣らざるをえない。

　このように、わが国の郵便事業は激しい競争のもとで営まれている。制度上、若干の優遇措置が設けられてはいるものの、競合事業者によるクリームスキミングが避けられないなかで、ユニバーサルサービス義務が課されてい

るため、経営環境は厳しいものとなっている。

　一方、郵便局の金融事業により提供するサービスについて、まず、郵便貯金を銀行預金と比べると、金融商品としての機能は基本的に同一である。かつては、郵便貯金には政府保証がある一方で、預金保険制度による保護額とほぼ同一の預入限度額が設けられるという取扱いとされてきた。ただし、政府保証の有無に関しては、銀行預金についても、従来は銀行の破綻に際し全額が保護されてきたことから、預金者からみれば、相対的な差異にとどまるものであった。一方、郵便貯金のうち定額貯金については、6カ月の据置期間後における流動性と定期性預金に準じた金利設定という独自の商品性から、民間では提供できない商品という指摘もあった。しかし、預金者からみれば、金融商品の設計可能性のいかんはサービス供給者の技術的な問題であって、商品特性とオプションプレミアムとの兼合いが関心事項である。

　郵便貯金事業は、このように、資金調達面で提供するサービスにおいては銀行と代替的である。したがって、郵便貯金業務の特性としては、資金運用面で貸出等が行えないために、銀行業の本質である情報生産機能を欠くという特異な事業形態であることに着目する必要がある。これは、預入れされた資金が運用部に預託され、政府関係機関等に運用されるという財政投融資システムの一環であったことによる。

　なお、簡易生命保険事業については、保険数理に基づく商品規制のもとで、民間の保険商品と基本的に同一のものとされているが、簡易生命保険には政府保証がある一方で契約限度額が設けられていることが異なっていた。この点については、近年、民間保険会社の破綻に際して返戻金が減額されたことから、契約者からみれば、政府保証に実質的な意義が生じていたものとみられる。他方、簡易生命保険事業の事業形態については、民間生命保険会社との差異は、審査体制や引受商品の限定という点にとどまっており、郵便貯金事業のような特異性が小さい。なお、税負担については、負債サイドで積立を行う保険商品の特性から、追加責任準備金の積立を無税で行えるなど、実質的な優遇効果があったことを指摘できる。

■ 郵政事業の環境変化

　郵政事業を取り巻く環境は、このところ、大きく変化してきた。その内容を、まず、経済社会の変化との関係から概観すると、以下のとおりである。

　第一に、郵便事業は、情報通信技術の革新によって直接の影響を受ける。とりわけ電子メールは、利用者からみて、費用と自由度の双方で、より利便性の高い通信手段であるため、近年では、電子メールが急速に拡大する一方で、郵便の取扱量が減少傾向を示している。一方、インターネットを通ずる取引の拡大や、流通業における技術革新は、物流分野での新たな需要をもたらした。個人向けには、宅配便等の簡易で迅速な運送サービスが普及した一方で、企業向けには、運送手段や倉庫等の組合せによる物流サービスを一括して提供するロジスティックサービスが拡大してきた。しかし、郵便事業は、官業として業務展開が制約されていたこともあり、こうした環境変化への対応に困難を伴っていた。

　第二に、人口の高齢化は、簡易保険事業に直接的な影響を与えている。かつて団塊の世代が働き盛りであった時代には、わが国の個人保険市場における顧客ニーズの重点は、本人死亡時の遺族保障と老後に備えた保障であった。こうしたなかで、簡易保険は、遺族保障の面では、養老型の商品設計や個人当りの契約金額の上限によりリスクを抑える一方で、医者の診断なしでの加入や簡易な手続による保険金支払を認めることで、幅広い顧客に利用されやすいものとなっていた。また、老後保障の面では、商品設計上貯蓄の要素の比重が大きく、政府保証とともに、民間保険会社と同等の予定利回りを設定することで、有利な貯蓄手段を提供していた。しかし、高齢化に伴って個人保険市場における顧客ニーズは変化し、疾病や介護等のリスクへの対応がより重要となった。にもかかわらず、簡易保険事業においては、官業であるがゆえに、長期にわたって新商品の導入や特約の拡大が制約されてきた。また、体制面でも、利用者の手続の簡易さに重点を置いていた経緯から、疾病や介護等に関する保障を機動的に拡大することが困難となっていた。

第三に、人口の高齢化は、金融市場全般の変革を通じ、郵便貯金事業に大きな影響を与えている。かつては、働き盛りの団塊の世代を中心に強い貯蓄志向があり、郵便貯金事業は、政府保証、定額貯金のユニークな商品性、民間金融機関に匹敵する金利水準が相まって、幅広い顧客に有利な貯蓄手段を提供してきた。しかし最近では、人口の高齢化に伴い、高齢世帯ほど投資信託等の保有割合が高くなっている等、有利な投資を求める志向が強まっている。郵便局においても、2006年秋から投資信託の販売等が開始されたが、幅広い顧客のニーズに隙間なく対応するためには、変額年金等を含む多様な品揃えとするための体制整備が必要となっていた。

■ 郵政事業を取り巻く制度改正

　また、郵政事業の経営環境に関しては、近年、関連する諸制度がさまざまに改正されてきていることも指摘する必要がある。
　特に、財政投融資制度の改革は、郵政事業の環境を根本的に変化させた。かつての郵便貯金および簡易保険事業は、財政投融資制度の一環をなしていた。集められた資金は、原則として資金運用部に預託され、財投機関への投融資等で統合運用されることとされていた。その際、預託金利については、後述のように、郵便貯金事業者の健全かつ適正な運営の確保に配慮するものとされていた。これにより、郵便貯金および簡易保険事業は、信用リスクを負うことなく、収支を保つことが可能となっていた。
　しかし、1993年に決定された財政投融資制度の抜本的改革においては、郵便貯金および簡易保険事業について、預託義務を廃止することとされた。また、自主運用については、独立採算の事業である郵便貯金事業の責任において対応する仕組みが必要とされた。これは、財政投融資について、受動的に集まった資金を一元的に管理・運用している状況を見直し、必要な額だけを能動的に調達すること、市場と完全に連動した条件で最も効率的に調達すること、金利リスクを適切に管理できるようにすることとされたことに伴うものであった。こうした財政投融資制度の抜本改革は、2001年に実施に移さ

れ、郵便貯金および簡易保険事業による預託資金は、当時預託された資金の7年の期限が切れる2007年度中にすべて払い戻されることとなった。この結果、郵便貯金および簡易保険事業は、民間金融機関と同様、信用リスクを伴った運用によりリターンを目指していかねばならなくなった。しかし従来は、官業としての制約から、特に郵便貯金事業において、資金運用手段がごく狭い範囲に限定されてきていた。

　第二に、郵便局の現場にとっては、窓口サービスに関する制度改正に対応することが必要となった。

　近年のわが国においては、食品の原産地等の表示、住宅建設にかかわる建築確認、耐久消費財の安全性等、多岐にわたる財・サービスについて、事業者の公正性や透明性が厳しく求められるようになっている。その一環として、金融商品の販売についても利用者保護が重視されるようになっており、郵政民営化の実施とほぼ期を同じくして施行された金融商品取引法において、投資信託等の販売に関する適合性の原則の強化等が行われた。

　また、金融機関の窓口での顧客対応に関しては、国際的な組織犯罪の防止に関するFATF（金融活動作業部会、The Financial Action Task Force）の活動等を受けて、マネーロンダリングや詐欺の防止に向けた本人確認の厳格化が進められた。2006年から、10万円を超える現金の送金を行う際の本人確認が義務づけられたうえ、2007年からは、犯罪収益移転防止法が制定された。こうした法令に基づく本人確認の具体的方法としては、健康保険証や運転免許証等の公的な証明書を用いて、氏名、住所、生年月日を確認しなければならないとされた。

　第三に、内部統制体制の整備という時代の要請にも対応することが不可欠であった。近年のわが国では、企業全般について、偽装、隠蔽、違法行為等、さまざまな不祥事が頻発したなかで、法令遵守に関する経営者の責任が強調されるようになった。このため、アメリカにおいてエンロン事件等を契機に制定されたサーベンス・オクスレー法を参考に、内部統制体制に関する法制度が整備された。すなわち、2002年の商法改正において、委員会等設置

会社に対し、経営者は、企業統治と法令遵守に関する体制を決定せねばならないとする規定が導入され、2006年に施行された会社法により、大会社のすべてに対し、この規定が適用されるようになった。また、同年に成立した金融商品取引法において、内部統制報告書に関する公認会計士の監査証明を受けねばならない旨の規定が導入された。

こうしたなかで、郵政事業は、不祥事や業務上の事故が多発してきており、抜本的な対応が必要という指摘もなされていた。その際には、小規模店舗による全国ネットワークという特徴から、統制には格段の工夫が必要であった。しかし、従来、業務の標準化やシステム化等が進められていなかったため、内部統制体制の整備には多大な困難が伴った。

以上のような経済社会の構造変化や制度改正等への対応は、郵政事業にとっては所与の課題であり、民営化に関する作業と併行して実施することが必要となっていた。

郵政事業の会計制度

以上をふまえ、郵便貯金事業の財務構造を理解するため、次に、会計制度からみた歴史を振り返ってみることとしたい。

民営化以前の郵政事業は、郵便・郵便貯金・簡易生命保険の3事業一体での独立採算制度がとられており、郵便貯金事業はそのなかの一区分であった。

郵政事業の財務に関しては、1951年に会計処理の体系が確立された。これによれば、郵政3事業にかかわる歳入と歳出は、全体として、郵政事業特別会計において処理される。郵便貯金特別会計、簡易生命保険特別会計は、そのなかの資金管理特別会計として、資金運用等による収益と元利払いや保険金支払等の費用とを経理するとともに、郵便貯金と簡易生命保険の事業に要する人件費や物件費を郵政事業特別会計に繰り入れることとされている。

この特別会計の収支については、内訳として3事業ごとの区分は観念されるが、その経営は一体的に行うこととして、一般会計に対する独立採算が図

られている。その結果、収益が発生すれば、この会計の固有資本の増減に帰着することとなる。また、郵政事業に要する資金調達に関しては、郵政事業特別会計の負担において、設備資金のための建設公債を発行したり、収支補てんのための借入れをしたりすることができるとされていた。ただし、こうした借入れは、料金改定による収支相償の回復までのつなぎ措置とされており、償還計画の策定が要件となる。

　この会計制度は、郵政公社の時期に至るまで、基本的に引き継がれてきた。

　その収支の状況を振り返ってみると、戦後間もない1947～1951年においては、インフレーションの昂進が著しく、毎年度の料金改定によっても償還計画が成り立たず、財政法に基づく一般会計からの繰入れを受けていた。また、その後も赤字状態が続き、資金運用部からの繰入れでまかなっていた。これに対しては、1961年度に、後述のような救済措置が講じられた。

　その後、郵便事業は、インフレーションによる人件費の支出増加等により1960年代後半から継続的な赤字に陥った。しかし、輸送体系の変更や営業活動の強化等の業務の抜本的改革が実施されて1981年度から黒字に転じ、1986年度には累積赤字を解消している。この間、郵便事業における赤字は金融事業によりまかなわれ、資金不足が生じても、金融事業の資金が融通されていた。他方、郵便貯金事業については、1960年代は黒字が継続していた。1973～1974年の急激な金利引上げにより、5年連続の赤字に転じたが、1980年代に入って、預託金利が相対的に高止まりした結果、持直しを示している。

　1990年代以降においては、1998～2000年の間、郵便事業が再びわずかながら赤字となったことに加え、郵便貯金事業が大幅な赤字に転落している。この要因としては、郵便事業については景気後退の影響であるが、郵便貯金事業については金利リスクの顕在化によるものである。具体的には、1980年代末の高金利時に預入れされた定額貯金が10年の満期まで残存する一方で、その資金によって行われた預託は7年満期であるため、残る3年間については、高利で調達した資金を、逆鞘となる新利率で預けることとなったもので

ある。その後、郵政事業の収支は、両事業ともやや持ち直し、郵政公社の時期を含め、黒字となっている。

■ 郵便貯金の財務構造

　郵便貯金事業は、このように、独立採算の特別会計のもとで企業的経営が行われる郵政事業の一環であり、損失が発生した際には、立法府に対して責任を負うことで規律づけられてきた。

　この点に関し、経済学の観点から、経営困難に陥った際の対応に関し国営企業と民間企業とを比べると、まず事業に関しては、前者では、政策継続の必要性のいかんに応じ、立法府により再構築か清算かの判断がなされるのに対し、後者では、事業の再生可能性のいかんに応じ、債権者により再構築か清算かの判断が行われる。また財務に関しては、国営企業では、財政資金により損失が負担され、事業再構築のために補助金の支給さえなされる可能性もあるのに対し、民間企業では、債権者の負担により既往の債務の調整が行われる。こうしたことに対応し、経営者等の負う責任については、国営企業では法令への適合性に関する責任が問われるのに対し、民間企業では収益確保に向けた努力に関する責任が問われることとなる。SBC問題として論じられるところによれば、国営企業では、市場の失敗への対応等という政策目標と採算性の確保という事業目標とがあわせ存在するので、経営困難が責任追及に直結せず、経営の効率化に向けた規律づけが弱くなるとされる。

　これらをふまえて、郵便貯金事業に対する経営規律を考える場合には、まず、競争相手である銀行も、SBC問題を内包していることに留意する必要がある。とりわけわが国においては、戦後長期間にわたり銀行は破綻しないものと信じられていたこと、預金金利が規制されていたこと等から、負債面からの規律づけが機能しない状況が続いていた。また、その後銀行が破綻するようになっても、郵政民営化以前の期間においては、債務が全額保護され、それを担保に無制限の資金供給が行われたことから、銀行に対する資金調達面からの規律づけは、破綻に際して毀損される株式を通ずるものに限られて

いた。

　こうした銀行の規律づけの弱さは、わが国に限られる現象ではない。アメリカにおいても、長期的にみて、セーフティネットの整備が銀行の自己資本比率の低下をもたらしてきたこと等が指摘されている。また、これをふまえて、流動性預金の引出しのリスクにさらされることが銀行経営の最適化をもたらすために重要であるという指摘もある。

　資金調達面からの規律づけに関し、郵便貯金を銀行と比べた場合には、このように、株主による規律づけを受けないことがおもな相違ということとなる。しかし、この点についても、かつてのわが国では、銀行を含めて、株式の持合いが一般的であった。したがって、郵便貯金事業とわが国の銀行の経営規律の実質的な差異は、近年になってはじめて生じたものであるとみられる。その内容についても、銀行では、株主による規律づけと並び、早期是正措置制度を基軸とする監督当局による規律づけが重要であった。

　以上をふまえると、長期的にみた郵便貯金事業の財務構造に関しては、集めた資金を原則として資金運用部に預託するという特異な事業形態が与えた影響に着目して検討するほうが適切だと考えられる。その際には、事業体としての郵便貯金事業の採算が預託金利と資金調達コストとの関係によって決定されることとなるため、預託金利の決定方式が重要な論点となる。

■ 預託金利と金利体系

　預託金利の推移を振り返ってみると、戦後しばらくの間は、国債の発行利率に準拠して決められており、資金調達コストがこれをかなり上回っていたことから、郵便貯金特別会計は、赤字を続けていた。

　1961年の制度改正は、この状況を転換させた。その内容は、一般会計に対する累積赤字の返済義務を免除するとともに、資金運用部への預託金利については、国債の発行利率に0.5％の特別利子を上乗せすることで、当時の郵便貯金事業の資金調達コストよりも高い水準に設定するというものであった。この措置は、一般会計による郵便貯金事業の事後的救済であり、かつ、

預託金の規模に比例した補助金支給の事前保証であった。筆者は、これにより、郵便貯金事業の財務構造は決定的な影響を受けたと考える。
　1973年および翌年には、公定歩合の変更に対応して郵便貯金金利が大幅に引き上げられる一方、預託金利はその時点の国債発行利率に対応して設定されたこと等により、郵便貯金特別会計は赤字に転じた。その後は、金利低下局面において、預託金利の引下げ幅が相対的に小さく抑えられたことから、収支は持ち直している。
　1987年には、金利変動が激しくなったことに対応し、預託金利の決定方式が、法定制から行政庁による市場連動制に変更された。その際、金利決定の考え方については、「国債の金利その他市場金利の動向を考慮するとともに、郵便貯金事業等の健全かつ適正な運営の確保に配慮する」ものとされたことが重要である。具体的には、その後、7年ものの預託資金に対して、10年もの国債の発行利率にさらに0.2％を上乗せした金利を付す方式がとられることとなった。
　これは、財政サイドでは、同様に資金運用部に資金を預託している年金財政の運営にも留意して決定されたものであったと考えられる。
　また、金融サイドでは、当時の「金利体系」に対応したものであった。すなわち官民の資金調達に関しては、国債と金融債の発行利率が調整されるとともに、郵便貯金と銀行預金の金利が連動していた。また、資金運用に関しては、長期信用銀行の長期プライムレートが金融債の発行利率に一定幅を上乗せした水準で定められていた。これは、政府系金融機関の貸出の基準利率にも用いられていた。財政投融資制度や長期信用銀行制度は、こうした金利体系によって存立基盤が維持されていたのである。こうした当時の金利体系を図示すると、図表18のとおりである。
　その後、この金利体系は、金融の自由化の進展に伴って解消されていくこととなる。しかし、預託金利については、財政とのかかわりから市場メカニズムの貫徹が遅れたため、金利体系の考え方がその後も踏襲され、預託制度の廃止に至るまで続くことになった。

図表18　わが国の金利体系（1980年代まで）

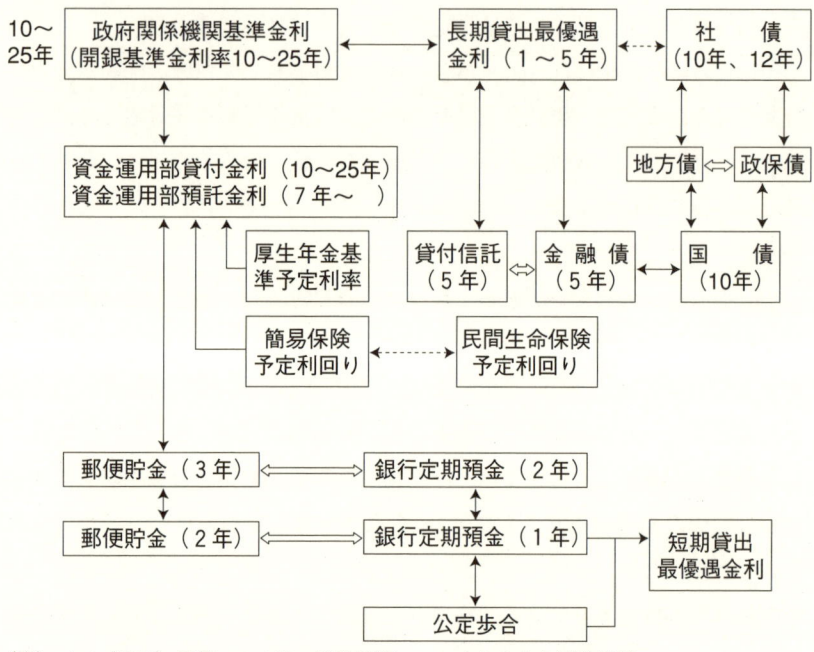

| 10～25年 | 政府関係機関基準金利（開銀基準金利率10～25年） | ⟷ | 長期貸出最優遇金利（1～5年） | | 社　債（10年、12年） |

（図中の項目）
- 資金運用部貸付金利（10～25年）／資金運用部預託金利（7年～　）
- 厚生年金基準予定利率
- 貸付信託（5年）
- 金融債（5年）
- 地方債 ⟷ 政保債
- 国　債（10年）
- 簡易保険予定利回り ‐‐‐ 民間生命保険予定利回り
- 郵便貯金（3年）⟷ 銀行定期預金（2年）
- 郵便貯金（2年）⟷ 銀行定期預金（1年）⟶ 短期貸出最優遇金利
- 公定歩合

（注）⟺（ほぼ）同値、⟷強い連動関係、‐‐‐ゆるやかな連動関係。
（資料）内閣府経済社会総合研究所、経済分析119号「財政投融資―公的金融―の研究」経済企画庁経済研究所編

　こうした預託金利の決定方式は、リスクのない資金運用に対し大幅なプレミアムが付されている点で、金融商品として著しく有利なものであった。郵便貯金の経営としては、かりに資金調達面からの規律づけが機能していたとしても、このような有利な投資を保証されていれば、無限に規模を拡大することが合理的となる。しかも、銀行としての情報生産機能を発揮する余地は存在していなかったのである。したがって、郵便貯金事業にとっては、貯金金利を高めに設定することが合理的な選択肢となった。

　また、経営の観点からみても、かりに貯金金利を高く設定しすぎても、行政府による預託金利の決定に際し、事業運営への配慮がなされるのである。したがって、国営企業として大幅な赤字が継続する可能性は小さくなってい

る。

　こうした状況のなかで、郵便貯金については、1960年代半ばにおいて貯金残高が3兆円程度であったものが、ピーク時の2000年2月には260兆円にまで達する等、極度の規模拡大がみられた。個人預貯金に占めるシェアでみても、1960年代には15％程度であったものが、1990年代では40％に近づくという上昇を示している。こうした拡大の要因としては、預金者にとって有利な定額貯金の商品性があげられることが多かった。このほか、通常貯金を含め、銀行預金に比して金利を高めに設定すること等も指摘されてきた。筆者は、その根源において、以上のような預託金利の決定方式が、郵便貯金事業のインセンティブに対し、規模の拡大を目指す強い志向をもたらしたことがあるものと考えている。

　具体的な金利設定においても、郵便貯金の金利は、1961年以降、対応する銀行預金よりも高い水準に設定されるようになった。その後も、規制金利下での金利改定にあたっては、金利を高めに設定したり、変更時点を貯金者に有利にずらしたりすることによって、定額貯金への大規模なシフトがもたらされた。さらに、預金金利自由化のプロセスに際しては、いわゆる金利決定ルールが設定されたが、ルールの設定や運用にあたって、少しでも高めの設定を行おうとされた。このほか、1990年代末には、定額貯金に対する付利の計算方法を操作してまで高金利を付与して規模拡大を図る動きさえ、一部にみられたという指摘もなされた。

■ 郵便貯金と行政運営

　一方、郵便貯金を政府の行政運営の観点からみると、戦後の貯蓄奨励政策の延長として、個人預貯金者の権利保護という政策目的を設定していたことに対応した制度であった。

　しかし、郵便貯金金利の高め設定は、資金運用部の資金調達コストの上昇につながり、財政投融資における政策金利の低め設定と矛盾することとなる。この矛盾は、予算編成に際し、財投機関に対する無コストでの政府保

証、出資金の拠出、損失に対する補給金等によって繕われてきた。

　これは、わが国の政府が、SBC問題で論じられるとおりの対応を行ったものとみられる。すなわち、かつての予算編成においては、財政支出を計上せずに政策目的を達成しようとする例が多くみられた。これは、「財投まわし」と呼ばれていた。財政投融資の対象である国営企業に対し、政策目的を達成するための金融仲介活動を行わせる等によるものである。筆者は、これにより、国営企業が赤字に陥った場合に、財政支出により救済せざるをえなくなることにつながったと考える。

　他方、予算編成に関しては、公共事業への投資や政府機関の収支補助のための資金を財政支出ではなく財政投融資によりまかなったことが、政策判断に対してSBC問題に準じた影響をもたらしたものとみられる。すなわち、こうした処理を行えば予算書に表示される財政赤字が表面的には小さなものとなる。しかし、そのことは将来の財政破綻のリスクを過小に評価させることを通じ、政府の効率化に向けた規律づけを弱めることにつながった。筆者は、郵便貯金事業の規模拡大が、こうした現象をもたらす背景となったものと考える。

　さらに、郵便貯金事業が金融市場に与える影響に関しては、預金金利自由化のプロセスに際し、いわゆる金利決定ルールによる調整が図られた。これは、結果としてみると、予算と財政投融資における問題点を放置したまま、金融市場において補整を行おうとしたものであった。郵便貯金事業に対しては、インセンティブ構造と矛盾しており、実効性に乏しかった。また金融市場に対しては、固定的な商品設計を前提としたものであり、民間金融機関の商品設計のインセンティブを阻害した。筆者は、金融商品の革新の流れには、必ずしもそぐわないものであったと考える。

■ 郵便貯金の民営化の機能

　郵政民営化は、以上のような問題点を是正する諸般の改革の一環として行われたものである。ただし、郵便貯金事業の経営規律については、それ以前

に、預託制度の廃止が大きな意義をもっていた。国債等の通常の金融商品によって資金運用を行うのであれば、資金調達コストは、それによって採算がとれる範囲内に抑えざるをえないからである。郵政公社の段階から郵便貯金や簡易生命保険の資金規模が縮小を開始していることは、その表れであるとみられる。

　そのうえで、民営化後の郵便貯金に対しては、政府保証の撤廃が直接に作用することとなる。

　民営化後のゆうちょ銀行の財務構造をみると、負債では定額貯金が大きなウェイトを占める一方、資産では長期国債のウェイトが大きいことが特徴である。このため、ゆうちょ銀行の収益構造は、長短金利のスプレッドと変動幅に強く依存しており、イールドカーブがフラットになった場合や金利が急上昇した場合に悪化が予測されるなど、大きな金利リスクを抱えている。

　さらに、経営規律との関係では、流動性リスクが重要である。すなわち、負債サイドでは、定額貯金は定期預金と異なり、据置期間経過後は途中解約のペナルティがない。通常貯金をあわせ考えると、ゆうちょ銀行の資金調達のほとんどが実質的に流動性預金によるものとなっている。また、預金の構成に関しては、一般の銀行と異なり、融資先の債務者預金や決済口座の溜り資金のウェイトが小さい。したがって、いったん資金流出が始まった場合には、預金者サイドに引出しを思いとどまるインセンティブがほとんどないこととなる。

　一方、資金運用の主体である長期国債は、一般的には流動性が高い金融商品であるが、ゆうちょ銀行にとっては実質的に流動性が高くないものとみられる。金融商品の流動性リスクについて、緊急に売却した際のディスカウント幅によって認識することとすると、ゆうちょ銀行は国債市場におけるシェアがあまりに大きいため、売却が市場の需給全体を変動させる結果、金利上昇を引き起こし、結果として大きなディスカウントを被ることとなるからである。以上の流動性リスクに関しては、銀行一般について、流動性預金の引出しのリスクによって経営の最適化が図られることをふまえると、ゆうちょ

銀行のインセンティブ構造に対して、きわめて強い効果をもつものである。

　以上の金利リスクと流動性リスクは、預金者に認識されることとなるので、ゆうちょ銀行としては、自らの財務の健全性を預金者にアピールしなくてはならない。銀行監督上の自己資本比率規制は、信用リスクに重点を置いた最低限の基準にすぎず、ゆうちょ銀行の経営においては、民間企業として、自己資本の充実を積極的にディスクローズしていくことが基本となる。

　筆者は、政府保証の撤廃されるなかで、このようなリスク管理を行おうとする場合、かつてのような規模拡大志向は生じがたいものと考える。

第 9 章

ディスクロージャーと証券市場

A 現　実

■ 合議制行政機関

　2008年夏、筆者は金融庁に復帰するとともに、公認会計士・監査審査会事務局長に任命された。この組織は、エンロン事件等に対応してアメリカで2002年に設立されたPCAOB（公開会社会計監督委員会、Public Company Accounting Oversight Board）を参考に、2004年に設置された合議制の行政機関である。ただし、PCAOBはSECの傘下に置かれた非営利法人であるのに対し、わが国の審査会は、金融庁の外局という位置づけであった。その権能は、監査法人に対する検査、公認会計士に対する処分の審議および公認会計士試験の実施である。発足後あまり年数を経ておらず、カネボウ事件等の不正開示問題に対処してきたが、いまだ創業期にある組織であった。

　筆者は、この組織で1年間勤務した後、同じく金融庁の外局である証券取引等監視委員会の事務局長に配置替えされた。これは、損失補てん等の証券不祥事を契機として、1992年に設置された行政機関である。金融監督庁の発

足に際して大蔵省から移管され、金融庁の発足後はその外局となっていた。その権能は、金融商品取引法違反に関する犯則調査や課徴金調査、虚偽の開示に関する検査、証券会社等の金融商品取引業者に対する検査等である。こちらは、かなり伝統もあるうえに、近年、権限と規模が急速に拡大している組織であった。

　筆者の考えでは、この両者はいわば兄弟会社である。金融庁を含む内閣から独立して判断を行う合議制の機関であること、証券市場のインフラストラクチャーの信頼性を確保する責務を負うことで共通している。また、事務局も、多様な職員により構成されていること、外国の類似機関と直接に連携する必要があること等の共通の特徴がある。

　筆者の立場で郵政民営化委員会と比べれば、職務が具体的な行政事案であって技術的な検討が求められること、常勤の委員に日常業務の相談を行うことができることで異なっている。審査会と証券監視委の事務局長の業務は、実務担当官としての性格が強かった。

　一方、これらの機関は行政処分の最終的な決定権限を有しておらず、制度の企画立案の機能も金融庁に留保されている。この点に関しては、特に証券監視委について、発足当初、アメリカのSECと比較して、規則制定権を有していないことが弱点であるという見解もあった。さらに、外局という位置づけについては、独立性が十分でないという批判もみられた。

　しかし、筆者は、現に事務局長として勤務しているうちに、こうした批判は的がはずれていると思うようになった。この批判は、権限行使という狭い次元の行政を念頭に置いたものにすぎないのではないか。真に経済社会に貢献するためには、専門性のある議論を経て責任ある見解を提示することが重要であり、この目的を果たすためには、現在の両機関の枠組みは有効だという考えである。

　特に証券監視委においては、活動の自由度がきわめて高いと考えた。すなわち、同委は、その権限として、個別事案に関する情報については、検察庁や金融庁に告発や勧告を行うことができるほか、被検査機関への通知や外国

当局への通報等を行うことができる。一般的な情報であれば、これに加え、金融庁への建議のほか、証券取引所や証券関係の業界団体への提示が可能とされている。

また同委は、法律に権限として規定されていなくとも、守秘義務に抵触しない範囲であれば、独自の判断で情報を発信し、証券市場の発展に寄与することができる。たとえば、公認会計士協会のほか弁護士会等の専門家の団体に対して、これらの団体が十分に自律機能を発揮しうるよう、情報を発信し、対応を訴求していくことができる。広く投資家一般に対する情報発信が必要であったり、有益であったりする場合には、自らの判断で、どんどん広報活動を行うことができる。筆者としては、証券監視委は、このように高い自由度を与えられているのであるから、発信する情報が説得力のあるものであれば、いくらでも世の中のお役に立つことができると考える。

これに比べれば、直接の権限を有している行政機関であっても、個別事件であれば訴訟を考慮する必要があるし、法令の立案であれば、国会等における政治的審議を仰ぐための作業にとどまるので、独立して最終決定を行っているわけではない。しっかりした識見を示せなければ、単に権限を守ることに汲々とする事態に陥るおそれさえないとはいえない。

こうしたことをふまえ、筆者としては、証券監視委が証券市場の発展に向けた情報処理機関として十分に機能するよう、事務局の運営を行い、外部にも働きかけていくことに絶えず努めていくという考え方によることとした。具体的には、証券監視委の活動を、情報の収集、検証、発信という3つの機能としてとらえ、それぞれにおいて、証券市場の変革への対応や行政目的の効率的達成のために工夫を加えていくという運営方針を立て、外部にも説明し、部内にも浸透させることとした。

■ 証券市場におけるインテグリティの確保

この2つの行政機関の目的は、証券市場のインフラストラチャーの機能を整備するということで共通しているが、筆者の考えでは、その中核は、適正

な情報共有に基づく市場のインテグリティ（完全性、Integrity）の確保にある。インテグリティの概要について、その機能を説明すれば、以下のとおりである。

　すなわち、証券市場の投資家は、銀行の預金者と異なり、投資対象である金融商品の発行体のリスクに自ら直面することになる。したがって、金融商品を購入するためには、発行体の状況を十分に分析できることが必要であるし、購入後金融商品に懸念が生じた場合には、円滑に売却できることが必要である。そのうえで、市場において多数の投資家が売買を行うことで、適正な価格が形成され、発行体と投資家に対するシグナルを発することができるようになる。このような市場流動性の提供と価格の発見という証券市場の機能が発揮されるためには、発行体によって信頼できる情報が開示され、投資家に適正に共有されることが不可欠である。しかし、この前提条件はおのずから満たされるというものではなく、公認会計士、自主規制機関、政府等による環境整備が常に必要である。

　証券市場におけるインテグリティの確保の枠組みをあらためて整理してみると、まず、発行体が事業や財産の状況を整理し、開示するための枠組みとして、会計基準の整備がある。会計には、企業内部の業務運営の基礎となる管理会計と企業外部へのディスクロージャーの基礎となる財務会計がある。後者については、投資家等の判断に資するために、一定の基準のもとで比較可能なものとして作成されなければならない。会計基準は、商法、会社法および金融商品取引法により、慣習法として法体系の一環をなす規範であるとされている。政府が制定するものではなく、民間の実務において形成されるという位置づけである。

　インテグリティ確保の第二の枠組みとしては、公認会計士制度がある。公認会計士は、独立した立場において、財務書類その他の財務に関する情報の信頼性を確保する監査および会計の専門家である。公認会計士試験に合格したうえで、実務補習と２年以上の業務補助等を修了すれば、公認会計士名簿に登録されることで公認会計士になることができる。公認会計士は、上場企

業の財務諸表の会計監査等の業務独占権を有する一方、非違事項があれば業務停止等の懲戒処分を受けることとなる。なお、公認会計士は、多くの場合、監査法人に属している。

　公認会計士が監査を行う場合に遵守しなければならない規範は、監査基準と呼ばれている。監査基準は、監査の目的に関する規定に加え、監査人の適格性の条件や監査人が業務上守るべき事項を定めた一般基準、監査意見を形成するに足る合理的基礎を得るために監査人が監査を実施する際の実施基準、監査報告上での意見表明の内容に関する報告基準から構成されている。この基準も、会計基準と同様、政府が制定するものではなく、民間の実務において形成されるという位置づけである。

　証券市場におけるインテグリティの確保に関する第三の枠組みは、情報の適時、的確な伝達である。具体的なディスクロージャーの媒体としては、金融商品取引法で規定されている企業内容の開示資料である有価証券報告書等と、証券取引所の規則によって上場会社が義務づけられている適時開示書類がある。また、ディスクロージャーのチャネルとしては、金融商品取引法に基づく有価証券報告書等の開示書類に関する電子開示システムであるEDINET（エディネット、Electronic Disclosure for Investors' Network）と、東京証券取引所の運営する適時開示情報伝達システムであるTDNET（ティー・ディー・ネット、Timely Disclosure Network）が設けられている。さらに、こうして共有される情報に関し、分析や判定等のサービスを行い、投資家に対して情報発信を行う格付会社やアナリスト等の民間事業者が活動している。

　こうした枠組みにおける金融行政の役割は、公認会計士試験やEDINETのように、自ら業務を実施するものもあれば、会計基準や監査基準のように、民間実務家による検討のための環境を整備するものもある。とりわけ公認会計士制度については、独立した専門家であることに大きな意義があり、公認会計士協会による自主的規律が原則であるため、政府の関与は謙抑的である必要がある。なお、第2章および第3章の現実編で論じたように、銀行の破綻処理や早期是正措置においては会計処理が大きな影響をもつため、開

示行政と銀行監督とはきちんと隔離しておく必要もある。

　しかし一方、開示された情報は、市場における株価の変動をもたらすほか、株主総会等における議決の判断等の基礎となるため、経営者は、業績の情報を自らに有利なように開示したいというインセンティブを有している。いわゆる収益管理に関する会計と経済学の分析をみると、こうしたインセンティブは、銀行や建設会社のように財務報告の内容が事業実施に直接に影響する企業や、上場の可否や維持が審査対象となっている企業において、特に強いものとされている。場合によっては、意図的に虚偽のディスクロージャーを行う場合もあるとされる。

　こうしたディスクロージャーのゆがみは、本来、公認会計士による監査を通じて排除されるべきものである。しかし、公認会計士については、いわゆる「インセンティブのねじれ」が指摘される。これは、監査対象である発行体から報酬を受け取っていることから、経営者に不利な情報を指摘すること

図表19　市場監視行政の基本コンセプト

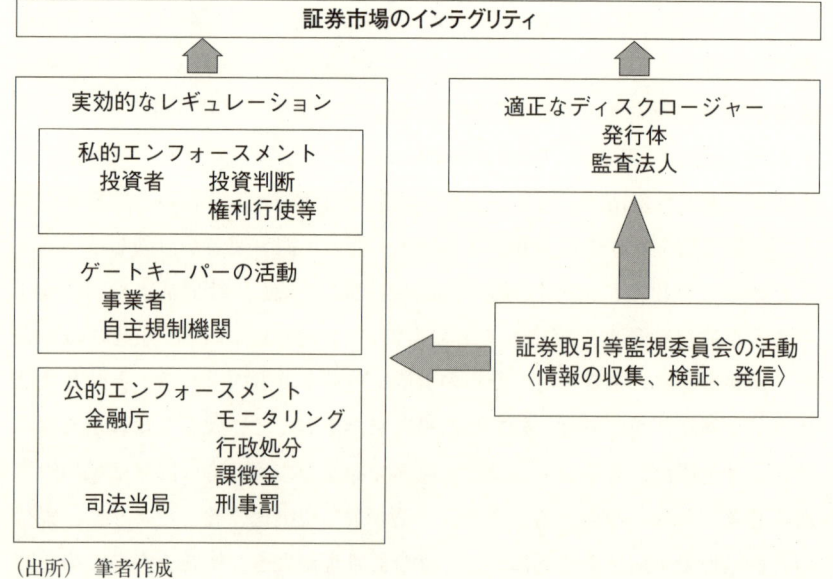

```
                    証券市場のインテグリティ
                    ↑                    ↑
    ┌─────────────────────┐     ┌──────────────────┐
    │  実効的なレギュレーション  │     │  適正なディスクロージャー │
    │ ┌─────────────────┐ │     │     発行体          │
    │ │  私的エンフォースメント │ │     │     監査法人        │
    │ │  投資者　投資判断    │ │     └──────────────────┘
    │ │        権利行使等   │ │              ↑
    │ └─────────────────┘ │              │
    │ ┌─────────────────┐ │              │
    │ │  ゲートキーパーの活動 │ │              │
    │ │     事業者          │ │   ┌──────────────────┐
    │ │     自主規制機関     │ │ ← │ 証券取引等監視委員会の活動│
    │ └─────────────────┘ │   │〈情報の収集、検証、発信〉│
    │ ┌─────────────────┐ │   └──────────────────┘
    │ │  公的エンフォースメント │ │
    │ │    金融庁　モニタリング│ │
    │ │          行政処分   │ │
    │ │          課徴金    │ │
    │ │    司法当局　刑事罰 │ │
    │ └─────────────────┘ │
    └─────────────────────┘
```

（出所）　筆者作成

等にディスインティブが存在するというものである。

筆者の配属された2つの行政機関の重要な業務の1つは、検査や行政処分の勧告等を通じ、ディスクロージャーにかかわるこうしたゆがみを補整していくことであった。以上の考え方をふまえて、証券監視委の活動の基本コンセプトを図示すると、図表19のとおりである。

監査法人の検査

審査会や証券監視委が現実に行う業務は検査および犯則調査であったが、これを市場におけるインセンティブのゆがみの補整にどうつなげていくかは、執行上なかなかむずかしい問題である。

特に審査会による監査法人検査は、その性格づけがきわめてデリケートであった。すなわち、公認会計士により表明される監査意見そのものは、独立した専門家としてのものとすることが不可欠であり、審査会の検査の対象とされるべきものではない。しかし、エンロン事件でみられたような、監査法人が被監査対象の企業と癒着しているような状況はあってはならない。また、現在でもしばしば指摘されるような、十分な監査手続を行わずに安易に適正意見を表明するという事態は排除していく必要がある。そこで、審査会による監査法人検査は、監査法人による監査の態勢を検査して、その後の改善を促すという性格のものとされた。その際、検査において指摘を行うか否かの基準は、監査基準等に置くこととされた。この考え方は、アメリカのPCAOBをはじめとする各国の類似機関と共通のものである。

その結果をみると、多くの監査法人において検出された問題点としては、明らかな違反行為があるというよりは、監査手続の積重ねが十分でないという事例が多かった。そのなかで、現時点における監査の基本であるリスクアプローチがとられていないといった指摘については、当然改善すべき問題点だという受止めが得られたが、監査調書の作成と保管に関する指摘については、しばしば反発を受けることとなった。

この点に関し、筆者としては、たしかに重箱の隅をつつくようなことは避

けるべきであるし、監査報酬の水準からみて監査法人が省力化を望むことも理解できるものの、反発は倒錯したものであるように感じられた。公認会計士制度は、もともとイギリスやアメリカにおいて、一種の保証人として発達してきたものである。その業務実施については、破綻企業の財務報告に対して不適正な意見表明を行っていた場合の民事責任が適正性確保の根底となっている。エンロン事件におけるアーサーアンダーセンにみられるように、倒産企業の監査を行っていた監査法人は、しばしば責任追及を受ける。これは、破綻企業に投資していた者は、監査法人がディープポケット（大きな財源、Deep Pocket）を有しており、賠償請求を行う先として有望と考えるからである。監査調書の作成は、こうした損害賠償訴訟において、監査法人が自らの監査手続に瑕疵がないことを立証するための準備作業でもある。したがって、検査当局に指摘されるまでもなく、監査法人が自ら十分に行うべきものである。国際的な議論においては、むしろ、一般投資家から広く信認される監査法人は限られるので、政府は監査サービス市場が寡占的となることの防止に注意を向けるべきだという指摘が見受けられた。

　また、検査結果に基づく態勢改善をどのように確保するかもデリケートな問題であった。明らかな違反行為があれば、金融庁に行政処分を勧告することで対処しうるが、自主的な改善が期待されるような問題点については、検査結果の通知に応じて改善計画を提出してもらい、以後、計画の実施状況をフォローアップしていくということが必要である。銀行検査の場合は、こうしたフォローアップは監督当局により行われるが、監査法人検査については、公認会計士の独立性に留意した対応が必要である。アメリカのPCAOBは、自らフォローアップを行うが、わが国のような純然たる官庁ではなく、財源等の面からみても自主規制法人の性格を有している。審査会の検査にどのように対応するかは、金融庁における人員不足の問題もあって、なかなか困難な課題であった。

　この問題に関し、まず個別の検査結果については、公認会計士協会が検査対象監査法人から情報を入手して、レビュー作業等に生かしていくという枠

組みによることとなった。また、検査結果から演繹される一般的な問題点については、検査結果事例集を拡充して、実質上、銀行検査における金融検査マニュアルに準じた機能をもつよう工夫することとした。その際、監査調書の不備については、前述したような問題認識が公認会計士に広く共有されるよう、きめ細かく対処していくこととした。

■ 虚偽開示に対する検査と犯則調査

一方、証券監視委には、ディスクロージャーの信頼性確保の手段として、粉飾事案等に対する犯則調査と虚偽のディスクロージャー一般に対する検査の権能が付与されている。

かつては、証券監視委の業務運営は、ライブドア事件にみられるような犯則調査が基本であった。犯則調査は、証拠が十分固まるまで内偵を重ね、基礎となる証拠が確保されたところで裁判所から令状を得て一挙に強制調査を行い、公判を維持しうるに足る証拠があると判断された段階で検察当局に告発するという手順で進められる。これは、被疑者の人権や公正な捜査手続の確保という観点からは当然のことであって、見込みでの捜査や告発がなされてはならないことはいうまでもない。しかし、金融行政の観点からみた場合、投資家が十分に損害を被ったことを確認してから事後的に制裁を加えるということになっては、かえって市場に対する信認の喪失を招くことになりかねない。この考え方は、刑事一般の考え方としても、一般予防の重視ということで容認されうるものだと考える。

筆者の着任時においては、すでに、適正な手続に基づく調査を早期かつ迅速に進め、損害の拡大を予防しうる段階で市場にメッセージを送ることが委員会の方針とされていた。この方針のもとで、実務上は、まずは課徴金調査により、早期に対応することが重視されるようになった。そのうえで、犯則調査に関しても工夫が重ねられた。2010年夏には、粉飾決算に基づいて上場していた企業であるエフオーアイに強制調査を行い、投資家に対する被害を未然に予防するという目覚ましい成果があった。

こうした状況に対し、筆者としては、かつての証券監視委とは様変わりの考え方に強く賛同するとともに、実務運営において、この方針をよりいっそう推進することを考えた。

　この観点から重要な検討課題は、開示検査の運営である。すなわち、証券監視委は、企業の開示した財務書類に疑義があれば、検査を行い、状況に応じて課徴金を課したり、訂正開示を行うよう命令したりすることを金融庁に勧告することができる。また、その際に公認会計士の監査に問題があったとみられる場合には、金融庁において調査を行い、状況に応じて公認会計士に懲戒処分を行うよう、情報を提示することができる。これらの枠組みは、課徴金制度の導入以来、活発に機能するようになっていたが、筆者としては、担当者と議論を重ねたところ、さらに改善の余地が大きいと考えるようになった。

　その内容としては、まず、企業や公認会計士のインセンティブに有効に働きかけることがある。検査の実務においては、どうしても課徴金を課しうるかどうかという二者択一の出口を考えて判断したいという考えをもちがちである。しかし、事業者が自ら訂正を行ったような場合、それをとらえて課徴金を課すために検査を実施するようになれば、かえって自主的訂正のインセンティブを抑制するおそれがある。むしろ、実地検査を行わずとも自主的な訂正が行われたり、検査の結果が勧告につながらなくとも以後の適正な開示を担保しうるのであったりすれば、行政目的は十分に達成されていると考えるべきである。筆者は、こうした考え方に基づき、検査先の選定に関する調査から検査結果に基づく情報発信に至るまで、ディスクロージャーの充実という目的に向けて事務運営を全面的に見直してもらった。

　第二に、公認会計士との関係である。証券監視委がいかに効率的に活動しても、企業の会計処理とディスクロージャーをくまなく監視しうるわけではない。またかりに可能だとしても、それは適当でもない。筆者の考えでは、独立した会計の専門家としての公認会計士が、責任をもってディスクロージャーの適正さを担保することが基本である。このためには、証券監視委と

しては、企業から公認会計士に十分な情報が提供されるよう促すことが重要である。企業に対してそうした働きかけを行ったり、検査で見受けられた問題点を公認会計士協会に示したりすることで、公認会計士の機能強化に資することとした。

　第三は、金融庁、審査会との協働の強化である。証券監視委や審査会の設置にあたっては、独立性の確保が強く求められたため、事務局レベルでも金融庁と隔離すべきであるかのような観念がもたれがちであった。しかし、筆者の考えでは、合議体である証券監視委や審査会の判断が独立している必要があるのであって、基礎となる事実認識のための作業は、全体として最も効率的に事務を行うことが必要である。議論の結果、証券監視委、審査会および金融庁の間で常に情報交換を行い、ディスクロージャーの適正性確保に向けて全体最適を目指すこととなった。

　このように、開示行政については、筆者なりにいくつかの工夫を行ったものの、なお、全体としては発展途上の分野である。わが国金融システムが経済発展に真に寄与するためには、この分野での行政の強化が欠かせないと考える。

■ 市場行政の国際的連携

　審査会と証券監視委に共通するもう1つの課題は、投資家保護のための国際的連携である。

　国際的連携のなかでも、外国の市場経由での不公正取引に関する情報交換については、かねてから枠組みが整備され、実践の段階に入っていた。しかし、さらに近年では、証券市場の国際化の進展に伴って、国内で売買される外国有価証券に対する監査意見や格付の適正性を確保することが重要となってきている。そのためには、投資家の所在する国の当局によって、有価証券が発行されている国の監査法人や格付会社の業務の適正性を確保することが必要となる。

　この点を検討する際には、まず、かりに監査法人や格付会社の業務に問題

があることが判明した場合、どのような措置を講じうるかが論点となる。各国の政府は、外国の法人に直接強制力を及ぼしうるわけではないからである。この点については、制度設計において、そうした外国の機関の出した監査意見や格付がわが国の市場で効力や信用をもたないようにするための枠組みが設けられることとされた。

　次に、問題をどのように検証していくかが論点となる。この点に関しては、外国の法人に対しては検査実施を受忍させることができないので、自ら任意の調査を行うか、その国の当局の収集した情報を活用するかという選択肢となる。

　この選択については、相手のある話なので当方だけで決めることができないが、アメリカの当局は前者、ヨーロッパの当局は後者を志向している。後者では、お互いの当局が検査の実効性や検査結果の守秘について同等に信頼しうることが条件となるにしても、わが国としての対応は比較的容易である。問題は前者であって、アメリカのPCAOBやSECは、自ら、わが国の監査法人や格付会社を直接調査したいという考え方である。これが実施されれば、わが国の主権のもとで強制力はないものの、検査対象に事実上の負担を強いることとなる。また一方、相互主義のもとで、わが国としても、アメリカの監査法人や格付会社の調査を行う必要が生ずる。アメリカの法制度は、域外にも適用されるとするものが多いうえ、関係機関は業績を拡大したいという志向が強い。できる限り政府機関の規模を抑えたいわが国としては、同じレベルで対応することがなかなか困難である。さらに考えれば、英語以外の国についても同様の対応が必要となる可能性もありうる。そうなると、現実にどう事務を行うかはきわめて困難な問題となる。筆者としては、アメリカの法人に対しても積極的に調査を行う態勢を整備しつつ、検査への同行等の連携を相互に進めていくことを目指した。今後とも、この課題の担当官はむずかしい対応を迫られるものと考える。

　こうした市場行政の国際的展開は、情報通信技術の発展に対応して、証券市場がますます内外一体のものとなっていくことを考えると、担当部局にと

って最優先の課題となっていくものである。その際、筆者としては、わが国においては、必要な人材を確保しうるだけの待遇を提示しえないことが大きな制約要因となりかねないと懸念している。

■ 行政規制と民事法による規律

証券監視委の活動においては、個別事案の処理が基本である。そのなかで、筆者の任期中は、いわゆる不公正ファイナンスの犯則調査による摘発等や課徴金事件に関する審判手続等が重要であった。しかし、筆者としては、それに加えて、いくつかの課題については、市場全体に働きかける必要があると感じていた。

まず、事業再編に伴うインサイダー取引の予防である。M&Aや倒産等の事業再編の事案では、発行企業の担当役職員に限らず、公認会計士、証券会社、アドバイザーを含む多様な関係者によるインサイダー取引が生じがちであった。発行体企業の担当役職員によるインサイダー取引の禁止については、法令遵守がかなり浸透しているものと考えられるものの、これらの場合には、その実効性確保が困難だからである。すなわち、事業再編においては、プロセスの進展に応じて、企業部内でも問合せに対応できる体制を整えるために広範な職員に情報を共有させることや、企業外部の関係者に情報を伝えていくことが必要となる。その結果、十分な問題意識のない職員による情報漏えいが起こりやすくなったり、部内の役職員を対象とする内規が適用できない外部によって違反行為が行われたりするという問題が生じていた。特にTOB（株式公開買付け、Takeover Bid）に関しては、こうした問題が顕著に見受けられた。したがって、部内の役職員にインサイダー取引を行わせないというだけではなく、企業内外の関係者の間で、必要な範囲の者に対し、必要な情報を、適正な手続を経て伝達していくというプラクティスを確立していくことが必要である。筆者は、この認識について、企業経営者、公認会計士、弁護士等の関係者に呼び掛けていくこととした。

また、集団投資スキームの販売事業者による法令違反への対応も、市場全

体への働きかけを要する課題であった。集団投資スキームは、たとえば組合のような形態の投資を行う投資法人とその持分等を販売する事業者とから構成されるが、両者が一体となっている自己募集型のスキームも存在する。その投資の内容は、株式や不動産等の資産に投資するものもあれば、事業に投資するものもある。個々のスキームは、資産の価値が不明確なものや事業の将来性が不確実なものも含め、きわめて多種多様である。こうしたなかで、資産や事業の不確実性にことよせて詐欺的な行為を行っているのではないかと懸念される先もあった。

　金融商品取引法では、こうした集団投資スキームの持分の販売業者に対し登録を求め、投資家への情報提供や事業者としての行為規制を課している。しかし、投資の内容そのものは規制対象となっていないうえ、当局は、申請が形式的に要件を満たしていれば登録しなくてはならない。現実には、販売業者として登録されたことを、あたかも投資内容について政府のお墨付きが得られたかのように歪曲して、投資家を勧誘している例があった。

　そこで、証券監視委としては、財務局の証券取引監視官部門とともに、端緒となる情報のある登録事業者に対する検査を集中的に実施し、状況に応じて金融庁に行政処分を勧告することとした。その結果、多数の事業者の問題点を洗い出すことができた。

　しかし、払い込まれた出資金等を原資として配当を行い、それを実績として示すことで新たな出資者を募集するポンジースキーム（ねずみ講、Ponzi Scheme）のような場合には、投資家が被害に気づかず、当局に端緒となる情報が生じないまま、規模が膨張し、結果として巨額の被害につながる懸念がある。また、検査の結果、悪質事業者の登録を取り消しても、別の名義でまた活動することがありうる。さらに、もともと登録しないで未公開株等を販売する詐欺的事業者にどう対応するかという問題もあった。

　これらの問題に対処するため、金融庁、自主規制機関、警察等と協力して、包括的な対応を講じていくこととなった。しかし、筆者としては、これも、イタチごっことなるおそれがあると感じた。こうした問題については、

登録制度の趣旨を正確に広報するとともに、具体的な事案からみた問題の所在について、投資家に幅広く情報を発信することにより、悪質な集団投資スキームへの投資が行われないような状況をつくりだしていくことが最も重要だと考える。

このように、証券市場に対する行政においては、どこまでを政府が規制し、どこまでを関係者の間での解決に委ねるかがむずかしいことがしばしばである。上記の課題のほかにも、資産運用事業者における善管注意義務のように、行政規制と民事上の規律が交錯している分野もある。この分野では、政府が責任をもって規律しようとすればするほど、私的自治に向けたインセンティブが弱くなるという問題がある。かといってあまりに放任すれば、市場への信認が失われる危険もある。こうした課題は、金融商品の多様化に対応し、市場行政が切れ目のない対応を行おうとすればするほど、増大していくものと考えられる。

この課題については、論者によりさまざまな考え方があるので、ここでは、議論の方向性について若干のコメントを行っておくことにとどめたい。

まず、行政規制には副作用があり、規制の導入によって限界的にはかえってゆがみを大きくする懸念があることに留意が必要である。規制の対象拡大を検討する場合には、当局による規制の実施可能性をふまえて、その限界的な得失をよく勘案することが重要だと考えられる。

また、行政規制と民事上の規律が交錯しているような場合には、民事上のルール形成を促していくことが重要だと考えられる。これは、行政規制においては、当事者のインセンティブの構造と整合的な結論に至るとは限らないために、市場にゆがみをもたらしたり、明示的な規制がない分野での当事者の判断が困難になったりするおそれがあるからである。

この点に関し、とりわけ機関投資家に対するガバナンスについて付言しておきたい。わが国の機関投資家については、善管注意義務が課されている。これはアメリカにおけるFiduciary Dutyの観念を導入したものであるが、その実態的内容は、アメリカではリスク中立的であるのに対し、わが国ではリ

スク回避的であるように見受けられる。またそのエンフォースメントについては、わが国では、市場監視当局による行政規制が中心となっている。この結果、機関投資家に対しては、当局から取り締まられないことに偏ったインセンティブを与えているおそれがある。筆者としては、この結果、機関投資家がリスクを伴う収益機会を敬遠しているのではないかと考えている。また、それがバイアウトファンドなどの資金調達の困難を通じ、わが国金融システム全体としてみたリスクテイクの不足をもたらしているのではないかと懸念している。

　筆者としては、こうしたことをふまえると、市場行政として優先的に取り組むべき課題は、当事者間の情報共有の確保だと考える。当事者が取引の判断を行ったり、事後に民事的な解決を図ったりするためには、発行体の財務諸表等にとどまらず、金融商品のリスクとリターンの特性、取扱事業者の法令遵守態勢、関連する事業者の状況などについて、必要な情報を有することが前提となる。筆者としては、市場行政は、当事者の自律的活動を情報面から支援していくことに注力することが望ましいと考える。

B 理　　論

　証券市場が的確に機能するためには、ディスクロージャー等に関する証券法が有効に機能することが必要である。以下では、ディスクロージャーと証券市場を考えるための理論的説明として、情報共有に基づく証券市場のインテグリティ、それを確保するための証券法の機能、法制度のエンフォースメントについて説明する。そのうえで、公的エンフォースメントと私的エンフォースメントの組合せのあり方について論ずる。

■ 金融商品としてのエクイティとデット

　企業の資金調達に関しては、民事法等が一般的なインフラストラクチャーとなっていること、そこでは株式等のエクイティと借入れ等のデットの2つの典型が存在していること、経営者の立場からみた両者による規律づけに差異があることについては、第6章理論編において論じたとおりである。
　一方、資金供給者の立場から金融商品としてみると、両者の経済的な性格の差異に応じて、インセンティブの構造が異なるものとなっていることを指摘できる。
　すなわち、購入時の判断に際しては、エクイティに対しては、業績に応じてアップサイドの利益が期待できるため原則としてリスク中立的となるのに対し、デットに対しては、変動がダウンサイドの損失のみであるため原則としてリスク回避的となる。
　また、事業の将来性について懸念をもった場合の対応に関しては、エクイティにおいては、資金を回収するために転売できることが重要であり、その際に大きなディスカウントを被らなくてもすむように、市場流動性が確保されている必要がある。一方、デットにおいては、担保や保証により返済を保全することで対応することが多い。
　さらに、経営への関与については、エクイティでは、その実効的な行使は

大口株主に限られているとしても、株主総会における権限行使によって経営に関与する枠組みがある。一方デットでは、元利の弁済が行われている限り経営に関与しないことが基本である。ただし、弁済に懸念が生じたような場合には、私的整理や法的整理において、現金での回収を重視して清算に追い込むか、より多額の回収額確保を重視して再建に協力するかというかたちで、経営関与の権能を有することとなる。

金融仲介システム

　一方、企業の資金調達の規模が大きくなれば、これをまかなうに足る規模や数の資金供給者が必要であり、家計等の本源的資金供給者との個別の交渉によってこれを獲得することは容易でない。こうしたなかで、企業による資金調達と家計等による資金運用を有効に仲介するためには、上記の民事法等のインフラストラクチャーに加えて、金融仲介システムが必要となる。これには2つの形態がある。

　金融仲介システムの第一の形態は、資金調達を行う企業と本源的資金供給者である家計等との間に金融機関が介在して、情報生産活動を行うものである。金融機関は、企業の営む事業に関する情報を入手、分析したうえで、そのエクイティやデットを購入して資金を供与する一方、家計等に対しては、自らの営む事業に関する情報を開示したうえで、自らの発行するエクイティやデットを販売して資金を調達する。

　こうした金融機関としては、信託や組合等、さまざまな形態のものが存在しているが、中心となるものが銀行である。銀行は、預金を通じた決済サービスによって企業の資金繰情報を得ることができることや、企業との間で継続的関係を有すること等から、企業の事業の状況をモニターするうえで優位性がある。また、銀行の資金調達には、決済目的での預金の安定的保有が見込めるうえ、ディスクロージャーとセーフティネットの枠組みが整備されていることから預金者の信認を確保しやすいという優位性がある。銀行は、このように、金融仲介を行ううえでの優位性を有しており、企業の事業の不確

実性に関する情報の非対称性から預金者を遮断している。

　また、個別の銀行を企業としてみると、第2章理論編で説明したように、貸出先について、他の資金供給者が保有しない私的な情報に基づいて貸出を行って利益をあげており、こうした銀行の情報資産は準レントと呼ばれている。銀行が資金繰困難に陥って貸出を売却せざるをえなくなる場合には、第2章理論編で述べたように、購入者と企業の間に情報の非対称性が存在することに伴って、レモン費用が顕在化し、大幅なディスカウントを余儀なくされることとなる。

　金融仲介システムのもう1つの形態としては、証券市場を通じるものがある。このシステムにおいては、資金調達を行う企業は、本源的資金供給者である家計等に対し、直接、その事業の将来性についてディスクローズを行い、自らの発行するエクイティやデットを販売する。家計等がこうしたエクイティやデットを購入する場合は、市場においてこれらの金融商品を円滑に換金し、レモン費用を被るリスクを回避できることが必要となる。証券市場は、こうした枠組みのもとで、市場参加者の情報が集約されることにより、市場流動性の提供と価格の発見が行われる場として機能することになる。

　証券市場がこうした機能を発揮するためには、まず、企業自らが情報の非対称性を緩和するに足るディスクローズを適正に行うことが重要である。その際、公認会計士による監査によって開示情報の信頼性が保証されていることが前提となる。また、こうした開示情報が投資家に広く共有されるために、有価証券報告書等の枠組みが整備されていることも必要である。さらに、個別の投資家が開示情報に基づき円滑に売買を行えるよう、証券取引所や証券会社等の関連組織が機能していることも必要である。

　これらの枠組みは、相互に補完し合って、企業と投資家が経済合理性に基づいて円滑に取引を行うためのインフラストラクチャーを形成している。これらは異なる主体によって運営されているため、証券市場の機能維持のためには、相互の調整が常に課題となる。

■ 証券市場を通じた金融仲介

次に、上記のデットとエクイティ、金融機関と証券市場の二通りの対比について、その典型的金融商品である銀行の預金および貸出と上場株式を例として敷衍すると以下のとおりである。

まず、企業からみた利用可能性については、銀行貸出では、銀行が審査を行うので、中小企業でも大きなディスクロージャーのコストを伴わずに利用できるが、銀行の準レントに対応した利鞘を支払わねばならない。一方、上場株式のためには、資金の調達額に応じた準レントの支払は不要であるが、ディスクロージャーのコストが必要である。これは、かなりの部分が調達金額に対して固定費となる。ここから、株式を上場して資金調達を行いうる企業は、おのずと一定規模以上のものに限定されることとなる。

また、家計等からみた利便性については、銀行預金では政府による監督やセーフティネットがあるため、情報分析のコストが相対的に小さくてすむのに対し、上場株式については、自らの責任で開示情報を分析する必要がある。

一方、企業活動に対するガバナンスの観点から両者を対比すれば、銀行貸出においては、債権者である銀行のインセンティブはリスク回避的である。また、担保や保証に依存した保全を行っている場合には、企業の事業の状況が悪化したとしても、ガバナンスが適時に働きにくくなるという短所がある。これに対し、上場株式においては、投資家のインセンティブはリスク中立的である。また、議決権等を通じた経営関与の可能性があることに加え、適正な開示情報に基づく株価変動が経営者にシグナルを与えることを考えれば、事業の状況変化に際して、企業に対するガバナンスが適時に働きやすいという長所がある。

さらに、金融仲介システムを機能させるためのインフラストラクチャーについて対比すれば、銀行の預金および貸出は一般の民事法に基づいて契約が行われ、インターバンクの短期金融市場等の枠組みは準レントによってまか

なわれるため、金融危機時を除けば、公的な環境整備のコストが比較的小さくてすむ。一方、上場株式については、取引にあたって一般の民事法に加えて金融商品取引法等が適用されるうえ、公認会計士、有価証券報告書、証券取引所等の枠組みが設けられており、経常時から不公正取引や虚偽開示に対する監視が行われる必要がある等、公的な環境整備のコストが比較的大きくなる。

以上からすれば、上場株式に代表されるような金融商品の市場は、一定規模以上の企業や情報分析の能力のある投資家にとって円滑で効率的な金融仲介システムとして機能しうるものである。また、価格発見機能に基づく適時の企業ガバナンスと相まって経済社会の健全な発展に寄与するものでもある。ただし、その機能発揮のためには、比較的大きなインフラストラクチャーと公的な環境整備のコストが必要ということとなる。そのなかで、金融行政は、民事法や裁判所等の経済取引一般に関するインフラストラクチャーを前提として、証券市場の環境整備に関する政府の関与を行うものと位置づけられる。

この点に関し、筆者としては、証券市場を通じた金融仲介が円滑に行われるための鍵となるインテグリティの概念について、こうした環境整備のもとで、資金調達を行う企業と投資を行う家計等の間で、情報が適正に共有され、これに基づく取引が円滑に行われることによって、流動性提供と価格発見という市場の機能が十分に発揮されるような状況を指すものと考えている。金融行政の基本的な役割の１つは、証券市場のインテグリティを常に維持向上させていくための環境整備である。

■ インサイダー取引のもたらす弊害

こうした金融行政による証券市場の環境整備のうち、虚偽表示や価格表示の取締りや金融商品仲介業者の業務の公正性確保については、その意義がおのずから明らかである。しかし、インサイダー取引の取締りの意義については、さまざまな議論が行われてきた。各国における法制度の導入の経緯をみ

図表20　インサイダー取引規制の歴史

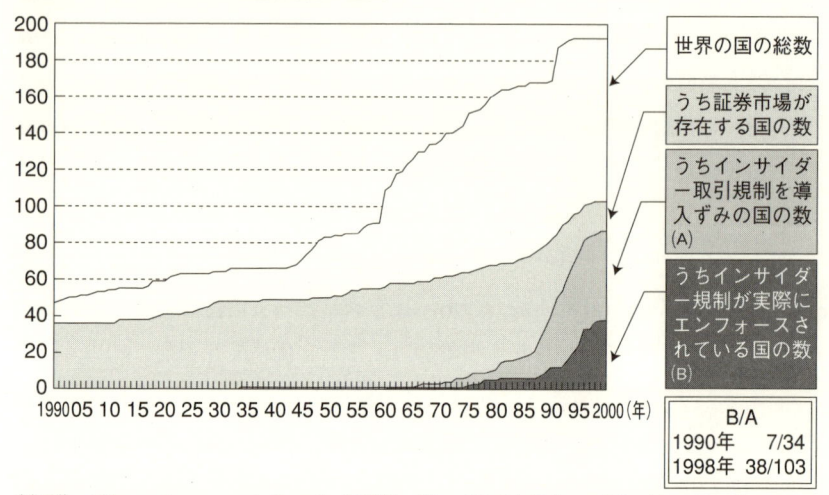

	世界の国の総数
	うち証券市場が存在する国の数
	うちインサイダー取引規制を導入ずみの国の数 (A)
	うちインサイダー規制が実際にエンフォースされている国の数 (B)

	B/A
1990年	7/34
1998年	38/103

（出所）　Bhattacharya and Daouk (2002), The World Price of Insider Trading. *The Journal of Finance*.

　ても、インサイダー取引の事前規制の歴史は浅い。図表20に示すように、最も古く制度が導入されたアメリカにおいても、本格的に執行され始めたのは1960年代であり、わが国やヨーロッパでは、1980年代末に至ってはじめて制度が取り入れられた。また、現状の規制の内容も、禁止の対象や規制の手段等にかなりの差異があり、国際的に共通した明確な枠組みが存在しているわけではない。

　そこで、以下では、インサイダー取引のもたらす弊害について、法と経済学に基づいて整理していくこととする。その際には、情報、企業、市場に着目して論ずることが有効である。

　まず、情報と企業の関係について考える際には、第6章理論編で説明した「取引費用」が基本概念となる。

　この理論のもとでは、ある取引が独立の個人間で行われず、企業の内部で組織的に行われる理由は、それによって、より少ない取引費用ですませることができるからだということとなる。すなわち、その取引が反復継続して行

われ、固有のノウハウや設備を必要としており、ほかの関連した取引と緊密に結びついているような場合には、1件ごとに相手を探して交渉し契約を結ぶよりも、企業の内部で指揮命令により実施するほうが効率的である。

したがって、企業の内部と外部では取引に関する情報格差が必ず存在する。株式会社においては、組織としての企業の外部にいる株主は、情報格差のある企業内部での指揮命令を、自らの出資に基づくエージェントである経営者に委ねることにより、取引をより効率的に実施して利益を得ようとすることとなる。経営者は、こうした指揮命令を行って株主に利益をもたらすために企業の内部情報にアクセスすることが認められる。

このように、企業を契約の束として、経営者を株主のエージェントとしてとらえると、インサイダー取引は、企業の内部で処理することにより株主に付加価値をもたらす情報を、企業の外部で行う自らの取引に利用して利益を図る行為として整理される。こうした取引はさまざまな商品を対象として行われるが、証券についてインサイダー取引が特に問題とされる理由は、市場が整備されているために効率的に実施可能であることにあるのではないかと考える。

この観点からみたインサイダー取引の弊害をもう少し具体的に述べるために、どのような状況でインサイダー取引が行われやすいかを考えてみると、たとえば工場の建設のような重要な決定が企業の内部では行われたものの、それに伴う用地の買収等の外部との取引を有利に進めるために、決定した事実をディスクローズしないでいるような場合があげられる。こうした場合、インサイダー取引の規制がアメリカで導入された際の基本的な考え方が「ディスクローズするか取引を差し控えるか」（Disclose or Abstain）であったように、ディスクローズを行いさえすれば、法令違反となる危険はなくなる。それにもかかわらず情報をディスクローズしないでいる理由は、秘匿することが企業にとって有利だからである。この状態でのインサイダー取引は、その時点で企業が部内に情報を留保することで有している利益を一方的に侵害するものとなる。

このように、契約の束としての企業に着目して考えると、インサイダー取引のもたらす弊害は、企業の外部との情報量の格差によりもたらされる付加価値を毀損することで、その企業の株主一般に損害を与えるところにあるということになる。これは、個々のインサイダー取引の相手である投資者が被る損害とは別の概念である。また、インサイダー取引の実行者が経営者でなく一般職員や外部の情報受領者であっても、この損害は同様に発生する。エージェントとしての経営者は、自らがインサイダー取引を行わないことは当然として、他の者によってインサイダー取引が行われるリスクを最小化するよう、厳格な情報管理を行う責任を負っていることとなる。

　一方、取引費用の理論に沿って証券取引所の機能を考えると、証券の上場によって模索と情報の費用が節約され、発注の表示と付合せによって交渉と意思決定の費用が節約され、売買の執行と決済によって監視と強制の費用が節約されていることになる。証券市場においては、こうした市場一般の機能を果たすにあたって、取引対象商品である金融商品に伴う情報の非対称性の処理が根幹の機能となっており、そのためには、市場参加者の間で情報が適正に共有されていることが不可欠である。

　証券市場においては、こうした点に対応するため、多大なコストが投入されている。すなわち、発行体に的確なディスクロージャーを求めるとともに、取引所への上場に際しては厳格な審査を行う。また、取引所や規制当局が証券の売買の状況をモニタリングし、不公正取引や事故の発生を監視している。さらに、売買の決済については公的なインフラストラクチャーが用意され、確実かつ効率的な処理を確保している。

　こうしたなかで、インサイダー情報をもつ者が取引に参加すれば、そうでない投資者に対し、必ず有利な条件で売買を行うことが可能となる。このように参加者の間に情報格差が存在する市場では、一般投資者は、インサイダー取引により被ると予測される損失をまかなうに足るスプレッドを要求し、それが満たされない場合には市場から撤退することになる。上記のような多大なコストが投入されているにもかかわらず、市場流動性の供給や価格

の発見という証券市場の基本的機能が損なわれることになる。

このように、情報の非対称性を処理するシステムとしての証券市場に着目して考えると、インサイダー取引のもたらす弊害は、個別の企業の株主に損害をもたらすことではなく、証券市場の機能を阻害するところにあることになる。インサイダー取引の実行者が企業の内部の役職員であっても外部の情報受領者であっても、この弊害に差異はない。

本章では、インサイダー取引のもたらす弊害に関する以上の2つの考え方を、「エージェントアプローチ」と「証券市場アプローチ」と呼ぶこととする。これらは、いずれか片方が成立すれば他方が成立しないというような性格のものではない。現実の経済においては、インサイダー取引により、双方のアプローチに対応した弊害が発生しうるものと考えられる。

なお、こうした議論に関しては、いわゆるシカゴ学派により、インサイダー取引はメリットをもたらすので、規制するべきではないという主張が行われてきた。この主張では、エージェントアプローチに関し、インサイダー取引が経営者の報酬を効率的に定める手段となると論じられている。すなわち、企業内部の情報を十分に有しない株主にとって、経営者と交渉して適切な報酬体系を定めることには大きなコストがかかる。この点、経営者にインサイダー取引を認めれば、企業価値の向上に応じて報酬が増大することを通じて、おのずと適切なインセンティブを与えることができるとしている。また、証券市場アプローチに関しては、インサイダー取引が情報機能を強化すると論じている。証券市場が的確に機能するためには、参加者に情報を伝達していくことが重要である。この点、インサイダー取引が行われれば、情報がより早く市場に提供されることとなる。これは、規制に従って行われるディスクロージャーにのみ依存するよりも、市場の機能を強化することができるものと主張している。

こうしたシカゴ学派の主張に対しては、経営者のインセンティブに関し、空売りのインサイダー取引によって利益を得ることもできるので、経営者には株価のボラティリティを高めるインセンティブをもたらしてしまうという

指摘や、一般職員や外部の情報受領者にはインセンティブの議論が当てはまらないという反論がある。また、インサイダー取引を通じた情報発信に関しても、情報が市場参加者に共有されないため、市場の機能強化にはつながらないという主張がなされている。このように、インサイダー取引の規制の必要性は、経済学上は活発な議論の対象となっており、実証によって答えを見出す努力が進められている。

　この点については、筆者は、金融仲介における情報のゆがみは深刻な悪影響を与えるという基本的認識を有している。そのうえで、シカゴ学派の議論は、企業経営者や市場参加者の経済合理性をあまりに高く評価しすぎているとみている。現実には情報処理コストがきわめて高いことからすれば、インサイダー取引は大きな弊害をもたらすとみるべきではないかという考えである。

■ 法制度のエンフォースメント

　さて、以下では、インサイダー取引規制を含め、証券市場に関する法制度である証券法（Securities Law）の「エンフォースメント」（Enforcement）について論ずる。

　まず、その前提として、一般的に、弊害をもたらすおそれのある行為を抑止するための法制度に関する理論を振り返ってみると、損害が発生した後でその取引を行った者に損害賠償責任を負わせる仕組み（Liability for Harm）と、損害が発生しないようにその取引を事前に規制する仕組み（Regulation of Safety）とがあるとされている。ここでは、前者を「事後責任制度」、後者を「事前規制制度」と呼ぶこととする。

　この整理によれば、両者のいずれが当事者のインセンティブへの影響を通じてより高い厚生水準をもたらすかの判定について、4点の要因が存在する。まず、当事者と政府のどちらがその行為の態様について多くの知識を有しているかである。当事者であれば事後責任制度、政府であれば事前規制制度のほうが有効となる。次いで、行為者がその行為により発生した損害全体

を弁済しうるか否かである。これが不可能であれば、事後責任制度を設けても当事者に適切なインセンティブを与えることができず、事前規制制度によるべきものとなる。第三に、行為者からみて、責任追及の訴訟が現実の脅威として感じられるかどうかである。たとえば多数の者に少額の損害をもたらすような行為では、クラスアクションのような制度がない限り、個々の被害者にとって訴訟が割にあわないので、事後責任制度は行為者に対する脅威として機能しない。また、行為と発生した損害の間に、長期間を要したり、因果関係の特定が困難だったりするような関係がある場合も同様である。こうした場合は、事前規制制度が必要となる。第四に、事前規制制度を執行する当局の維持費用が大きい場合には、損害が発生した場合に限って裁判所を利用する事後責任制度のほうが効率的である。

以上の整理を証券市場に当てはめてみると、第一の要因に関しては、市場取引が常に複雑化、多様化していることから事後責任制度が優位にある。また、第四の要因に関しても、基本的に事後責任制度が優位にあるのではないかと考えられる。一方、第三の要因に関しては、少なくともわが国のような裁判制度のもとでは、事前規制制度が優位にある。第二の要因に関しては、市場参加者の行動の態様にもより、一義的な判定は困難である。このように、インサイダー取引の抑止の枠組みとしての事後責任制度と事前規制制度の対比については、判定は微妙ではある。しかし、少なくとも事前規制制度のみが有効という結論に達することは困難だと考えられる。

■ 不完備法律の理論

弊害をもたらすおそれのある取引を抑止するための法制度の設計に関しては、現実の経済取引が常に変革していることをふまえ、より動的な議論も行われている。すなわち、「不完備法律」（Incomplete Law）の理論では、必要な規制のもれや不要な規制の残存の可能性を考慮に入れた整理が行われている。ここでは、すべての法律は現実の変革に伴って必ず不完備となるので、ある機関が法律を有効に実施するためには、不完備部分に関する追加的な規

則制定権をあわせ有している必要があるとされる。

　この理論では、法律を実施する機関として、裁判所と規制当局が対比され、裁判所は「事後的」(Ex Post)、「受動的」(Reactive) に実施するのに対し、規制当局は「事前的」(Ex Ante)、「能動的」(Proactive) に実施するものと模式化されている。不完備法律のもとで弊害を防止する観点から両者を対比すれば、前者は、判決までの期間に現実の弊害が発生してしまうという短所があるのに対し、後者は、そうした弊害を予防できるという長所がある。他方、取引を円滑に行う観点から対比すれば、後者は、弊害を生じない取引まで抑止する危険を伴うという短所があるのに対し、前者は、取引の実施自体は阻害しないという長所がある。さらに、法律のエンフォースメントのためのコストを考えると、後者は、抑止すべき弊害の有無にかかわらず公的な費用が投入されるという短所があるのに対し、前者では、弊害が生じた場合にのみ当事者の費用が投入されるという長所がある。現実の法律においては、以上の対比のもとで両者のバランスが図られているが、法律の不完備の度合いが高ければ高いほど、弊害の事前予防の必要性が大きくなるので、規制当局が重要となり、規模が拡大されたり、追加的な規則制定権が賦与されたりするものとされている。

　この理論では、証券市場について、技術革新が著しいことや事業者が規制回避を図ることから、ある時点でかりに完備された法律が存在したとしても、短期間で取引の態様が変革するので、必然的に法律の不完備の度合いは高いものとならざるをえないとしている。したがって、証券市場に関する法律の実施においては、頻繁に法律改正が行われるとともに、規制当局が大きな比重を占めることとなる。

　その具体的な形態について、アメリカの歴史をみると、当初は裁判所における紛争解決のみによって法律が実施されていた。その後、証券市場の発展につれ、証券取引所が会員間で合意を形成しやすく比較的執行も容易な分野について規制当局として機能するようになった。さらに証券市場が拡大するに伴って、広く投資者全般を対象とする政府の規制当局が設けられるように

なった。このように、不完備法律の理論に基づけば、証券市場の変革と規制当局の機能確立とは相互に作用し合って進化していくものとなる。

なお、この点に関し、筆者としては、わが国の証券市場では、実定されている法令に特定の行為が抵触するか否かが強く意識されることが多いが、政府としては不要な規制を行わないようにするため、法令の定めが限定的にならざるをえないことに留意する必要があると考える。そうした制約のもとで、市場の機能を十分に発揮させるためには、市場参加者において、単なる法令遵守にとどまらず、より広範な自己規律が必要である。

証券法のエンフォースメントに関する実証分析

以上のような証券法のエンフォースメントに関しては、さまざまな実証分析が行われている。その具体的な手法としては、規制環境の異なる市場に重複上場している銘柄のパフォーマンスの対比、各国における市場の発展と制度の形成過程を検討するケーススタディ、多数の国の関連データを用いたクロスセクションの計量分析等がある。

このうち、クロスセクションの計量分析について概観すれば、被説明変数として、時価総額、上場企業数、新規上場数、個別株価の変動の独立性、株式の分散所有といった市場のパフォーマンスに関するデータを使用しているものが多い。他方、説明変数としては、ディスクロージャーや不公正取引に関する規制の有無、規制違反への制裁の軽重、裁判手続の容易さ、規制当局の権限・規模等のデータを使用するほか、GDPをはじめとするコントロールの変数を導入しているものが多い。

こうしたクロスセクションの分析には、さまざまな制約がある。データについては、理論で想定している概念を単純化して代理させる必要がある。とりわけ法制度に関しては、各国間で整合性のあるデータとすることや、複雑な現実を指標として計数化することに多くの困難がある。またサンプルについては、分析の枠組みから国単位とならざるをえないことが多く、その場合には、たとえばインサイダー取引の行われた銘柄とそれ以外の銘柄の対比等

を行うことができなくなる。こうした制約のもとではあるものの、証券法の効果に関する計量分析には、多大な努力が傾注されている。その結果、筆者の知るごく狭い範囲においても、多くの成果が示されているようにみられる。

　まず、証券法の整備と市場の発展の間に有意な相関があるか否かという論点については、多くの実証分析において肯定的な結果が得られている。ただし、こうした相関関係が生ずるメカニズムとしては、証券法の整備が市場の発展をもたらすという因果関係と、証券市場の発展が証券法の整備をもたらすという因果関係がありうる。そのいずれが重要かという点については、直接的な実証はむずかしいものの、筆者の知る限りでは、前者のメカニズムを想定した議論が有力のようである。従来、取引費用を極端に小さく考える立場や情報の完全性を重視する立場から、証券法の整備の意義を否定する議論もなされてきたが、現在では、証券市場における法制度整備の重要性は、ほぼコンセンサスを得ているものと考えられる。

　また、こうした分析においては、証券法の整備は市場の発展にとって重要な要素であるが、法制度が設けられているのみでは有効ではなく、規制の実施可能性があってはじめて効果があると論じられている。たとえば、インサイダー取引の規制については、対外的配慮から制度だけを導入したような国も多い。これらの国では規制の実施可能性がないために資本コストが高いままとなっているという実証分析がある。この主張は、証券法の整備が市場の発展につながるという因果関係を論ずる場合には当然の帰結であり、現実との関係でも、実務家である筆者として首肯しうるものである。

　こうした実証分析のなかには、インサイダー取引についても、有効な抑止制度が存在している国においては、証券市場のパフォーマンスが高いという結果を示すものがある。その例としては、インサイダー取引の規制の効果について、前述のエージェントアプローチと証券市場アプローチに基づく弊害の概念に対応したデータを使用した実証分析をあげることができる。

　すなわち、エージェントアプローチでは、インサイダー取引によって企業外部の株主に損害がもたらされると考える。したがって、株式が一般投資者

によってどの程度分散所有されているかが被説明変数とされている。他方、証券市場アプローチでは、インサイダー取引によって情報の非対称性が深刻化すると考える。したがって、市場流動性の代理変数として売買高の時価総額比が被説明変数とされている。また、価格発見機能の代理変数として、個別の株価変動が市場全般の動向からどの程度独立しているかが被説明変数とされる。　一方、説明変数としては法制度の内容があり、具体的には、企業外への「情報漏洩」(Tipping)や「情報受領」(Tippee)も規制対象となっているか、刑事罰等の制裁がどの程度厳しいか等が用いられている。また、規制の実施可能性に関し、規制当局の独立性、規則制定や調査の権限、裁判手続の容易さ等が用いられている。

　この分析においては、31カ国をサンプルとして、こうしたデータの組合せに基づく回帰分析を行い、インサイダー取引が厳しく規制されている国の証券市場は、株式の分散所有、豊富な流動性、株価の的確な変動という点でよいパフォーマンスを示すという相関関係を検出している。

■ 公的エンフォースメントと私的エンフォースメント

　証券規制の実施可能性確保の枠組みに関する議論をもう少し詳しくみると、以下のような「公的エンフォースメント」(Public Enforcement)と「私的エンフォースメント」(Private Enforcement)の対比が論点となっていることを指摘できる。

　この論点に関し、私的エンフォースメントの優位を強調する議論によれば、まず、証券規制の重要な機能は、投資者による権利行使の支援にあるとされている。すなわち、証券取引によって投資者が損害を被った場合には、一般の不法行為法のみでは責任追及が困難であるので、証券法は、商品・取引の標準化とディスクローズを行わせることによって、投資者の権利行使を容易にする機能を果たすというものである。証券法の実施は、裁判所における民事訴訟等の私的エンフォースメントによることが基本であり、規制当局の役割は、それで不十分な部分を事前の規則制定や事後の制裁によって補完

するところにあるという整理である。彼らは、こうした整理を基本として、49カ国を対象として、分析を行った。具体的には、法律家に対するアンケートを行うこと等により、ディスクロージャー、発行者の責任、規制当局の独立性と権限、虚偽開示等に対する制裁等の指標を作成のうえ、これらを説明変数とした。また、時価総額、上場数、株式の分散所有等の証券市場のパフォーマンスを示すデータを被説明変数とした。この回帰分析の結果によれば、証券法の整備は市場のパフォーマンスにとって決定的に重要であり、そのなかでもディスクロージャーや発行者の責任という私的エンフォースメントにかかわる変数の有意性が高いとされている。

　これに対し、私的エンフォースメントと公的エンフォースメントには各々優劣があり、前者が基本であるという位置づけは適切でないとする議論もある。すなわち、公的エンフォースメントについて、情報やインセンティブの不足が指摘されることが多いが、私的エンフォースメントについても、訴訟提起の困難さ、遅くて非効率な裁判手続等の短所がある。また、法律家が超過利益を獲得するための「レントシーキング」（特殊利益の追求、Rent Seeking）による資源の浪費をもたらすという短所もある。この議論では、むしろ、公的エンフォースメントには、公共的な政策決定や強制力等の長所があることに留意すべきであるとしている。また、市場のパフォーマンスに対するディスクロージャーの効果についても、訴訟等を通ずるもののほかに、投資判断等を通ずるものもあるので、その有意性に関する実証分析の結果を、私的エンフォースメントの有意性に直接結びつけることには疑問があるとしている。彼らは、こうした整理のうえで、規制当局の投入可能資源の代理変数としての予算額や職員数を説明変数に加えて、証券市場のパフォーマンスの回帰分析を行い、公的エンフォースメントの有意性が高いという実証結果が得られたとしている。

　以上を筆者なりに総括すれば、証券法が的確に実施されることが証券市場の発展のために重要であることは、データの制約や因果関係の実証の困難はあるものの、ほぼ確立した見解とみてよいのではないかと考える。その際、

公的エンフォースメントの評価に関し、筆者としては、規制当局の投入可能資源を考慮に入れた分析のほうが現実適合的だと考える。規制当局は、法制度上いくら強力な権限を与えられても、十分な予算と人員が配置されなければ事実の認定を行えないため、期待される機能を果たしえないことが実情だからである。他方、私的エンフォースメントに関しては、わが国では、アメリカに比べれば証券訴訟の件数が著しく少ない等、証券市場のパフォーマンスに対する寄与が相対的に小さいと考えている。

■ わが国におけるエンフォースメントの整備

ここで、以上をふまえて、わが国における証券法のエンフォースメントの整備について、筆者の考え方を述べることとしたい。

証券市場に関する規制については、市場の機能を維持するための枠組みをどうするかという観点から議論されることが一般的である。これは、外部不経済への対応として、一般には公的エンフォースメントによるものと結びつけられがちであるが、筆者としては、経済社会への弊害を抑止するための枠組みに関する一般的な議論をふまえて考えれば、私的エンフォースメントも同等に重視すべきだと考える。

これは、「最安価損害回避者」(The Cheapest Cost Avoider) の原則からみて、私的エンフォースメントのほうが効率的な場合が考えられるからである。この原則は、たとえば、交通機関のもたらす煤煙や騒音等の公害をどのように抑止するかといった課題に適用されるものである。この原則を主張する理論は、公害等については、発生元となる企業等が技術装備等により防止努力を行うことが、被害者となる住民等が転居等により回避努力を行うよりも、経済社会のコストが小さくてすむことに着目する。そのためには、経済社会全体にとっての外部不経済を、発生元の企業の内部コストに転化するための枠組みを設けることが重要である。そうすれば、取引費用が禁止的に高くない限り、関係者間の交渉によって最安価損害回避者による最善の努力が行われることとなる。

これを、たとえば企業再編にかかわるインサイダー取引に当てはめて考えると、重要事実を決定した経営者がその情報を秘匿するほうが、もらされた情報を受領した者がインサイダー取引を行わないよう統制するよりもコストが小さくてすむ。また、インサイダー取引が行われれば、その時点で弊害が発生してしまうので、たとえ事後に網羅的に摘発されるとしても、経済社会には大きなコストがもたらされたことになる。以上からすれば、弊害の事前予防に向けて、重要事実を決定した経営者が情報管理を厳格に行う責任を有するという枠組みを設けることが肝要である。

　さらに、わが国における証券法のエンフォースメントの現状について考えると、現状では、規制当局による調査と制裁は活発に行われているが、株主等による訴訟の件数はあまり多くない。これには、投資家によるクラスアクションの制度が導入されていない等の背景がある。わが国の証券法のエンフォースメントは、現状では、公的なものに偏っているとみられる。

　筆者としては、こうした点をふまえて、わが国における証券法のエンフォースメントを全体として整備していくことが必要だと考える。

　すなわち、訴訟等を通ずる私的エンフォースメントについては、株主等は、個別の事象に関する情報の入手に限界があることや、訴訟のためのコスト負担が割高であること等から、現実には機能することが困難とみられる。そこで、投資者の判断に資するため、経営者による情報管理のための内部統制体制の状況を検証していくという枠組みが考えられる。

　一方で、かりにこうした枠組みが確立したとしても、たとえば内部統制体制等を含む企業のディスクロージャー自体が虚偽である場合には、私的エンフォースメントを有効に機能させることは困難である。また、開示された情報が市場において適切に共有されるためには、公認会計士や証券会社等が的確に機能することが不可欠である。これらのゲートキーパーに対しては、役割に応じた厳しい規律を規制によって求めていくことが必要である。公的エンフォースメントの資源は、このように私的エンフォースメントの機能に限界がある分野に優先して投入していくことが望ましい。

第10章

世界的金融危機

　2008年秋のリーマン・ブラザーズの経営破綻をピークとする世界的金融危機に際し、筆者としては、その時点での職責を果たすことに加えて、長年にわたって金融危機への対応に取り組んできた経験を生かし、問題解決のお役に立ちたいと考えた。また、金融理論を勉強してきた者としては、こうした歴史的事態に遭遇し、よりいっそう自らの理解を深め、その内容を世の中に知ってもらいたいとも考えた。

　しかし、今般の世界的金融危機に対応する責任を負う者は、アメリカ等の外国政府の当局であり、その担当官でない筆者がいくら心配しても、脾肉の嘆とならざるをえないことは自然の流れである。それでも、筆者としては、多少とも参考としてもらえればと考え、さまざまな関係者等と議論したり、大使館等で自らの考え方を述べたりした。

　以下では、こうした機会に筆者が個人として行った説明等について紹介させていただくこととしたい。その内容としては、デレバレッジング、倒産制度の限界、金融規制のグランドデザインという3点があげられる。

A　デレバレッジング

今回の金融危機の特徴

　今回の金融危機については、よく100年に一度などといわれるが、少し長い歴史をみると、第二次世界大戦までは、10年に一度ぐらい金融危機が起きている。そのなかで大きなものとしては、1700年前後のチューリップ投機事件、南海泡沫事件、1900年頃のアメリカとヨーロッパ両方を巻き込む金融恐慌等があげられる。こうしたなかで最も有名なものが1929年に発生した大恐慌である。これについては、時期的に現在に近く、資料がたくさん残っているので、多くの学者により詳しく研究されている。また第二次世界大戦後も金融危機の発生が終わったわけではなく、アメリカでは1980年代にS&L危機が発生したし、わが国の金融システムが不良債権問題から脱却したのはつい数年前である。

　そうした例と対比して、今回の世界的金融危機で生じた現象をみると、信用リスクと流動性リスクが、非常に速いスピードで互いにフィードバックしながら拡大したことが特徴である。その背景には、レバレッジと担保への過度の依存が情報の非対称性の拡大をもたらしたという要因がある。こうした脆弱性は、2008年には表面化しており、同年秋のリーマン・ブラザーズの経営破綻を契機に深刻化した。図表21－1に示したように、この時点でアメリカのインターバンクの短期金融市場における信用スプレッドは急激に上昇し、イギリスやユーロエリアにすみやかに伝播した。また、この金融市場の崩壊は企業経営にも甚大な影響を及ぼし、図表21－2に示すように、各国の株価は、2008年秋から2009年春にかけて大幅に下落した。この間、わが国においては、インターバンク市場には深刻な影響はなかったが、実体経済は大きな打撃を受け、株価は、アメリカやユーロエリアと同様の下落となった。

　今回の世界的金融危機の第一の背景としては、レバレッジへの過度の依存

図表21-1 主要通貨のLIBOR-OISスプレッド（2008～10年）

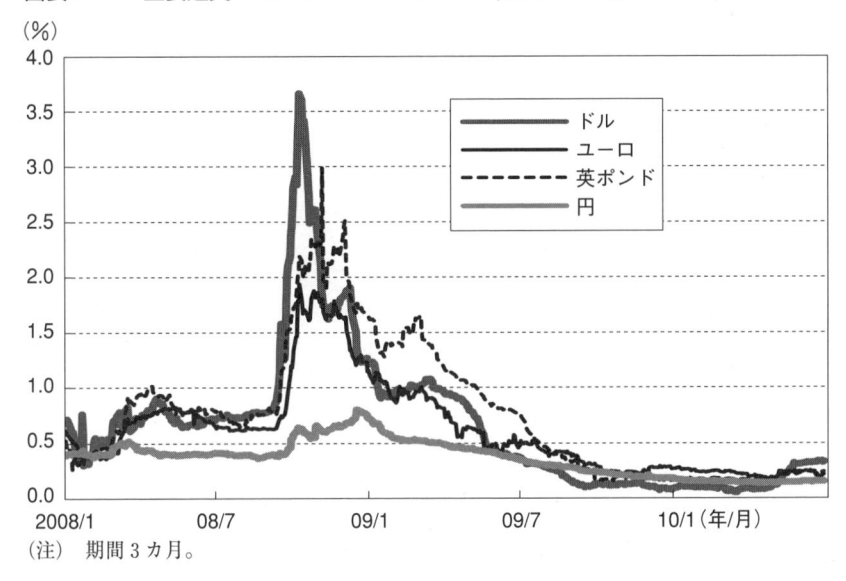

凡例: ドル、ユーロ、英ポンド、円

（注） 期間3カ月。

図表21-2 主要先進国の株価指数（2008～10年）

日経平均株価、NYダウ、EuroSTOXX（右目盛）

（出所） Bloomberg

第10章 世界的金融危機 293

があげられる。この点に関し、企業が資金を調達する方法を振り返ると、第6章理論編で述べたように、エクイティとデットがある。

レバレッジへの過度の依存とは、金融システム全体として、デットがエクイティに比べて過大になっていたということである。これは、資金供給者については、能動的なモニタリングではなく、受動的な保全に重点を置いているということである。また、資金調達者については、資金供給者から関与を受けることなく資金を手に入れているということでもある。さらに、こうした状況を財務的にみると、資金調達者が過剰債務であって倒産しやすいということになる。何か状況の変化があれば、投資家や銀行にとっては、信用リスクが急激に上昇することであった。

今回の金融危機の第二の背景は、資産担保に過度に依存していたことである。担保権者は、企業の倒産手続に際し、再建の是非に関する債権者集会の結論にかかわらず、自らの債権だけは担保価値に見合った返済を受け取ることができる。したがって、担保に過度に依存した資金供給者は、債務者の状況には関心がない。債務者の業況に懸念が生じれば、担保を早く差し押えて売り払い、現金化しようとすることになる。担保に依存した資金調達は、窮境に陥った企業の事業活動にさまざまな弊害をもたらす。

今回の金融危機では、こうした背景が情報の非対称性の深刻化をもたらしたと考えられる。すなわち、レバレッジに過度に依存し、担保に過度に依存した結果、金融機関は、債務者のモニタリングにコストをかけなくなった。この状況は、証券化によって、最初にお金を貸した銀行やノンバンクと、最終的な出資者である投資家の間が遮断されていることで、さらに助長された。この間を補うべき格付会社もきちんと機能しなかったので、証券市場のインテグリティが崩壊していた。

筆者は、世界の金融市場関係者が、こういう状態のなかで、結局何もわからずに資金供給を行っていることに、サブプライム問題が顕在化してはじめて気づいたということが金融危機の実態だと考えている。

■ 緊急的対応

　今回の世界的金融危機においては、信用リスクの増大と流動性リスクの増大が非常に速いスピードで互いにフィードバックして進行していた。対応にあたっては、まず、流動性について対処しておかないと、実体を再建する時間を確保することができない。今回の危機への緊急的対応においては、この問題は、各国の中央銀行が潤沢に流動性供給を行うことにより的確に処理された。こうした中央銀行の対応は、金融システムが不安定になった度合いに応じた規模で行われている。特に、震源地となったアメリカのFRBは、非常な勢いで流動性を供給した。FRB（連邦準備制度理事会、Federal Reserve Board）は、著しく不安定になった金融システムの崩壊を防ぐために、CP等の企業の負債の市場にまで「最後のマーケットメーカー」（Market Maker of the last Resort）として資金を供給した結果、バランスシートの規模が2008年以前の3倍になった。

　こうした対応に関しては、1929年にアメリカを中心として起こった金融危機が大恐慌をもたらし、最終的には第二次世界大戦につながっていったことへの反省が基本にあったものとみられる。アメリカにおける大恐慌の研究の成果によれば、各地の準備銀行が銀行にお金を貸すにあたり、要求する担保の範囲を過度に厳しくしてしまったことが、銀行の破綻を多発させ、金融危機の激化の大きな要因となったとされている。この認識は、金融経済学の分野では通念になっている。FRBを中心とする各国中央銀行の今回の行動には、そうした研究の蓄積が反映されたものとみられる。

　一方政府においても、金融を円滑にして経済活動を回復させることが最優先となった。実体経済については、各国政府が、雇用や企業の資金繰りの危機等に対応するとともに財政面の刺激策を行った。また、金融システムについても、銀行の倒産を回避するために、ありとあらゆる方策が講じられた。そのなかで、経営状態が悪化した金融機関については、とにかく破綻を回避するという対応を行わざるをえなかったものとみられる。これは、本来は金

融機関の株主や債権者に負担を求めるべきであるものの、危機時にそうした処理を行った場合にはさらにパニックを助長するからである。

ただし、筆者は、2008年冬におけるアメリカ政府による公的資金の投入は、こうした状況のもとであることを考慮しても、確固とした枠組みに基づく資本増強ではなく、破綻回避のための資金支援に追われていたと評価している。アメリカ財務省の公表に接した時点で、筆者は、わが国の経験からみて、こうした後手の支援はかえって事態を悪化させる危険があると考えた。現に、当時のアメリカにおいては、公的資金の投入後ごく短い間隔で、再支援に追い込まれた銀行の例がある。

この点に関しては、その後、大統領交代後のアメリカ政府において、スキームの検討が深められたものとみられる。2009年春の資本増強は、ストレステストの実施をふまえて、きちんとした枠組みのもとで実施され、その結果が公表された。アメリカにおいては、これによって、金融システムの当面の安定化という目的がとりあえず達成されたように考える。

■ 公的資金の投入方法

ここで、わが国における公的資金の投入の経緯を振り返ると、1995年頃には、住専問題を契機として、モラルハザードの抑制を最優先する政治的判断が行われた。この結果、しばらくの間は、銀行に公的資金を注入しないという方針がとられることとなった。

しかし、1997年秋に、山一證券や北海道拓殖銀行等が連続して破綻し、深刻な金融危機が発生すると、一転して多額の公的資金を投入するという政治的判断が行われた。ただし、その際にも、銀行の倒産を回避するのではなく預金者に損害が及ぶことを回避するというかねてからの方針は堅持された。この方針のもとで、銀行の負債の全額を保護することとしたうえで金融危機対応を進めることとされた。そして、公的資金は、銀行等の破綻処理における負債弁済の財源や、銀行等への資本増強の資金として用いられた。1999年春における公的資金による資本増強は、その一環として行われたものである。

これは第4章現実編で説明したように、市場規律に沿った基本コンセプトにより実施された。その結果、現在では、わが国の政府は、多くの銀行から資金を回収しており、むしろ投資によって利益をあげることができている。すなわち、わが国政府は、1999年春以降、早期健全化法に基づいて8.6兆円の資本増強を行い、すでに9.1兆円を回収している。1998年春の金融機能安定化法に基づく資本増強で、日本長期信用銀行、日本債券信用銀行の破綻によって1,600億円の損失を生じたことを差し引いても、3,400億円の回収超となっている。

　こうした日米の例をふまえて、政府による公的資金の投入方法についてあらためて整理してみると、第4章理論編で論じたように、資金を入れること自体ではなく、公的資金を使って何をするかが重要であると考えられる。筆者の考えでは、その目的は、当面は、金融システムの機能を維持するとともに、中長期的には、対象の銀行等の株式を資本市場に復帰させて、金融システムの機能を回復することにある。すなわち、銀行の資本増強については、将来的に民間資金を調達できるように、当面は公的資金を投入するという考え方による必要がある。したがって、資本増強に見合った収益力増強をもたらす業務再構築が不可欠の前提となる。

　次に整理するべき点は、なぜ政府が公的資金を出すのかということである。筆者の考えとしては、この理由の第一は、政府は、銀行に対する検査監督を通じて一般投資家よりも情報優位にあることである。第二に、政府は、資金投入先の銀行に対するガバナンスについても一般の株主より優位にあることである。第三に、政府としては、たとえば中小企業に対する融資の円滑化を図るといった政策目的もある。

　元来、公的資金を投入するためには、その原資として、ただでさえリスク回避的になっている資本市場において、政府が無リスクの金融商品を売却して資金調達を行うことになる。筆者としては、上記のような目的と、こうした調達面の副作用を十分慎重に対比し、有効と考える場合に限り、政府が資金を調達し、適切な方法で銀行に投入するということであるべきと考える。

公的資金による資本増強を実効性のあるものにするためには、引受条件、増資の規模、資本商品の設計等の投入方法の工夫とともに、投入先の銀行の経営再建の道筋を明確にすることが重要である。政府の役割は、公的資金を投入すれば終わるわけではない。銀行の企業再建が行われるまでの間フォローアップをしていくとともに、株主としてのガバナンスを利かせていくことが求められる。ここで、政府としては、監督当局としてのフォローアップと株主としてのガバナンスをどう調和させていったらよいかというむずかしい問題に直面することになる。監督当局としては、預金者保護のために保守的な経営が望ましい一方、株主としては、資本に見合う収益確保が望ましい等の点について、政府内に矛盾が生じることになる。

　こうしたことからも、資金を投入した銀行に、早急に経営を再建し、資本市場への早期復帰を果たしてもらうことが最優先となる。公的資金が有利な条件で入っていることによってではなく、顧客から十分な対価を得られる金融サービスを提供することによって、経営再建を実現していかねばならない。その際には、銀行のディスクロージャーに信頼がもたれていることが不可欠の前提となる。公的資金による資本増強に関しては、こうした点に向けて政府がガバナンスを利かせていくことで、銀行の機能を少しでも早く回復することが必要である。

　政府の関与が長期化すれば、金融システム全体が社会主義化してしまったり、モラルハザードが蔓延したりするおそれが生ずる。したがって、関与を可能な限り早期にとりやめるとともに、中長期的な観点からの金融規制の改革を進めることが必要となる。

■ 家計のデレバレッジング

　今回の世界的金融危機に関しては、まず、金融機関に対して、以上のような緊急的対応が進められてきたが、それだけで問題を解決できるわけではない。大恐慌に対するアメリカ政府の制度面の対応をみても、中央銀行、銀行規制、預金保険、投資銀行規制、市場監視等に関する金融制度の改革に加え

て、1938年には、倒産制度の改革が行われている。

　これにかんがみると、筆者は、今回の金融危機を根本的に克服するためには、経済全体のデレバレッジングをどう進めるかということがより本質的であると考える。これを具体的な取引としてみれば、資本増強やデットエクイティスワップ等により資金調達手段を債権から株式に転換することであり、機能としてみれば、資金供給者がしっかりとモニタリングを行うということである。

　その際、状況によっては、資本増強等が最適な方策とは限らず、早いタイミングで倒産したほうがよいケースもあることに留意が必要である。その場合には、担保権者が担保を処分することで事業の基礎がなくなる等、資産担保への依存が障害をもたらすおそれがあるので、再建型倒産手続の活用が重要となる。わが国の経験を振り返ってみても、再建型倒産手続をきちんと導入したことで、不良債権問題を最終的に解決することができたものと考えられる。

　こうした観点から、アメリカの現状をみると、企業に関しては、GMやクライスラーの再建にみられるように、再建型倒産手続が有効に機能しており、個人の倒産の枠組整備が大きな課題だと考えられる。すなわち、アメリカでは、日本と比べると破産を申し立てる要件が緩やかであり、比較的簡単に自己破産を申し立ててもよく、破産手続終了後は原則として免責が認められる。免責後に保有できる財産の範囲は、州によって異なるものの、かなり緩やかなところもある。こうしたなかで、債務者は安易な借入れを行うインセンティブをもつ一方、金融機関は問題が生ずれば不動産担保を処分して現金を早く回収するというインセンティブをもつ。筆者としては、こうした借り手と貸し手の行動が相乗効果を生み、「差押危機」（Foreclosure Crisis）と呼ばれる事態にもつながったものと考える。

　アメリカでは、金融危機の発生以来、差押危機に関する激しい議論が行われ続けてきた。公的資金の導入に際しても、立法府の関心は、住宅ローンの買取による差押危機の緩和に向けられていた。その後も大きな政治的論点と

なっており、仕事とマイホームを残して住宅ローンを繰り延べて返済していくという方向がよいのではないかという議論の一方、そのことに伴う銀行のバランスシートの整理の遅れや債務者のモラルハザードを懸念する議論もある。

　アメリカでは、金融危機発生以前の2005年、銀行業界のロビーイングによって破産の申立要件を厳格化する法改正が行われた。その是非については、現在も強い異論が残っている。

　筆者としては、こうした家計のバランスシート問題への対応に関する評価がコンセンサスに達し、家計のデレバレッジングが達成されてはじめて、アメリカにおける金融危機は、根本的に克服されるものと考えられる。

B 倒産制度の限界

公的資金による企業救済

今般の世界的金融危機においては、欧米の大規模金融機関の経営困難が世界的な経済社会の混乱につながった。このため、中央銀行により、徹底した流動性供給と非伝統的手段による信用緩和が行われたことに加え、各国政府は、個別企業の債務に対し保証を提供して資金繰りを支援したり、公的資金による資本増強を行ったりした。

こうしたなかで、直接に救済の対象となった企業は、多くが広義の金融サービス業者ではあるが、銀行には限られておらず、証券会社、保険会社、貸金事業者等、いわゆる「シャドウバンキング」に属する企業が多い。こうした各国政府の対応においては、金融制度上の位置づけよりも、経済社会の現実の必要性に着目して判断が行われたものと考えられる。

この点に関し、アメリカでは、図表22に示したようなプログラムが設けられ、広範な分野で公的資金による救済が行われた。こうしたなかで、GMやクライスラーに対してはチャプター11に基づく倒産手続を円滑に進めるためのDIPファイナンスや再生後の企業への出資の形態とされたのに対し、AIGに対しては、一般契約者向け保険商品の保全のためではないにもかかわらず、破綻回避のための資金投入が行われた。他方、救済が行われなかった例をみると、ノンバンクであるリーマン・ブラザーズの破綻が経済社会全体に甚大な影響をもたらしたのに対し、地域金融機関の破綻は、かつてなく多数にのぼり、なかには預金のカットを伴うものも含まれているにもかかわらず、金融システム全体には深刻な影響を及ぼしていない。

これに対し、かつてのわが国における対応をみると、倒産にあたっての債務の保護は、銀行等の預金取扱金融機関に限定されてきた。また、銀行等についても、金融監督庁発足以降は、債務超過に陥った銀行等の破綻処理が徹

図表22 アメリカにおける不良資産救済プログラム基金の使途
(単位：億ドル)

施策名称	概要	支出上限	予想支出額
① Capital Purchase Program	金融機関に対する資本注入	2,500	2,180
② Systematically Significant Failing Institutions	AIGグループへの資本注入	700	700
③ Targeted Investment Program	CITIグループ、Bank of Americaへの追加資本注入	400	400
④ Automotive Industry Financing Program	GM、クライスラー等への緊急融資	249	249
⑤ Citigroup Asset Guarantee	CITIグループ保有の不良資産の価格下落リスクに対する保証措置	50	50
⑥ Bank of America Asset Guarantee	Bank of America保有の不良資産の価格下落に対する保証措置	75	75
⑦ Homeowner Affordabi-lity & Stability Plan	住宅ローンの借り手救済策	500	500
⑧ Term Asset-backed Securities Loan Facility（TALF）	FRBによる各種個人向けローンを裏付けとしたABS担保貸付に対する支援	1,000	550
⑨ Unlocking Credit for Small Business	中小企業金融の円滑化	150	150
⑩ Auto Supplier Support Program	自動車部品メーカーの資金繰支援	50	50
⑪ Public Private Investment Program	官民投資ファンドによる非流動資産の買取スキーム	1,000	1,000
⑫ Capital Assistance Program	ストレス・テストの結果過小資本が見込まれる金融機関への資本注入	規模未定	規模未定
合計		6,674	5,904
うち資本注入（①＋②＋③＋⑫）		3,600＋⑫	3,280＋⑫
うち資産保証（⑤＋⑥）		125	125
うち資産買取（⑪）		1,000	1,000
うち金融機関以外向け融資等（④＋⑦＋⑧＋⑨＋⑩）		1,949	1,499

(出所)「米国財務省による金融安定化策」(ファイナンス2009年5月号)

底して実施された。一方、再建可能な銀行等への資本増強に際しては、増強の前提としての経営健全化計画の審査や投入資本に基づくガバナンスとともに、検査監督権限に基づく厳しいフォローアップが行われた。

しかし、今般の世界的金融危機においては、そうした対応はみられなかった。銀行以外の個別企業に対しても公的資金による支援が行われるとともに、銀行に対する資本増強も厳格な事前審査等を伴わずに実施された。これは、今般の金融危機においては、流動性危機と資産価値下落が相乗的に発生したこと、障害が金融市場等を通じて急速に伝播したこと等から、緊急の対応が優先された面もあるものと考えられる。とりわけ2008年秋のアメリカにおいては、事態の進行を防ぐための対症療法に追われていた感が否めない。

しかし、個別企業の救済を行えば、その後、企業経営のモラルハザードの著しい拡大がもたらされる。また、市場において、次に同様の金融危機が発生した場合には再度救済措置が講じられるという期待が形成されるおそれもある。こうしたことをふまえると、既存の銀行監督の枠組みにとらわれず、危機対応や金融規制のあり方を考える必要がある。特にいわゆるシャドウバンキングの範囲に関する論点整理が重要と考えられる。

■ 倒産制度の意義

そこで以下では、個別企業の倒産が経済社会全体に悪影響をもたらすために、その回避が図られる場合について、既存の金融制度を離れ、一般的な枠組みを考察することとしたい。

まず、倒産制度のそもそもの意義を振り返ってみると、企業が債務の支払に困難を生じた場合に、資金繰破綻に追い込まれることによって、社会的に大きなコストが発生することのないよう、一定期間の資金繰りの保護を与え、その期間中に事業と財務の再構築の計画を策定し、債権者等の判断を求めるための制度だとすることができる。また、経済社会全体からみても、経営困難に陥った企業が倒産手続を経て再構築されていくことは、債務に基づく経営の規律づけや債権者・株主の権利の透明性確保等を通じ、活力ある経

済社会をもたらすための基礎となる。したがって、いたずらに倒産を回避するような措置は、ほかに重要な要素がない限り、経済社会にゆがみをもたらすものであって適当ではない。金融サービス業に属する企業であっても、経営困難に陥れば倒産手続に入ることが当然であり、再建を目指すのであれば、むしろ、手遅れにならないよう早期に着手することが望ましい。

しかしながら、現実においては、窮境にある企業に対して、政府が保証などによる資金繰支援や公的資金による資本増強を行って倒産を回避する制度が設けられている。これは、個別企業の経営破綻に際し、倒産手続が有効に機能せず、経済社会全体に悪影響をもたらすおそれがある場合があることを反映したものである。

個別企業に関する倒産制度の限界

そこで、次に、倒産制度の機能の限界について考えることとしたい。

個別企業の特性からの限界としては、第一に、手続期間中の資金確保の困難をあげることができる。個別企業の倒産手続を進めるにあたっては、手続期間中の資金繰りの確保が不可欠の前提であり、その手段としては、受入現金の留保、支払の停止および新規借入れ等が存在する。

この点に関し、まず、受入現金の留保による資金繰りの確保についてみると、その実効性は、売上げ等に占める現金の割合が高いか否かにより異なる。この面では、小売、不動産、個人向けサービス等の企業が有利であり、卸売、建設、法人向けサービス等の企業は不利である。また、売上げの水準等が企業の信用状況等に強く依存するか否かも重要であり、たとえば建設等、顧客からみた成果が実現するまでに長期間を要する分野の企業では、信用低下が受注の減少につながる。こうした点について金融サービス業をみれば、信用低下が直ちに預金等の受入れに悪影響を与えるため、倒産手続中の資金繰りの確保には大きな困難が伴うことを指摘できる。

また、支払の停止による資金繰りの確保の難易については、支払停止が仕入れ等の困難による事業の縮小にどの程度つながるかによって影響される。

不動産やソフトウェア開発等、資金フローの規模に比して保有資産や利益幅の大きな事業では、対応が比較的容易である。しかし、卸小売や加工・組立て等では、支払の停止がそのまま事業の縮小につながる危険がある。こうした点について金融サービス業をみれば、銀行を含む決済サービスにおいては、支払の停止が業務そのものと矛盾するため、清算時等以外には実施できないことを指摘できる。

　さらに、新規借入れ等による資金繰りの確保についてみると、担保として、換金が容易であり、評価が安定的な金融商品や動産を保有していることが必要である。しかし、これらの資産は、倒産手続に入る前に売却されていることも多い。こうした点について金融サービス業をみれば、保険会社などの機関投資家はそうした資産を多く保有しているが、銀行は資産の大宗が非流動的で評価も不確実な貸出であるため、借入れや資産売却による資金調達に困難があることを指摘できる。

　第二に、個別企業の特性からの倒産手続の限界をもたらす要因としては、企業価値の下落をあげることができる。倒産手続を通じて事業を再生するためには、企業価値をできる限り維持していくことが重要である。しかし、倒産手続期間中やそれに先立つ窮境時には、資産の売却に伴う価格下落と、取引関係の縮小や企業統治の麻痺等に伴う事業の劣化により、企業価値が下落する。

　この点に関し、まず、資産の売却に伴う価格下落についてみると、その程度は、資産の種類や、当該売却が市場の需給に与える影響によって異なる。資産の種類に関しては、物財等についてはどの程度汎用性のあるものか、債権等では債務者の信用力に関する情報がどれだけ開示されているかが重要である。また、資産の市場の需給に関しては、市場における流動性の多寡や当該企業のシェアが重要である。こうした点について金融サービス業をみれば、とりわけ貸出について、売却に伴う価格下落が著しいものとなることが特徴である。これは、貸出は、さまざまな手段で時間をかけて蓄積した私的情報をもととして成り立っており、投資家等からみれば汎用性の小さい資産だからである。

次に、事業の劣化についてみると、取引関係の縮小をもたらす要因として、製品等の品質が重要である企業や継続的なサービスを提供する企業等において、信用の低下により売上面で悪影響が生ずることがあげられる。この点について金融サービス業をみれば、倒産手続の実施に伴う事業の劣化が最も著しい業種である。

　さらに、以上の2つの企業価値の変動要因は、資金繰りを通じて相乗的に作用することに留意する必要がある。すなわち、信用の低下が資金繰りの悪化につながり、資金捻出のための資産売却が価格下落による損失をもたらし、損失がさらなる信用の低下につながるという悪循環である。これは、とりわけ金融サービス業において著しい。市場からの資金調達に依存して非流動性資産に投資してきた企業では、資産価格の極端な下落によって、きわめて短期間に大幅な債務超過に転落することとなる。

　第三に、個別企業の特性からの倒産手続の限界として、手続の進行管理をあげることができる。倒産手続において行うべき事項としては、資産査定等による財務状況の確定、経営困難に陥った原因の除去を含む事業の再構築、これに見合った債務の調整の提案、債権者等の合意形成といったものがある。これらは、資金繰りの確保や企業価値の維持のため、迅速に実施する必要がある。しかし、どの程度の期間を要するかについては、企業の規模や業種によりかなりの差異がある。

　この点に関し、まず、企業の規模についてみると、大企業では権利関係の整理自体に物理的に時間を要するほか、債権者数が多い場合には、合意形成の困難も増大する。また、業種についてみると、資産の評価の不確実性が高い業種では財務状況の確定が困難であるほか、規制業種においては事業再構築に官庁の許認可等を要する等の問題がある。さらに、国際的な活動を行っている企業の場合には、準拠すべき法律や管轄する裁判所をどうするか等、多くの難問が発生する。こうした点について金融サービス業をみれば、とりわけ銀行について、債権者の数がきわめて多いこと、資産の評価が不確実であること、業務範囲等の強い規制が課されていることが指摘できる。

■ 他の企業への影響

　個別企業の倒産による他の企業への影響を考えると、直接的な影響を受けるものは債権者である。具体的には、手続開始に伴って支払が停止または繰り延べられることにより、債権者自体の資金繰りも悪化することとなる。また、会計面でも、手続が開始された場合には高率の引当を行わねばならず、追加損失の認識につながる。さらに、倒産企業が製品の販売先であることも多く、その場合には売上げの縮小につながる。

　こうした影響は、債権者の数が多ければ多いほど広く拡大していく。倒産企業が多数の零細債権者や下請企業等を有する場合には、連鎖倒産等が深刻なものとなるおそれもある。こうした点について金融サービス業をみれば、多数で小規模の預金者や投資家を有する一方、これらの者にとっては当該の個別企業は不可欠な存在ではない。金融サービス業の倒産の影響は、資金繰困難の連鎖と取付けという急性の症状を示すこととなる。

　一方、債務者への影響については、一般的には小さいものとみられるが、倒産企業からの資金や仕入れに強く依存していた企業に対しては困難をもたらす。その際、相対的に小規模な倒産企業が特殊な部品の供給を行っているような場合であれば、加工組立てを行う債務者が事業再生を支援する可能性もある。しかし、倒産企業が相対的に大規模であったり、取引の範囲が広かったりする場合には、債務者にとっての影響が対処困難なものとなるおそれがある。こうした点について金融サービス業をみれば、とりわけ銀行の債務者への影響が顕著である。銀行の倒産や資金繰困難の結果、クレジットクランチが生ずれば、融資先の多くの中小企業が資金繰困難に陥ることとなる。また、こうした企業にとっては、代替的な貸し手への乗換え等が困難である。その結果、銀行の倒産においては、多くの融資先企業が連鎖倒産に陥るおそれもある。

取引ネットワークに対する影響

　個別企業の倒産が経済社会に及ぼす影響は、企業間の取引ネットワークにおける倒産企業の位置づけにより異なってくる。

　企業間の取引ネットワークについては、各企業を頂点（ノード）とし、企業間の取引関係を枝（エッジ）としてみることで、ネットワーク一般の議論が適用可能とされている。この理論においては、多くの他の頂点との枝が集中するハブと、わずかな数の頂点とのみ枝がつながっているそれ以外の頂点とによって構成されるモデルを基本として、ネットワークの性質や機能の分析が行われる。

　こうした分析においては、現実社会におけるネットワークの性質に関し、スケールフリー性が指摘されている。これは、枝の数の小さな頂点が大多数を占める一方、ごく少数の頂点が極端に多数の枝を有するハブとなっており、枝の数を軸とした頂点数の分布は、平均がなく分散が無限に近づいていくという性質である。また、スモールワールド性も指摘されている。これは、隣り合った頂点の間でのみ枝がつながっているのではなく、遠くの頂点へのショートカットとなる枝が存在するため、任意の頂点の間をつなぐ枝の数が頂点の数に比してごく小さいものとなるという性質である。

　そのうえで、伝染病の感染や通信施設の障害等について、ネットワーク全体への影響に関する分析が行われている。すなわち、こうしたネットワークを構成する頂点の1つに障害が発生した場合、全体としてのネットワークが機能障害に陥るか否かについて、シミュレーション等を行うものである。その結果、スケールフリー性があれば、ネットワークは一般的には頑健であるが、ハブに障害が集中した場合には全体が著しい障害に陥ることが指摘されている。また、スモールワールド性があれば、個別の頂点の障害が全体に伝播しやすいことも指摘されている。

　以上の理論を念頭に置いて、個別企業の倒産が経済社会に与える影響について考えると、取引先数でみた企業の分布にスケールフリー性が想定される

ことから、一般的には取引ネットワークの機能に頑健性が確保されることとなる。ただし、多数の枝をもつハブに位置づけられる企業が倒産した場合には、ネットワーク全体が機能障害に陥るおそれがある。

　また、市場を通じたショートカットによってスモールワールド性が想定されることから、倒産企業と直接の取引がない企業についても連鎖倒産が生じやすい場合がある。具体的には、市場におけるシェアの大きな企業が、資金繰困難に陥って緊急の資産売却を行うような場合には、金融市場での資金逼迫や資産市場での需給悪化をもたらし、市場資金に依存する他の企業や当該資産を多く保有する他の企業に影響が及ぶこととなる。

　この点について金融サービス業をみれば、スケールフリー性に関しては、決済システム等を通じて他の企業の取引のハブ的な位置づけにあることが多い。また、スモールワールド性に関しては、ショートカットとして機能する市場での取引を活発に行っていることが多い。このため、資産市場の需給悪化に関しては、とりわけ流動性の小さな金融商品の投売りが生じた場合、価格が暴落し、当該資産を保有する企業全般に甚大な損害をもたらすことになる。また、証券化商品等の価格下落が予想される場合、信用収縮が発生して市場流動性が枯渇するなど、金融市場と資産市場の相互作用による危機の増幅も指摘されている。

　こうした観点からすれば、近年、大規模な金融コングロマリットが形成され、金融市場が世界的に統合されてきたことは、世界的な取引ネットワーク全体の機能障害のおそれを高めてきたものと考えられる。

■ 個別企業の救済の範囲

　以上で論じてきたように、個別企業の倒産は、当該企業における倒産手続の困難、取引先企業への影響の伝播、取引ネットワーク全般の機能障害を通じ、経済社会全体に大きな悪影響をもたらす場合がありうる。こうしたおそれが大きな場合には、政府は、経済合理性に基づく判断として、当該企業の倒産を回避するための支援措置を検討することが考えられる。

こうした観点から、その倒産が経済社会全体に影響を及ぼす可能性のある企業を整理してみると、
　・経営困難時に資金繰困難と企業価値低下の悪循環を生ずること
　・債権者数が多いことなどから倒産手続の進行管理が困難であること
により円滑な倒産手続が困難であり、
　・取引先である多数の債権者や債務者に大きな影響が及ぶ
企業であって、
　・取引ネットワークのハブの位置を占めている
　・金融や資産の市場に強く統合されている
という条件を満たすものが考えられる。

こうした企業としては、銀行がこれに該当することはもちろんである。しかし、証券会社、保険会社、貸金事業者についても、多数の先と取引をしていたり、市場で大規模な活動をしていたりする場合には、同様の性格をもつことが指摘できる。また、金融サービス業に属さない企業であっても、市場で調達した資金で他の企業への投融資を活発に行っている大企業も、上記の条件を満たす可能性があると考えられる。具体的にどの範囲の企業が支援の検討対象となりうるか否かは、既存の制度上の区分ではなく、その企業の営む事業の実態や市場における認識によって、定まってくるものである。

こうした個別企業について、その倒産が経済社会に大きな影響を与えるからといって公的資金等を用いて倒産回避を図ることは、著しい副作用を生む。個別の企業が窮境時の下支えを受ける一方で経営の自由を有する場合には、モラルハザードが顕在化する。そうした企業の株主は、より大きなリスクテイクを要求し、経営者や従業員は、これに応じて自らの利益極大化を図ることとなる。また、こうした支援の枠組みの存在は、現に支援を受ける企業のみならず、支援が期待されうる企業全般について、株主等の投資行動や経営者や従業員の行動に影響を与えることを通じて、広範に弊害を発生させる。

そこで、こうした弊害を補正するための規制を設ける必要が生ずる。

具体的には、まず、支援が行われた企業に対しては、政府による厳しい経営介入が行われ、株主、経営者および職員に対し、事業再生を確実に達成するための規律が課される。具体的な形態としては、資本増強であれば、既存株主の権利を希釈化したうえで、増強の前提としての経営計画の審査や資本増強に用いた金融商品に基づく企業統治が行われる。倒産にかわる国有化であれば、株主の権利を剥奪したうえで、通常の倒産手続における管財人や債権者集会等の権能を政府が行使することとなる。

また、支援の対象となりうる企業に対しては、弊害の抑止のための規制が課されることとなる。具体的には、経営規律の確保に向けた規制や円滑な破綻処理のための枠組み等のさまざまな制度が必要となる。

こうした点について金融サービス業をみると、銀行については、円滑な破綻処理のための特別の枠組み、倒産回避や預金者保護のためのセーフティネット、プルーデンス規制等の制度が従来から整備されているが、それ以外の金融サービス業については、そうした制度が設けられていない。

将来の金融規制に関する検討

以上から、今般の金融危機対応をふまえて将来の金融規制を考える際には、既存の銀行制度や自己資本比率規制等をアプリオリに出発点とするのではなく、個別企業の破綻が経済社会に及ぼす影響を極小化するという広い視野のもとで、制度の枠組みを検討することが重要と考えられる。

こうした企業については、世界的金融危機における対応に照らし、今後、窮境に陥ったときに政府が救済を検討せざるをえないという期待が市場において形成されるおそれがある。したがって、まず、救済の対象となる企業か否かを制度上明確化することが重要である。そのうえで、救済制度の対象とする企業については、弊害を補正するための規制を検討することが必要となろう。

また、かりにこうした規制が的確に導入され、十分に機能したとしても、救済対象の経営規律が一般企業と同等になったにとどまるため、取引ネット

ワーク全体としての安定性の観点からは、さらなる措置が必要となる。とりわけ、取引ネットワークのハブに位置づけられる企業が、金融や資産の市場で大規模な活動を行う場合には、そうした企業が経営困難になること自体で、経済社会全体に悪影響を与えることもありうる。

　以上のような議論は、従来の金融規制に関する議論からは、かなり趣を異にするものである。筆者としては、銀行以外の企業についても、少なくとも、「大きすぎて潰せない」（Too Big To Fail）問題に関する議論の整理は行っておく必要があると考える。

C 金融規制のグランドデザイン

◼ OTDモデル

　今回の世界的金融危機を、かつてのわが国における金融危機と対比すると、証券市場における混乱と金融機関の崩壊が悪循環を起こしたことが特徴である。こうした悪循環の原因の1つとして、しばしば、証券化して投資家に販売するために、その原資産となる貸出等を行うというOTDモデル（Originate to Distribute Model）があげられている。OTDモデルにおいては、原資産である貸出等を行うオリジネーター、証券化のアレンジャー、証券化商品のディストリビューター、証券化商品を購入する投資家のいずれもが、原資産の質に関する情報を処理するインセンティブを十分にもたないことが弱点となったというものである。これらの当事者の間における取引等の概要を図示すれば、図表23のとおりである。

　この点に関し、伝統的な金融仲介システムをみると、銀行においては、企業に関する私的情報に基づいて貸出を行い、原則として満期まで保有するので、金融仲介にかかわる情報生産を単独で担うこととなる。これに対し証券市場では、発行者が信頼性のあるディスクロージャーを行い、その情報が市場参加者に共有されることが基本である。これは、証券会社や機関投資家等により仲介されることが必要であり、さらにその際には、格付会社等が利用されることも多い。こうした事業者は、激しい競争下に置かれている一方、銀行のような私的情報に基づく準レントを享受することができない。そこで、常に革新的な金融サービスを提供する強いインセンティブをもつこととなる。OTDモデルは、こうした市場の構造から生じてきたものとみられる。

　一方、証券市場のインテグリティは、第9章理論編で論じたように、私的情報と公開情報のデリケートな組合せによって成立する。これを確保するためには、精密に設計され実効的に実施される市場規制が不可欠である。しか

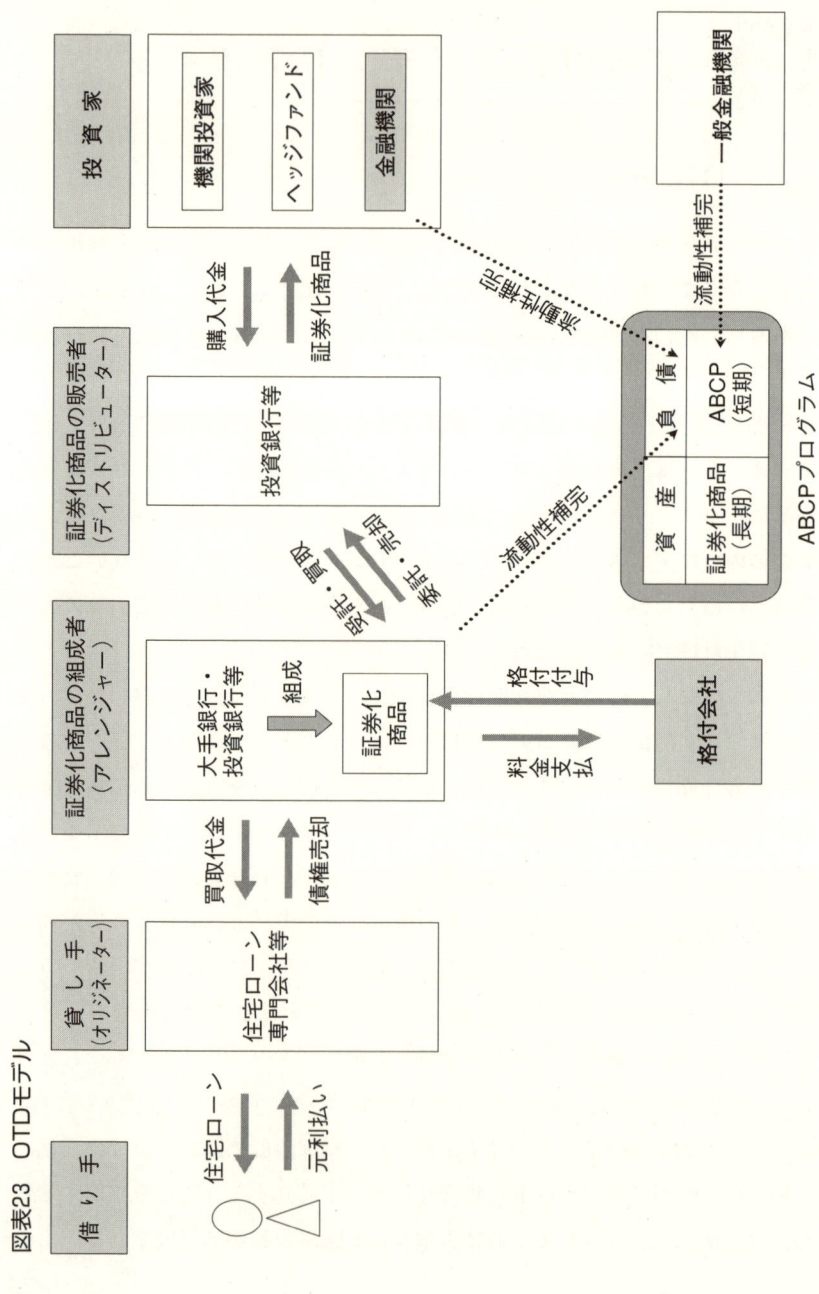

図表23 OTDモデル

し、近年の証券化商品の市場に関しては、結果としてみれば、市場規制がうまく機能しなかったものといわれている。

まず、証券化商品の質に関する開示情報が投資家の信頼を失い、金融機関の経営不安につながった。また、格付会社が証券化商品について的確な情報提供を行うことができなかった。さらに、ヘッジファンドは、市場に流動性供給や多様な投資戦略をもたらしてきたが、危機に際しての投資行動が結果として混乱を増幅する効果をもってしまった。

そのうえ、CDSを取り扱う事業者は、危機発生時には深刻な信用不安の源泉になってしまった。CDSは、企業の発行する社債や資産担保証券の債務に対する信用リスクのプロテクションを提供する金融商品である。プロテクションの売り手は、こうした債務を発行した参照組織に倒産等の事由が発生した場合に、買い手から債務を元本額で購入したり、債務の減価に見合う金額を買い手に支払ったりすることを約束する。世界的金融危機以前においては、これによって、資産担保証券は高い格付を取得していた。しかし、危機が顕在化した段階においては、プロテクションの売り手自体が倒産の危機に直面したため、プロテクションを利用していた資産の価値が一斉に下落し、多数の投資家の経営困難をもたらしたのである。

このように、OTDモデルにおいて、関係事業者のインセンティブのゆがみが増幅された結果、資本市場のインテグリティが破壊されるに至ったのである。

■ 市場規制の見直し

こうしたことから、ピッツバーグでのG20サミットにおいて市場規制の見直しが合意され、IOSCO（証券監督者国際機構、International Organization of Securities Commissions）を中心として、検討作業が行われた。その概要は、以下のとおりである。

・格 付 け 会 社：格付プロセスの品質と一貫性の確保
　　　　　　　　　独立性の確保と利益相反の防止

　　　　　　　　　投資家と発行者に対する責任の明確化
　　　　　　　　　行為規範の開示と市場関係者とのコミュニケーション
・ヘッジファンド：登録義務
　　　　　　　　　投資家へのディスクロージャーとファンドのプルーデ
　　　　　　　　　ンスに関する規制
　　　　　　　　　プライムブローカー等の登録
　　　　　　　　　システミックリスクに関する情報の報告
・証　券　化　商　品：オリジネーターによるリスクシェア
　　　　　　　　　発行者によるディスクロージャーの拡充
　　　　　　　　　適合性原則の見直し
・店頭デリバティブ：中央清算機関（Central Counterparty）の創設
　　　　　　　　　CDS契約の標準化
　　　　　　　　　CDSに関するディスクロージャーの拡充
　　　　　　　　　規制当局の国際的連携強化

　この世界的な流れのなかで、わが国においても、市場規制の見直しが行われた。まず、格付会社に関しては、2009年の金融商品取引法改正によって、登録制度が導入された。ここでは、わが国で利用される格付を提供する格付会社は、金融庁への登録が義務づけられ、格付の品質管理、利益相反の防止、ディスクロージャー等の行為規制が課されることとなった。また、ヘッジファンドに関連しては、わが国では2006年の金融商品取引法成立以来、幅広い金融商品を規制対象としてきたために、ヘッジファンドに関連する事業者も、投資助言や集団投資スキームとしてカバーされていた。今後、これに加えて、報告義務の拡充が行われることとなっている。さらに、店頭デリバティブに関しては、特にわが国の倒産法制と密接に関連するCDSについては国内の中央清算機関の利用を義務づけるなど、一定の標準的商品について、内外の中央清算機関における清算をすすめることとされた。

■ 執行面からみた市場規制の課題

　以上のように、市場規制に関しては、世界的金融危機に対応した見直しに関する国際的な議論を経て、各国政府において、他の法制度との調整や関係者との利害調整を行いながら、実施に向けた作業が進められている。これについて、現実に市場規制を執行していく観点からみると、以下のような課題がある。

　第一に、規制対象をどう定義するかである。たとえば店頭デリバティブにおいては、標準化されて一定の取引規模をもつ商品が中央清算機関の利用義務の対象とされる。しかし、すべての取引当事者が中央清算機関に参加するわけではない。また、取引当事者がそうした義務を負うことが不利だと考えるのであれば、商品設計の多様化が進むことになる。したがって、規制を行うことと中央清算機関を育成することとは同義反復の関係にある。こうしたことから、現実には、こうした規制は、対象を外生的に定義することはできず、中央清算機関の業務の法的根拠を提供することに近い機能をもつこととなる。

　第二に、規制対象の具体的特定が課題となる。たとえば、集団投資スキームについては、資金を集めて事業を行うこと自体は企業活動そのものであって金融規制の対象外である。そして、あるスキームが一般の企業と集団投資スキームのいずれに該当するかは、当局が事前に判定することはできない。ここから、現実には、たとえば投資の勧誘等において当局に登録することが有利だと考えた者が、規制対象である集団投資スキームとしての体裁を整えることになる。

　第三に、規制の副作用をどう回避するかが課題となる。集団投資スキームについて、当局に登録していることを詐欺的行為に悪用する例がみられることは、第9章現実編で紹介したとおりである。また、格付会社においては、銀行の自己資本比率規制において格付を利用したことがゆがみをもたらしたという指摘があるほか、規制がかえって格付サービス市場の寡占化をもたらすおそれもあるとされている。

第四に、規制の実効性をどのように確保するかが課題となる。たとえば、わが国において登録を行っていない格付会社による格付の付された外国有価証券については、証券会社の営業活動において登録済格付として用いてはならないといった裏付けが設けられている。しかし、このことはわが国の証券会社に大きな負担を与える一方、外国の格付会社に対する規律づけ効果は相対的に小さなものにとどまる。ここから、国際的な格付会社グループについて、一定の要件のもとで、国内の会社のみの登録でよいとする工夫が行われた。また、集団投資スキームに法令違反が認められた場合、金融行政上課しうる最大限の制裁は登録取消しである。制裁対象者がその後、新たに登録する事業者に実質上参加することは取り締まることができない。真に実効性のある手段としては、警察の協力によって刑事制裁を科すことがあるが、そのために必要となる証拠は、金融行政とは別途に、適正な捜査手続を経て確保される必要がある。こうしたことが一般的となるようでは、そもそも金融規制として設計する実益に乏しいということになる。

　第五に、規制を執行する態勢を整備することにコストがかかる。第9章現実編で説明したように、証券取引の国際化が進展するなかでは、外国に立地している事業者が国内で売買される有価証券に関する監査や格付等を行うことも一般的になる。したがって、各国当局としては、そうした外国事業者に対する規制をどう実施するかという問題に直面することとなる。その手段としては、それぞれ域外適用を行うか、当局間の規制の相互承認によるかという選択肢があるが、いずれも、背景にある各国の法制度や規制環境を的確に把握したうえで検討せねばならず、膨大な作業と専門的なノウハウを要する。こうした規制では、それによって保護される対象者が比較的限定されていることを考えると、政府の資源をどれだけ投入してよいかがむずかしい問題となる。

　このように、市場規制を現実に執行するためにはさまざまな課題があり、他の制度や政府機関の構成に応じて、工夫を積み重ねていくことが求められる。こうした工夫を要する事項は国ごとに異なってくるため、国際的な議論にお

いて共通の枠組みが設けられたとしても、「悪魔は細部に宿る」ということにかんがみれば、その実質的な経済効果は異なるものとならざるをえない。

■ 金融規制の迂回

ここで、OTDモデルを生み出した背景を振り返ってみると、金融規制を回避しようとする金融サービスや金融機関の反応があったものと考えられる。

上述のように、証券市場のインテグリティが保たれるためには適正な規制の執行が必要であるが、金融サービスを提供する事業者には、規制に伴う負担が生ずる。また、銀行等の金融機関が的確に機能を発揮するためにはプルーデンスの確保が必要であるが、そのためには監督当局による経営関与等に伴う負担が生ずる。こうした規制を受けることは、信用補完等の受益をもたらす面もあるものの、顧客にとって金融サービスを割高なものとしたり、株主等からみて金融機関の収益性を低いものとしたりする効果もある。

こうした負担と受益のバランスによっては、規制を受ける事業者により提供される金融サービスが、規制の外側にある事業者により提供される類似のサービスに比べて非経済的となるケースが生ずる。

その際、金融サービスは、物理的な商品等と比べて、技術的にも法律構成的にも可塑性が高いことに留意する必要がある。金融分野では、規制による負担が課されたサービスを、実質的に同等の経済効果をもつとともに規制の外に位置づけられるようなものに変容させることが容易である。このため、超過負担を伴う金融規制は、常に技術的工夫によって迂回されることになる。その例としては、過去のアメリカにおいて、預金金利規制を迂回するためにMMF等の商品が開発され、急速に拡大したことがあげられる。

また、金融サービスは、情報生産の結果として提供されるものであるが、金融機関には、顧客からみれば同等のようにみえるサービスを提供しながら、情報生産に投入するコストを削減しようというインセンティブがある。したがって、超過負担を伴う規制を課された金融機関では、規制の外にあっ

て競合するサービスを提供する事業者との競争に対応するため、サービスの基礎となる情報生産の空洞化を行うインセンティブをもつこととなる。

　こうした点について、最も厳格な規制を受けている金融機関である銀行を出発点として、さらに考えてみることとしたい。銀行は、業務範囲、財務規制、ディスクロージャー、銀行監督等の厳格な規制下に置かれている一方、免許制度や預金保険制度による信用強化の便益を享受している。こうした状況を顧客の立場からみた場合、銀行によって提供されるサービスが規制による超過負担によって割高となるのであれば、銀行以外の企業が提供する同様のサービスを購入することが、経済合理性に沿う行動である。また、銀行を投資家からみると、その株式は他の企業の株式との裁定の対象である。銀行の株主は、規制により超過負担が課される場合には、より高い収益を確保するための経営関与を行うか、銀行株を売却するかという選択を行うことになる。

　したがって、新たな自己資本比率規制が超過負担をもたらすような場合には、こうした顧客や株主の経済合理的な選択の結果、銀行の提供してきた金融サービスが、銀行以外へと移行していくこととなる。その具体的な形態としては、バランスシートのアンバンドリング、サービス生産のアウトソーシング、規制対象外の事業者への流出等が考えられる。

■ OTDモデルの形成

　以上をふまえてOTDモデルを振り返ってみれば、第一に、銀行に対し自己資本比率規制が超過負担を課したことが、このビジネスモデルの拡大を促したのではないかと考えられる。その際、証券化によって貸出を会計上オフバランスとすることが可能であったこととともに、自己資本比率規制における証券化商品のリスクウェイト設定が、いっそうのゆがみをもたらしたものとみられる。第二に、オリジネーターである銀行からこうして流出した金融サービスの多くは、アレンジャーやディストリビューター等の機能を果たす投資銀行に移行することとなった。アメリカにおいて投資銀行に対する自己

資本比率規制が緩和されたことは、こうした移行をいっそう有利なものとした。第三に、格付会社は、金融サービスの構成要素の一部を受け継いだものの、これに伴う規制の負担も民事上の責任も負わない状況にあった。第四に、CDS等の信用補完手段の提供者は、モノラインと呼ばれる金融専業保険会社を含め、金融サービスの構成要素の一部を受け継いだものの、的確なオペレーションやリスク管理を確保するための規制が設けられないでいた。

こうした金融サービスの規制回避は、移行先の事業者においても、同等のサービスを提供しているかのような外観のもとで、基礎となる情報生産活動を空洞化させるインセンティブがあったため、さらに不健全なものへと変容していった。筆者は、OTDモデルに起因する金融システム混乱の主因は、こうした「悪貨が良貨を駆逐する」という現象にあったものと考える。

■ 金融規制のグランドデザイン

以上からすれば、世界的金融危機をふまえた金融規制の見直しは、少なくとも、金融市場に対する規制と金融機関に対する規制の双方を統合して行うものでなければならない。これは、危機以前の金融規制には、格付会社やCDSの提供者に対し、市場規制の面で所要の枠組整備を行っていなかったにもかかわらず、銀行監督上の重要な意義を認めたといった齟齬があったからである。

また、そうした総合的な見直しが行われる場合には、規制に伴う負担と受益のバランスを慎重に勘案したものでなければならない。

まず、銀行規制の見直しについては、現在、自己資本比率規制の見直しに重点を置いた検討が行われているが、中長期的にみれば、その効果は減殺されざるをえないことに留意する必要がある。前述のように、自己資本比率規制を加重すれば、それに対応して、銀行の経営者にはより高いリスクテイクを行うべきプレッシャーが加わる。また、資産のリスクウェイトや資本の計上基準に人為的な基準を設ける場合には、銀行のポートフォリオ構築上の反応を通じて、金融市場にゆがみをもたらさざるをえない。したがって、銀行

のプルーデンス規制の実効性を確保するためには、一律の財務規制ではなく、個別的なモニタリングが重要である。さらに、そうしたモニタリングを受けることに伴う銀行の負担は、金融サービスが銀行を迂回することにつながらざるをえないものでもあることに留意が必要である。

そこで、迂回先に対する市場規制の整備が重要になる。この点に関しては、従来、証券会社や格付会社等、金融サービスを提供する事業者に対する規制強化が主として検討されてきた。ヘッジファンドに対する規制も、基本的には、ファンドへの投資家保護の観点から設けられた枠組みに基づくものであった。これは、規制対象を特定して一般の刑事法等とは異なる加重義務を課すという、行政当局の基本的規制手法に対応したものである。

しかし、法制度の実効性の観点からみると、そうした規制が幅広いものとなればなるほど、規制対象の特定や実効性確保等に関して前述のような執行面の困難に直面せざるをえなくなる。また、拡張された規制のさらに外側に金融サービスが流出していくことを避けることができないという問題も大きなものとなる。シャドウバンキングに関する議論においても、本章で論じた倒産手続の限界とともに、こうした金融規制の実効性の問題を念頭に置いておく必要がある。

■ 私的エンフォースメント

こうした点をふまえて、今般の世界的金融危機を再度振り返ってみると、混乱の原因は、十分な審査を行わずにそうした金融商品を購入した投資家にも所在しているものと考えられる。特に証券化商品市場の混乱への対処については、これらは主として機関投資家により購入されていたため、その活動の適正化を図ることが重要である。

投資家に対する枠組整備について考える場合には、法制度のエンフォースメント一般にかかわる基本的枠組みを振り返ってみることが有益である。この点に関しては、第9章理論編で論じたように、事後責任制度と事前規制制度をどう組み合わせるかという論点、裁判所と規制当局のいずれの機関によ

って法律を実施するかという論点がある。

　前者に関しては、両制度の選択にあたって考慮すべき要因のうち、証券化商品に関する知識水準については、政府よりも当事者が高いことは明らかである。第二の要因である当事者の損害賠償能力については、機関投資家であれば、これを確保しうる範囲でのみ事業を行うことが前提である。第三の要因である当事者に対する責任追及の現実的可能性については、現状のわが国では、機関投資家とその顧客の間ではかなり乏しいといわざるをえない。第四の要因である規制当局による執行体制の確保に要する費用は、特に国際的な取引についてかなり大きなものとなる。

　一方後者に関しては、両制度の選択にあたって考慮すべき要因のうち、弊害防止を予防する必要性については、少なくともシステミックリスクを起こさない限りは金銭的な損害にすぎないため、生命にかかわるようなものと比して、予防の必要性が相対的に小さいとみられる。第二の要因である取引の円滑性確保からすれば、裁判所によるべきことは明らかである。第三の要因である法律実施のためのコストについては、弊害発生の頻度からみて、規制当局の維持費用は相対的に高いものとみられる。

　以上を総合すれば、世界的金融危機への対応の一環として、機関投資家に対する私的エンフォースメントを強化することが検討に値するものと考えられる。その際、上記の諸要因の勘案からすれば、わが国では、機関投資家に対し顧客が損害賠償を請求する訴訟の可能性が小さいことが私的エンフォースメントの実効性を弱めていると考えられる。

　そこで、一般投資家が機関投資家に対して行う訴訟について考えると、訴訟提起の経済性と訴訟における証明に要する情報の入手可能性が問題となる。この課題は、わが国における証券訴訟全般にかかわるものである。

　アメリカにおける証券訴訟の状況と対比すると、訴訟提起に関してはクラスアクションの制度の存在、情報入手に関しては内部統制の枠組みやSECの活動と民事訴訟の関係等に大きな差異がある。いずれも、証券市場の根幹にかかわる重大な論点であり、慎重な考察が必要である。しかし、筆者として

は、金融危機をもたらすインセンティブのゆがみの除去という観点からは避けて通れない論点であると考えている。

むすび

金融システムに対する政府の役割

　本書の冒頭に述べたように、筆者は、1977年春に社会生活を始めて以来、ほとんどの時間を金融行政に投入してきた。この間に、わが国の金融システムは様変わりとなった。1977年当時は、金利規制のもとで銀行不倒神話が健在であり、金融制度改革の主要な課題は銀行による国債窓販や譲渡性預金の導入であった。現在では、莫大な数の経営破綻を伴った金融危機を経て、金融市場の世界的変動への対応が主要な課題となっている。こうしたなかで、筆者は、金融危機への対応をはじめとして、金融行政の節目となる時期に、焦点の分野を担当することができた。めぐり合わせを感じずにはいられない。

　このように金融行政に長年従事してきたなかで、筆者がつくづく感じてきたことがある。それは、金融システムに対する政府の役割の二面性である。

　金融システムは、金融サービスを提供する民間企業が構成するものであり、金融サービスの提供は民間企業のビジネスそのものである。民間企業は、その経営について、技術革新を積極的に取り入れつつ効率化を進めることが当然の責務である。また、ビジネスにおいては、顧客に喜んで対価を払っていただけるようなサービスを提供するため、切磋琢磨して創意工夫を行わねばならない。筆者は、自らが小さな古本屋の息子として育ったことによるのかもしれないが、民間企業のこうした努力を促すためには、公正な競争さえ確保されればよく、ビジネスのわからない政府は、日々の業務に口を出さなければ出さないほどよいと信じている。小売に次いで身近なものである金融サービスを提供する事業者についても、このことは当てはまるはずである。

　ところが、金融システムは経済社会のインフラストラクチャーであり、機能不全が生ずれば、経済社会全体に深刻な弊害をもたらす。過去には金融恐

慌が戦争につながったことすらある。金融システムに対し政府が負う責任の根源はここにある。銀行の連鎖破綻や市場での不公正取引等が発生すれば、政府としては、それまでの監督不行き届きが責められるとともに、再発防止策に知恵を絞ることとなる。

しかも、こうした政府の努力は、事業者との間で、ある種の軍拡競争につながる。金融サービスを提供する事業者としては、安閑として規制されるままになっていては株主への責任が果たせないので、規制に対応して収益を増強するための工夫を行うことになるからである。そうなると、政府としては、これに対応して、規制をさらに精緻化せざるをえない。こうして、「不思議な国のアリス」で赤の女王が話しているように、「同じところにとどまろうと思うなら、全速力で走り続けなさい」ということになる。こうしたことを繰り返してゆけば、金融サービスの事業者は、政府との軍拡競争に追われ、顧客サービスの向上に能力を投入する余力を削がれていくおそれがあると考えられる。

筆者としては、金融行政において政府に課された役割は、こうした自己矛盾のなかで、できる限り顧客へのサービス向上と安定的な機能発揮を両立させるよう働きかけることにあると考える。金融機関や金融市場との軍拡競争に遅れないようにすることは重要だが、すべてを制御しようとするべきでないことも同等に重要である。政府は、金融制度の企画立案や検査監督の実施にあたり、こうした点をふまえ、精一杯工夫を凝らしていかねばならない。また、自らの業務実施の体制についても、技術革新を取り入れながら、常に効率化を進めていかねばならない。

このように、金融行政の果たすべき機能は、直線的な理解が困難なものである。とりわけ、本書で論じたような節目における施策については、筆者として見通しが的確でなかったことや求められる要件を十分理解できていなかったことが多々あったとも思われるが、同時に、金融システムに対する政府の役割について十分説明できなかったことや施策の意義を正確に認識していただけなかったことも多かったように思われる。

金融システムのシステムエンジニア

　金融システムに対する政府の関与は、このように、複線的かつ技術的であり、金融行政においては、金融システムが利用者のために有効に機能するよう、タイムリーに、かつ細心の注意をもって必要な措置を講じていかねばならない。

　1997年秋の金融危機は、戦後混乱期以降のわが国に例をみない惨状を呈していた。政府は、ここで顕在化した経済社会の構造的問題を克服するために、長年にわたって、銀行のディスクロージャーに対する信頼性の確立、銀行の業務と財務の再構築、金融と産業の一体再生という課題に取り組まねばならなかった。金融システムというデリケートな分野において、このように根源的な課題を克服していくことは、わが国の経済社会と政府にとって大きな挑戦であった。

　こうした難局をわが国金融システムが乗り越えることができたのは、何よりも、当事者である金融界や産業界の方々の努力のたまものである。また、その推進にあたっては、柳澤伯夫先生をはじめとする政治家の方々のリーダーシップと、高木新二郎先生をはじめとする実務家の方々の手腕によるところが大きい。さらに、金融システムの立直しの背景としては、法制度の整備、金融政策、産業政策に関し多大な努力が行われていたことが重要であった。これに加えて、学識者の提言が危機の克服に寄与したことも見受けられる。

　しかし、この間、金融監督庁および金融庁の各職員が、極度の苦境が続くなかで、それぞれに精魂を込めて職務に取り組んでいたことは忘れられるべきではない。その結果、かつては手のつけられなかった問題への対応を含め、予想を超える大きな実績をあげることができた。筆者としては、この時期に金融監督庁および金融庁に在籍していた職員は、わが国経済社会の難局を乗り越えるために十分に貢献したものと自負してよいと考えている。そして、そのなかで、及ばずながら、1人の担当官としての職務に従事できたことに意義を感じている。

一方、筆者は、こうした職務を行うに際し、その背景となる金融理論の研究に注力してきた。これは、自らの志向によるものではあるものの、日本銀行から慶応大学教授に転じられた深尾光洋氏から、1982年夏からの２年間経済企画庁で同勤して以来、折に触れて薫陶をいただいたことによるところが大きい。筆者は、大事な局面であればあるほど、基礎的な理論を勉強して、職務を行ううえでの大枠を整理することがより重要であると考える。
　こうした生活において、筆者は、わが国経済社会における自らの役目を、金融システムのシステムエンジニアだと規定してきた。
　システムエンジニアである以上、業務にかかわる理論や技術を常に知悉し、活用可能としておかねばならない。しかし、金融サービスの変革が急速に進展するとともに、学者や実務家が縦割りで専門化しているなかでは、これは決して容易ではない。他方、システムエンジニアとしては、クライアントである国民から、システムが果たすべき機能の要件を定義してもらう必要がある。しかし、これについては集合的な合意形成が行われる必要があり、金融サービスが抽象的でわかりにくいなかで、担当者としては何が要求されているのか戸惑うこともしばしばであった。
　こうした制約は、コンピュータシステムなど、システムエンジニア全般に共通なものかもしれない。しかし、筆者としては悩み苦しんだことが多かったことを記さざるをえない。とりわけ、前例のないような行政上の措置の意義や効果について、わかりやすく説明し、十分理解していただくことは至難のわざであった。立場上、対外説明にあたっては、とにかく誤解を受けないよう、正確さを優先せざるをえなかった。外部からは、まるでコンピュータの取扱説明書のような印象で受け取られていたのではないかと思われる。
　さて、筆者は、2010年夏、長年にわたり務めてきた金融行政の職場を卒業し、日本銀行に奉職することとなった。日本銀行は、筆者の直面してきた金融行政の現実において、常に大きな位置を占め続けてきた組織であり、中央銀行の業務や金融政策の効果等は、金融理論において重要な比重をもつ研究課題である。筆者としては、こうした素晴らしい職場において、わが国の金

融システムに引き続き貢献できる機会をいただいたことに深く感謝している。今後さらに、職務の遂行と金融理論の勉強に研鑽を積み重ね、よりいっそう経済社会のお役に立っていきたいと願っている。

　しかし一方、今般、金融行政の職場を卒業したことは、筆者の社会生活に1つの区切りがついたことでもある。今後、日本銀行において新たな職務に取り組むことで、金融システムのシステムエンジニアとして引き続きお役に立っていくに際しては、前述したような対外説明に関する長年の反省について、筆者なりの整理を行っておく必要がある。

　そこで、この機会をとらえて、これまで取り組んできた金融行政の現実と理論を、筆者なりに精一杯わかりやすく説明させていただきたいと考えた。うまくすれば、金融システムにかかわる方々の今後の参考としていただくとともに、ご一緒に議論をしていくための材料となるかもしれない。これが、筆者が本書を執筆するに至った動機である。

　本書の執筆にあたっては、本書の構想や年表・索引の作成等で助力頂いた「週刊金融財政事情」編集部の花岡博氏を初めとする金融財政事情研究会の皆様、具体的かつ親身なコメントを頂いた日本銀行の河合祐子氏を初めとする学友の皆様に多大な支援を頂戴した。記して謝意を表したい。

　本書がわが国の金融システムの発展に多少とも資するものとなれば、望外の幸せである。

関連年表

図表24　金融行政機構の推移

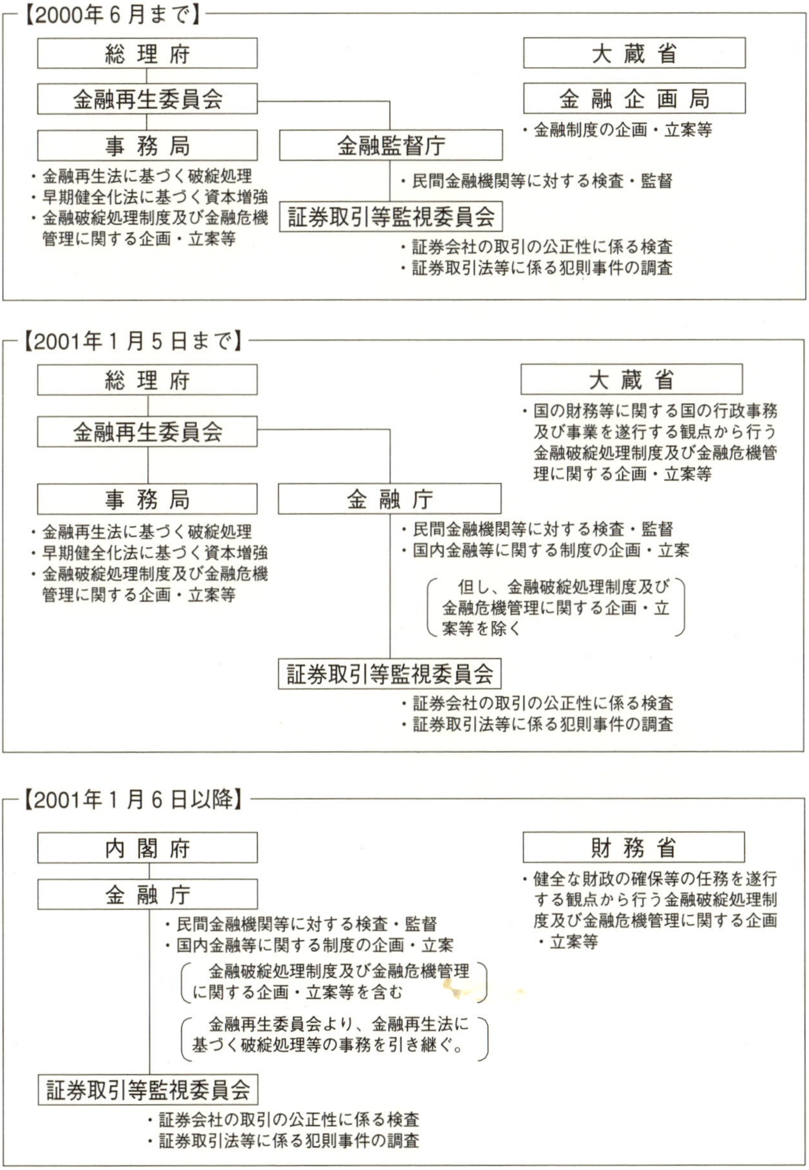

【2000年6月まで】

- 総理府
  - 金融再生委員会
    - 事務局
      ・金融再生法に基づく破綻処理
      ・早期健全化法に基づく資本増強
      ・金融破綻処理制度及び金融危機管理に関する企画・立案等
    - 金融監督庁
      ・民間金融機関等に対する検査・監督
      - 証券取引等監視委員会
        ・証券会社の取引の公正性に係る検査
        ・証券取引法等に係る犯則事件の調査
- 大蔵省
  - 金融企画局
    ・金融制度の企画・立案等

【2001年1月5日まで】

- 総理府
  - 金融再生委員会
    - 事務局
      ・金融再生法に基づく破綻処理
      ・早期健全化法に基づく資本増強
      ・金融破綻処理制度及び金融危機管理に関する企画・立案等
    - 金融庁
      ・民間金融機関等に対する検査・監督
      ・国内金融等に関する制度の企画・立案
      （但し、金融破綻処理制度及び金融危機管理に関する企画・立案等を除く）
      - 証券取引等監視委員会
        ・証券会社の取引の公正性に係る検査
        ・証券取引法等に係る犯則事件の調査
- 大蔵省
  ・国の財務等に関する国の行政事務及び事業を遂行する観点から行う金融破綻処理制度及び金融危機管理に関する企画・立案等

【2001年1月6日以降】

- 内閣府
  - 金融庁
    ・民間金融機関等に対する検査・監督
    ・国内金融等に関する制度の企画・立案
    （金融破綻処理制度及び金融危機管理に関する企画・立案等を含む）
    （金融再生委員会より、金融再生法に基づく破綻処理等の事務を引き継ぐ。）
    - 証券取引等監視委員会
      ・証券会社の取引の公正性に係る検査
      ・証券取引法等に係る犯則事件の調査
- 財務省
  ・健全な財政の確保等の任務を遂行する観点から行う金融破綻処理制度及び金融危機管理に関する企画・立案等

(出所)　金融庁

	金融界の動き	金融庁、金融監督庁および大蔵省等の施策
1977年4月		
1979年7月		
1980年12月		改正外為法施行：資本・役務の国際取引の原則自由化
1981年6月		
1983年7月		
10月		
1984年5月		「金融の自由化及び円の国際化についての現状と展望」および日米円ドル委員会報告書発表
6月		金融制度調査会「金融の国際化の現状と今後の対応」了承
1985年6月		金融制度調査会「金融の自由化の進展とその環境整備」答申
7月		
9月		
10月	郵便貯金残高100兆円突破	
1986年2月	住友銀行が平和相互銀行を救済合併する意向を発表（10月1日実施）	
7月	東京地検が平和相互銀行の前社長らを特別背任容疑で逮捕	
1987年7月	全銀協統一開示基準制定	
10月		
1988年5月		
7月		
1989年8月		

国会、政府等の動き	アメリカ等の動き	筆者の所属
		大蔵省銀行局金融制度調査官室（調査課）
		大蔵省国際金融局調査課
銀行法改正（82年4月施行）：目的規定、業務範囲、大口信用供与規制、ディスクロージャー規定		
		経済企画庁内国調査課（財政金融班）
	預金金利自由化完了	
	米国政府がコンチネンタルイリノイ銀行救済措置を決定	
		大蔵省銀行局検査部管理課
	「プラザ合意」	
		ジェトロ・フランクフルト事務所長
	ニューヨーク株式市場大暴落（ブラックマンデー）	
証券取引法改正（89年4月施行）：インサイダー取引規制導入		
	バーゼル銀行監督委員会が銀行の自己資本比率に関する国際統一基準を公表	
	整理信託公社（RTC）設立	

関連年表 335

	金融界の動き	金融庁、金融監督庁および大蔵省等の施策
10月	太平洋銀行発足（第一相互銀行の普銀転換）	
12月	日経平均株価3万8,915円の史上最高値	
1990年2月		
3月		「土地関連融資の抑制について」の通達発出（不動産融資総量規制）
4月	太陽神戸三井銀行発足（92年4月さくら銀行に改称）	通達により証券会社の自己資本規制を導入
1991年4月	協和埼玉銀行発足（92年9月あさひ銀行に改称）	
6月	損失補てん問題で野村證券と日興証券の社長が辞任表明	
7月	東邦相互銀行が破綻（伊予銀行が救済合併）	
10月		
12月		不動産融資総量規制の解除決定
1992年4月	東洋信金の分割整理決定	主要21行の不良債権総額を公表（92年3月末7〜8兆円）
5月		
6月		
7月		証券取引等監視委員会発足
8月		「金融行政の当面の運営方針」：決算対策の益出し抑制等
12月		金融制度調査会ディスクロージャー作業部会中間報告「金融機関の資産の健全性に関する情報開示について」 郵政省と定額貯金の金利決定ルールを合意
1993年1月	共同債権買取機構発足	

国会、政府等の動き	アメリカ等の動き	筆者の所属
	ジャンクボンド大手ドレクセルバーナムランベール証券が破綻	
証券取引法改正（92年1月施行）：損失補てん・一任勘定取引の禁止		
	連邦預金保険公社改革法成立：早期是正措置制度導入等	
証券取引等監視委員会の設置関連法成立（同年7月施行）		
金融制度改革関連法成立（93年4月施行）：銀行と証券の相互参入、銀行の自己資本比率規制の根拠規定		
		東海財務局理財部長

関連年表　337

	金融界の動き	金融庁、金融監督庁および大蔵省等の施策
5月	釜石信金の清算決定（岩手銀行等へ営業譲渡） 個別行の不良債権額公表（主要行は破綻先・延滞債権、地銀は破綻先債権）	
6月		定期性預金金利の自由化
1994年2月		「金融機関の不良資産問題についての行政上の指針」
4月		郵政省と通常貯金の金利決定ルールを合意
7月		
9月	信用組合関西興銀が信用組合岐阜商銀の救済合併に合意（95年3月合併）	
10月		預金金利自由化措置の完了
11月	城南信用金庫が懸賞金付定期預金を発売 三菱銀行が日本信託銀行を救済・子会社化	
12月	東京協和信組と安全信組が破綻	郵政省との年末再協議
1995年1月		東京共同銀行設立（東京協和信組と安全信組の事業譲受け）
5月		「預金を考える懇談会」報告書の公表 金融制度調査会ディスクロージャー作業部会「金融機関の資産の健全性に関する情報開示範囲の拡大について」
6月	郵便貯金残高200兆円突破	大蔵省「金融システムの機能回復について」：5年間の預金全額保護（ペイオフ凍結）を宣言
7月	コスモ信組が破綻	
8月	兵庫銀行が破綻 木津信組が破綻	
12月		金融制度調査会答申「金融システム安定化のための諸施策」：96年3月期に不良債権開示を完了
1996年1月	みどり銀行発足（兵庫銀行の営業を承継）	
3月	太平洋銀行が破綻	
4月	東京三菱銀行が発足（東京銀行と三菱銀	

国会、政府等の動き	アメリカ等の動き	筆者の所属
		大蔵省銀行局金融市場室長
		金融情報システムセンター総務部長
住専7社を6,850億円の公的資金投入により破綻処理することを閣議決定	RTC解散	

	金融界の動き	金融庁、金融監督庁および大蔵省等の施策
	行の合併)	
5月	不良債権額の開示対象拡大（主要行は破綻先・延滞・金利減免等・経営支援先債権、地銀は金利減免等まで）	
6月	わかしお銀行設立（太平洋銀行の営業を承継）	
7月		住宅金融債権管理機構設立
9月		東京共同銀行を整理回収銀行に改組（破綻金融機関の債権買取り・回収）
11月	阪和銀行が破綻	
12月		
1997年5月		
6月		企業会計審議会「連結財務諸表制度の見直しに関する意見書」
7月		
10月	京都共栄銀行が破綻（幸福銀行に営業譲渡）	
11月	三洋証券が会社更生法申請 北海道拓殖銀行が破綻（北洋銀行に営業譲渡） 山一證券が自主廃業 德陽シティ銀行が破綻（仙台銀行に営業譲渡）	預金等の銀行債務の全額保護、インターバンク取引の安全確保を表明
12月		
1998年1月		分類債権総額公表（76.7兆円）

国会、政府等の動き	アメリカ等の動き	筆者の所属
住専処理法成立 金融三法成立：銀行法等改正（早期是正措置制度）、預金保険法改正（預金全額保護のための特別資金援助を創設）、金融機関更生手続特例法		
「日本版ビッグバン」構想発表		
「行政改革プログラム」（金融監督庁の創設を含む）閣議決定		
外為法改正（98年4月施行）		
日銀法改正（98年4月施行） 独禁法改正（12月施行）：持株会社解禁 金融監督庁設置関連法成立		
		大蔵省銀行局調査課長
自民党「緊急金融システム安定化対策本部」設置		
銀行持株会社関連二法成立（98年3月施行） 預金保険法改正：時限措置で特定合併導入（98年10月の改正で廃止） 自民党「金融システム安定化のための緊急対策」決定		
東京地検が大蔵省を接待疑惑で		

	金融界の動き	金融庁、金融監督庁および大蔵省等の施策
2月		預金保険機構に金融危機管理審査委員会発足
3月		銀行持株会社等の監督業務の開始 金融機能安定化法に基づき主要21行に1.8兆円の公的資金を投入
4月		早期是正措置制度の適用開始
5月	みどり銀行が破綻（阪神銀行が合併） SEC基準並みの不良債権額開示を開始（3カ月以上延滞・貸出条件緩和、約30兆円）	
6月	日本長期信用銀行と住友信託銀行が合併構想を発表	大蔵省が金融関係通達の全面廃止を発表 企業会計審議会「退職給付に係る会計基準の設定に関する意見書」 金融監督庁の発足
7月		大手17行への集中検査に着手
10月	なみはや銀行発足（福徳銀行となにわ銀行の「特定合併」） 日本長期信用銀行が破綻（特別公的管理）	企業会計審議会「税効果会計に係る会計基準の設定に関する意見書」
12月	日本債券信用銀行が破綻（特別公的管理）	金融再生委員会発足 大手17行集中検査の結果公表
1999年1月	中央信託と三井信託が合併発表 富士銀行が安田信託銀行の子会社化を発表	企業会計審議会「金融商品に係る会計基準の設定に関する意見書」
2月	大和銀行、大阪銀行、近畿銀行が戦略的提携に合意	
3月		早期健全化法に基づき主要行に7.5兆円の公的資金を投入
4月	国民銀行が破綻（整理管財人による管理）	整理回収機構発足 「金融検査マニュアルに関する検討会」最終とりまとめ
5月	幸福銀行が破綻（整理管財人による管理） 預金取扱金融機関で金融再生法債権の開示開始（99年3月期）	北海道銀行に早期是正措置

国会、政府等の動き	アメリカ等の動き	筆者の所属
捜査		
金融機能安定化法・改正預金保険法成立		
自民党「土地・債権流動化トータルプラン」	シティコープとトラベラーズが合併を発表	
政府・与党「金融再生トータルプラン推進協議会」初会合		
金融システム改革法成立（12月施行）：不良債権額等のディスクロージャーを罰則つきで義務づける銀行法改正を含む		金融監督庁企画課長
「金融再生トータルプラン（第二次とりまとめ）」公表		
金融再生法成立：特別公的管理、整理管財人制度創設 早期健全化法成立		

	金融界の動き	金融庁、金融監督庁および大蔵省等の施策
6月	東京相和銀行が破綻（整理管財人による管理）	新潟中央銀行に早期是正措置
7月		「リスク管理モデルに関する研究会」報告書
8月	なみはや銀行が破綻（整理管財人による管理） 日本興業銀行、第一勧業銀行、富士銀行が経営統合発表（みずほグループ）	
9月		早期健全化法に基づき地銀4行へ公的資金を投入
10月	新潟中央銀行が破綻（整理管財人による管理） 住友銀行とさくら銀行が合併を発表（三井住友銀行）	
11月		
12月		
2000年2月	北洋銀行と札幌銀行が共同持株会社設立を発表（札幌北洋ホールディングス）	
3月	新生銀行の発足 三和銀行、東海銀行、あさひ銀行が経営統合を発表（UFJグループ）	
4月	近畿銀行と大阪銀行が合併（近畿大阪銀行発足） そごうが取引銀行に総額6,390億円の債権放棄を要請	信用組合の監督権限が都道府県から金融監督庁に移管
5月		
6月	千葉興業銀行が富士銀行の関連会社となることを発表（8月増資実施）	金融再生委員会、預金保険機構が新生銀行からそごう向け債権を引き取り、債権放棄することを容認
7月	そごうが民事再生法申請	金融庁発足（金融監督庁と大蔵省金融企画局の統合）
9月	みずほホールディングス発足	

国会、政府等の動き	アメリカ等の動き	筆者の所属
		金融監督庁銀行監督第2課長
	グラムリーチブライリー法成立：銀行・証券・保険の垣根撤廃	
民事再生法成立 与党三党が01年4月予定のペイオフ解禁を1年間延期		
預金保険法改正：金融危機対応勘定の設置、02年4月までのペイオフ解禁延期		
		金融庁監督局銀行第2課長
	チェースマンハッタンとJPモ	

関連年表　345

	金融界の動き	金融庁、金融監督庁および大蔵省等の施策
	あおぞら銀行の発足	
10月	大和銀行、近畿大阪銀行、奈良銀行が戦略的提携に基本合意	
2001年1月	三和銀行が泉州銀行を子会社化	金融再生委員会解散
2月	広島総合銀行とせとうち銀行が共同持株会社設立を発表（もみじホールディングス）	
3月	福岡シティ銀行が長崎銀行の段階的子会社化を発表 親和銀行と九州銀行が合併を前提とした持株会社方式による経営統合を発表 東海銀行が岐阜銀行を関連会社化 さくら銀行が子会社のわかしお銀行に富士、東海、三和が債権放棄実施を発表	
4月	三井住友銀行発足 UFJホールディングス発足（三和銀行、東海銀行、東洋信託銀行の共同持株会社） 三菱東京フィナンシャル・グループ発足（東京三菱銀行、三菱信託銀行、日本信託銀行の共同持株会社） 札幌北洋ホールディングス発足	財政投融資制度の抜本改革実施 主要行の破綻懸念先・破綻先債権のオフバランス化に向けたルール発表（既存2年、新規3年）
6月		
7月		金融庁「不良債権問題調査室」設置
8月		不良債権額の見通しを経済財政諮問会議に報告
9月	日経平均1万円割れ マイカルが民事再生法申請 あさひ銀行と大和銀行が経営統合発表（りそな銀行） もみじホールディングス発足	
10月		主要行への特別検査開始
11月		

国会、政府等の動き	アメリカ等の動き	筆者の所属
	ルガンが合併合意	
中央省庁の再編		
政府「緊急経済対策」：不良債権オフバランス化ルール、債権放棄ガイドライン制定		
私的整理に関するガイドライン研究会の発足 経済財政諮問会議「今後の経済財政運営及び経済社会の構造改革に関する基本方針」（骨太の方針）を閣議決定		
		金融庁監督局総務課長（兼不良債権問題調査室長）
「私的整理に関するガイドライン」の決定 「改革工程表」公表	同時多発テロ（9.11）	
「改革先行プログラム」公表		
01年度補正予算成立：企業再建	エンロン破綻	

関連年表　347

	金融界の動き	金融庁、金融監督庁および大蔵省等の施策
12月	大和銀ホールディングス発足（大和銀行、近畿大阪銀行、奈良銀行の共同持株会社） 石川銀行が破綻（整理管財人による管理） 福岡シティ銀行が長崎銀行を子会社化	
2002年1月		銀行等保有株式買取機構設立
3月	中部銀行が破綻（整理管財人による管理）	株式の空売り規制を強化 日本承継銀行を設立（石川銀行と中部銀行の業務承継）
4月	九州親和ホールディングス発足	定期性預金の定額保護移行（ペイオフの部分解禁）
6月		「金融検査マニュアル別冊〔中小企業融資編〕」発出
7月		「日本型金融システムと行政の将来ビジョン懇話会」報告書
8月		「証券市場の改革促進プログラム」公表：証券販売代理店、銀行・証券共同店舗 企業会計審議会「固定資産の減損に係る会計基準の設定に関する意見書」
10月		「貸し渋り・貸し剥がしホットライン」開設 「金融再生プログラム」公表
12月		

国会、政府等の動き	アメリカ等の動き	筆者の所属
ファンドに向けた日本政策投資銀行の増資 銀行株式保有制限法成立（02年1月施行）		
金融再生法改正（02年1月施行）：整理回収機構による不良債権の「時価買取り」		
郵政関連法成立（03年4月施行）：郵政三事業公社化 ペイオフ解禁に関する決済機能保護の総理指示	サーベンス・オクスレー法成立：内部統制制度など企業会計実務の強化	
政府「改革加速のための総合対応策」：産業再生機構の創設等	公開会社会計監督委員会（PCAOB）発足	
会社更生法改正（03年4月施行） 金融再編促進法成立（03年1月施行）：地域金融機関の合併支援 預金保険法改正（03年4月施行）：ペイオフ全面解禁2年猶予、決済性預金の全額保護（恒久措置）		

		金融界の動き	金融庁、金融監督庁および大蔵省等の施策
2003年	2月		経済産業省の主導により中小企業再生支援協議会が発足
	3月	りそな銀行発足 三井住友銀行がわかしお銀行と「逆さ合併」	「リレーションシップバンキングの機能強化に関するアクションプログラム」
	4月	日本郵政公社発足 親和銀行と九州銀行が合併 サーベラスがあおぞら銀行の買収を公表	産業再生機構設立
	5月		預金取扱金融機関の事務ガイドライン改定：貸出条件緩和債権に関する規定に卒業要件を追加 りそな銀行に対する早期是正措置
	6月		
	7月		「新しい中小企業金融の法務に関する研究会」報告書
	11月	足利銀行が破綻（特別危機管理）	
	12月		
2004年	2月		「金融検査マニュアル別冊〔中小企業融資編〕」を改定：資本的劣後ローンについて記述
	4月		公認会計士・監査審査会発足
	5月	もみじ銀行の発足（広島総合銀行とせとうち銀行が合併）	「中小・地域金融機関向けの総合的な監督指針」公表
	6月		UFJ銀行に検査忌避等を理由とする業務改善命令
	7月	三菱東京FGとUFJHDが経営統合発表	
	9月	ほくほくフィナンシャルグループの発足（北陸銀行と北海道銀行の共同持株会社）	
	10月	西日本シティ銀行発足（西日本銀行と福岡シティ銀行が合併）	
	11月		

国会、政府等の動き	アメリカ等の動き	筆者の所属
金融危機対応会議：りそな銀行に対する公的資金の投入を認定 証券取引法改正（04年4月施行）：証券仲介制度		
	FRBが誘導目標を1％に利下げ（04年6月まで継続）	
		金融庁総務企画局参事官
金融庁、経済産業省「経済活性化のための産業金融機能強化策」		
証券取引法改正（12月等施行）：課徴金制度の導入 金融機能強化法成立：公的資金による地域金融機関の資本増強（08年3月末までの時限立法）	バーゼル銀行監督委員会がいわゆるバーゼルIIを公表	
		コロンビア大学客員研究員
民法改正（05年4月施行）：包		

	金融界の動き	金融庁、金融監督庁および大蔵省等の施策
2005年3月		不良債権額の半減目標達成（主要行の不良債権比率2.9%）
4月	カネボウが粉飾決算の事実を公表（99年度から5年間で2150億円）	ペイオフ全面解禁
7月		
8月		
9月	東京地検がカネボウ粉飾事件で中央青山監査法人の会計士を逮捕	
10月	三菱UFJフィナンシャル・グループの発足	「主要行等向けの総合的な監督指針」公表
2006年1月	東京地検が証券取引法違反でライブドアを捜査 日本郵政発足	
4月	豊和銀行が金融機能強化法に基づく資本増強を要請	豊和銀行に対する早期是正措置
6月	三菱UFJが公的資金完済	
7月	みずほが公的資金完済	
10月	もみじ銀行が山口フィナンシャルグループの傘下入り 三井住友が公的資金完済	豊和銀行に金融機能強化法に基づく公的資本投入を決定
12月		
2007年3月		産業再生機構解散 自己資本比率規制の改訂（バーゼルⅡの導入、先進的手法は08年3月末）
4月	熊本ファミリー銀行がふくおかフィナンシャルグループの傘下入り	
6月		
7月		

国会、政府等の動き	アメリカ等の動き	筆者の所属
括根保証の効力を制限 「債権譲渡の対抗要件に関する民法特例法」改正（05年10月施行）：動産譲渡登記制度の創設		
		九州財務局長
参議院での郵政民営化法案否決、衆議院解散		
郵政民営化法成立		
内閣官房に郵政民営化委員会発足		
金融商品取引法成立		郵政民営化委員会事務局長
郵政民営化委員会「郵便貯金銀行及び郵便保険会社の新規業務の調査審議に関する所見」公表		
	サブプライム大手のニューセンチュリーフィナンシャルが米連邦破産法11条を申請	
公認会計士法改正：外国監査法人の届出制度		
	ムーディーズが住宅モーゲージ	

関連年表　353

	金融界の動き	金融庁、金融監督庁および大蔵省等の施策
9月		金融商品取引法施行
10月	日本郵政グループ発足 親和銀行がふくおかフィナンシャルグループの傘下入り	
12月		
2008年4月		改正公認会計士法施行 上場会社における内部統制報告制度の導入
7月		
9月		
10月	札幌銀行と北洋銀行が合併	
11月		中小企業向け融資の貸出条件緩和が円滑に行われるための措置：不良債権と認定されないための再建計画の要件緩和、実質基準金利概念の撤廃
12月		

国会、政府等の動き	アメリカ等の動き	筆者の所属
	担保証券（MBS）格付の一斉引下げ	
	S&PがモノラインのMBIAとアムバックの格付見通しを「安定的」から「ネガティブ」に変更	
		公認会計士・監査審査会事務局長
	財務省が連邦住宅抵当公社（ファニーメイ）と連邦住宅貸付抵当公社（フレディマック）の救済策を発表 リーマン・ブラザーズが米連邦破産法11条申請 ニューヨーク連銀がAIGに最大850億ドルの融資を決定 ワシントンミューチュアルが破綻（JPモルガンが買収） ワコビアが破綻（最終的にウェルズファーゴが買収）	
	金融安定化法成立：最大7,000億ドルの公的資金で金融機関から不良資産を買取り 財務省が金融安定化法に基づき大手9行に1,250億ドルの資本注入を決定	
	ポールソン財務長官が資本注入の対象をノンバンクに拡大することを表明 財務省が金融安定化法に基づくシティグループ救済策を公表（200億ドルの追加資本注入と政府による損失補償）	
改正金融機能強化法成立（1月	アメリカ政府がGMとクライス	

関連年表　355

	金融界の動き	金融庁、金融監督庁および大蔵省等の施策
2009年5月		
6月		
7月		証券取引等監視委員会が集団投資スキーム販売業者に対する集中検査を開始
9月		公認会計士・監査審査会等が「外国監査法人等に対する検査監督の考え方」公表
10月		
12月		
2010年5月	池田銀行と泉州銀行が合併して池田泉州銀行発足	証券取引等監視委員会がエフオーアイに粉飾容疑で強制調査（新規上場後、ロックアップ期間終了前）
7月		
8月		
9月	日本振興銀行破綻、初のペイオフ実施 十六銀行と岐阜銀行が経営統合合意書を締結	

国会、政府等の動き	アメリカ等の動き	筆者の所属
施行、申請期限12年3月末)	ラーに最大174億ドルの救済融資を発表、金融安定化法の公的資金を活用	
	大手金融機関に対するストレステストの結果公表（対象19社のうち10社に746億ドルの資本増強が必要） オバマ大統領が住宅ローンの借り手を保護する法案に署名	
金融商品取引法改正（10年4月施行）：格付会社に登録制度導入		
		証券取引等監視委員会事務局長
民主党・社民党・国民新党による連立政権成立		
	アメリカ政府が中小企業向け融資拡大策を発表	
日本郵政・郵貯銀行・簡易保険会社の株式処分停止法成立		
金融商品取引法改正（11年4月施行）：CDS取引の国内清算機関利用義務づけ等		
	オバマ大統領がドット・フランク法に署名：非銀行金融会社の清算処理、銀行の自己勘定取引の制限（ボルカールール）	
		日本銀行理事
	中央銀行総裁・銀行監督当局長官グループがより高い国際的な最低自己資本基準を公表	

◆ 参考文献 ◆

〈全体にかかわるもの〉
Friedman, Milton & Schwartz, Anna［1993］
　'A Monetary History of the United States, 1867-1960'
　(Princeton University Press)
Macey, Jonathan R. & Miller, Geoffrey P. & Carnell, Richard Scott［2001］
　'Banking Law and Regulation'
　(Aspen Publishers)
Milhaupt Curtis J. & West, Mark D.［2004］
　'Economic Organizations and Corporate Governance in Japan：The Impact of formal and informal Rules'
　(Oxford University Press)
Mishkin, Frederic S.［2004］
　'The Economics of Money, Banking, and Financial Markets'
　(Addison-Wesley)
コース［1996］
　『企業、市場、法』（東洋経済新報社）
スティグリッツ＆グリーンワルド［2003］
　『新しい金融論（信用と情報の経済学）』（東京大学出版会）
デュワトリポン＆ティロール［1996］
　『銀行規制の新潮流』（東洋経済新報社）
ラジャン＆ジンガレス［2006］
　『セイヴィング・キャピタリズム』（慶應義塾大学出版会）
青木昌彦＆ヒュー・パトリック［1996］
　『日本のメインバンク・システム』（東洋経済新報社）
池尾和人［2006］
　『開発主義の暴走と保身』（NTT出版）
内閣府経済社会総合研究所企画・監修、池尾和人編集［2009］
　『不良債権と金融危機』（慶應義塾大学出版会）
岩村充・鈴木淳人［2001］
　『企業金融の理論と法』（東洋経済新報社）
岩村充編［2002］
　『金融システムの将来展望―根拠なき悲観論を超えて』（金融財政事情研究会）
翁百合［2010］
　『金融危機とプルーデンス政策』（日本経済新聞出版社）

「軌跡　柳澤伯夫」刊行委員会［2010］
　『軌跡　柳澤伯夫』（かまくら春秋社）
木下信行編［1999］
　『改正銀行法』（日本経済新聞社）
木下信行［2005］
　『銀行の機能と法制度の研究』（東洋経済新報社）
小山嘉昭［1995］
　『全訂・銀行法』（大蔵財務協会）
酒井良清・前多康男［2003］
　『新しい金融理論』（有斐閣）
佐藤隆文［2003］
　『信用秩序政策の再編─枠組み移行期としての1990年代』（日本図書センター）
佐藤隆文［2010］
　『金融行政の座標軸』（東洋経済新報社）
清水克俊・堀内昭義［2003］
　『インセンティブの経済学』（有斐閣）
西村吉正［1999］
　『金融行政の敗因』（文藝春秋社）
西村吉正［2003］
　『日本の金融制度改革』（東洋経済新報社）
深尾光洋編［2000］
　『金融不況の実証分析』（日本経済新聞社）
深尾光洋・寺澤達也・小林慶一郎［2001］
　『バランスシート再建の経済学』（東洋経済新報社）
深尾光洋編、日本経済研究センター［2003］
　『検証　銀行危機─数値が示す経営実態』（日本経済新聞出版社）
細野薫［2010］
　『金融危機のミクロ経済分析』（東京大学出版会）
三輪芳郎・神田秀樹・柳川範之［1999］
　『会社法の経済学』（東京大学出版会）
柳川範之［2001］
　『契約と組織の経済学』（東洋経済新報社）
柳川範之［2006］
　『法と企業行動の経済分析』（日本経済新聞出版社）
藪下史郎［1995］
　『金融システムと情報の理論』（東京大学出版会）
蠟山昌一編著［2002］

『金融システムと行政の将来ビジョン』』(財経詳報社)
金融監督庁
　「金融監督庁の1年」(平成10事務年度、平成11事務年度)
金融庁
　「金融庁の1年について」(平成12事務年度〜平成22事務年度)

〈主として第1章関係〉
Diamond, Douglas W. & Dybig, Phillip E.［1983］
　'Bank Runs, Deposit Insurance, and Liquidity'
　(Journal of Political Economy Vol.91, No.3)
Gorton, Gary & Kahn, James A.［1993］
　'The Design of Bank Loan Contracts, Collateral, and Renegotiation'
　(NBER Working Paper No.4273)
Hoshi, Takeo & Kashyap, Anil［1999］
　'The Japanese Banking Crisis：Where did it come from and how will it end?'
　(NBER Working Paper No.7250)
Ito, Takatoshi & Harada, Kimie［2003］
　'Market Evaluation of Banking Fragility in Japan：Japan Premium, Stock Prices, and Credit Derivatives'
　(NBER Working Paper No.9589)
Peek, Joe & Rosengren, Eric S.［1999］
　'Determinants of the Japan Premium：Actions speak louder than Words'
　(NBER Working Paper No.7251)
Quin, Jun & Strahan, Philip E.［2005］
　'How Law and Institutions shape financial Contracts：The Case of Bank Loans'
　(NBER Working Paper No.11052)
Rajan, Raghuram G.［1998］
　'The Past and Future of commercial Banking viewed through an incomplete Contract Lens'
　(Journal of Money, Credit and Banking Vol.30)
Schwartz, Alan & Scott, Robert E.［2003］
　'Contract Theory and the Limits of Contract Law'
　(Yale Law Journal Vol.112)
Schwartz, Alan & Watson Joel C.［2001］
　'The Law and Economics of costly Contracting'
　(Yale Law and Economics Research Paper No.264)
翁百合［1998］

『情報開示と日本の金融システム』（東洋経済新報社）
金融庁
　「金融検査マニュアル」（金融庁のホームページ）
国際金融情報センター［2003］
　「諸外国における不良債権のディスクロージャーの状況」（金融庁のホームページ）
中央青山監査法人［2003］
　「海外諸国の金融機関における償却・引当制度及び実務上の対応」（金融庁のホームページ）

〈主として第2章関係〉
Calomiris, Charles W.［1999］
　'Runs on Banks and the Lessons of the Great Depressions'
　(Regulation Vol.22, No.1)
Calomiris, Charles W. & Mason, Joseph R.［2000］
　'Causes of U.S. Bank Distress during the Depression'
　(NBER Working Paper No.7919)
Cecchetti, Stephan G. & Krause, Stefan［2004］
　'Deposit Insurance and external Finance'
　(NBER Working Paper No.w10908)
Kane, Edward J. & Wilson, Berry K.［1998］
　'A Contracting-Theory Interpretation of the Origin of Federal Deposit Insurance'
　(NBER Working Paper No.w6451)
Walker F. Todd［1994］
　'Bank Receivership and Conservatorship'
　(Federal Reserve Bank of Cleveland)
FDIC
　'Resolutions Handbook'
　(Federal Deposit Insurance Corporation)
ホール＆ファーグソン［2000］
　『大恐慌』（多賀出版）
ラース・トュヴェーデ［1999］
　『信用恐慌の謎―資本主義経済の落とし穴』（ダイヤモンド社）
高月昭年［2002］
　『破綻金融機関処理の日米比較』（経済産業研究所）
本間勝［2002］
　『世界の預金保険と銀行破綻処理』（東洋経済新報社）

吉井敦子［1999］
　『破綻金融機関をめぐる責任法制』（多賀出版）
中北徹・西村吉正［2007］
　「金融機関の破綻事例に関する調査」（金融庁のホームページ）
日経リサーチ［2007］
　「金融機関の破綻事例に関する調査」（金融庁のホームページ）
三井情報開発株式会社［2007］
　「金融機関の破綻事例に関する調査」（金融庁のホームページ）
預金保険機構［2005］
　「平成金融危機への対応」（預金保険研究第4号）

〈主として第3章関係〉
Calomiris, Charles W. & Mason, Joseph R.［2003］
　'How to restructure failed Banking Systems : Lessons from the U.S. in the 1930's and Japan in the 1990's'
　（NBER Working Paper No.9624）
Healy, Paul M. & Wahlen, James Michael［1998］
　'A Review of the Earnings Management Literature and its Implications for Standard Setting'
　（Accounting Horizons 13［4］）
Mohanram, P.S.［2003］
　'How to manage Earnings Management?'
　（Accounting World）
Oshinsky, Robert & Olin, Virginia［2005］
　'Troubled Banks : Why don't they all fail?'
　（Federal Deposit Insurance Corporation Institute Working Paper No.2005-3,）
FDIC［1998］
　'Managing the Crisis : The FDIC and RTC Experience 1980-1994'
　（Federal Deposit Insurance Corporation）
FDIC, Division of Finance［2004］
　'Failed Bank Cost Analysis 1986-2003 Bank Insurance Fund'
　（Federal Deposit Insurance Corporation）
FDIC, Office of Inspector General［2003］
　'The Role of Prompt Corrective Action as Part of the Enforcement Process'
　（Federal Deposit Insurance Corporation, Audit Report No.03-038）
大塚宗治編著［1999］
　『金融商品会計基準』（中央経済社）

谷口米生［2003］
　『銀行は何故生き残ったか』（中央公論事業出版）
松下淳一［2003］
　「財産評定基準としての「時価」と更生担保権の取り扱い」（事業再生研究機構「新会社更生法の実務」、商事法務）

〈主として第4章関係〉

Calomiris, Charles W. & Wilson, Berry［1998］
　'Bank Capital and Portfolio Management : The 1930's 'Capital Crunch' and Scramble to shed Risk'
　(NBER Working Paper No.6649)
Gatev, Evan & Strahan, Philip E.［2003］
　'Bank's Advantage in hedging Liquidity Risk : Theory and Evidence from the Commercial Paper Market'
　(NBER Working Paper No.9956)
Kashyap, Anil K. & Rajan Raghuram & Stein, Jeremy C.［1999］
　'Banks as Liquidity Provider : An Explanation for the Co-Existence of Lending and Deposit-Taking'
　(NBER Working Paper No.6962)
Rajan, Raghuram G.［1998］
　'Do we still need commercial Banks?'
　(Report on the NBER Program on Corporate Finance)
Strahan, Philip E. & Gatev, Evan［2004］
　'How do Banks manage Liquidity Risk? Evidence from Equity and Deposit Markets in the Fall of 1998'
　(NBER Working Paper No.w10982)
ロバート・E．ライタン＆ジョナサン・ロウチ［1998］
　『21世紀の金融業』（東洋経済新報社）
石井寛治・杉山和雄［2001］
　『金融危機と地方銀行』（東京大学出版会）
木下信行・日向野幹也・木寅潤一［1997］
　『電子決済と銀行の進化』（日本経済新聞社）
木下信行［1999］
　「情報通信技術の革新と金融システムの進化」（フィナンシャル・レビュー、Vol.51）
野口瑞昭・丸山秀文［2007］
　「資本増強関連業務」（預金保険研究第3号）

〈主として第5章関係〉

Berger, Allen N. & Herring, Richard J. & Szego, Giorgio P. [1995]
　'The Role of Capital in financial Institutions'
　(Journal of Banking & Finance Vol.19)

Calomiris, Charles W. & Kahn, Charles M. [1991]
　'The Role of demandable Debt in structuring optimal Banking Arrangements'
　(NBER Working Paper No.6892)

Calomiris, Charles W. & Gorton, Gary [2003]
　'The Origins of Banking Panics : Models, Facts, and Bank Regulation'
　(Rodney L. White Center for Financial Research Working Papers 11-90)

Calomiris, Charles W. & Kahn, Charles M. [1996]
　'The Efficiency of self-regulated Payments Systems : Learning from the Suffolk System'
　(Journal of Money, Credit, and banking Vol.28, No.4)

Evanoff, Douglas & Wall, Larry D. [2002]
　'Measures of the Riskiness of Banking Organizations : subordinate Debt Yields, Risk-Based Capital, and Examination Ratings'
　(Journal of Banking & Finance Vol.26)

Furfin, Craig H. [2001]
　'Banks as Monitors of other Banks : Evidence from the Overnight Federal Funds Market'
　(Journal of Business Vol.74 , No.1)

Gorton, Gary & Huang, Lixin [2002]
　'Banking Panics and the Origin of central Banking'
　(NBER Working Paper No.w9137)

Hoggarth, Glenn & Jackson, Patricia & Nier, Erlend [2005]
　'Banking Crises and the Design of Safety Nets'
　(Journal of Banking & Finance Vol.29)

Levine, R. [2004]
　'The Corporate Governance of Banks'
　(World Bank Policy Research Working Paper 340)

Macey, Jonathan R. & O'Hara, Maureen [2003]
　'The Corporate Governance of Banks'
　(Economic Policy Review)

Mishkin, Frederic S. [2000]
　'Prudential Supervision : Why is it important and what are the Issues?'
　(NBER Working Paper No.7926)

Sahajwala, Ranjana & Den Bergh, Paul Van［2000］
　'Supervisory Risk Assessment and Early Warning Systems'
　（Basel Committee on Banking Supervision Working Papers No.4）
岩原紳作ほか［2004年］
　「銀行監督法」（金融法研究、Vol. 20）
木下信行［2006年］
　「法と経済学からみた銀行の自己資本比率」（「法と経済学会」梗概）
金融監督庁［1999年］
　「リスク管理モデルに関する研究会報告書」（金融監督庁のホームページ）
金融庁検査局［2005年］
　「米国における評定制度（CAMELS）について」（金融庁のホームページ）

〈主として第6章関係〉
Akerlof, George A.［1970］
　'The Market for "Lemons"：Quality Uncertainty and the Market Mechanism'
　（Quarterly Jonrnal of Economics Vol.84, No.3）
Aghion, Philippe & Oliver Hart & John Moore［1992］
　'The Economics of Bankruptcy Reform'
　（Journal of Law, Economics and Organization Vol.8, No.3）
Miller, Harvey［2004］
　'Does Chapter 11 Reorganization remain a viable Option for distressed Businesses for the Twenty-First Century?'
　（American Bankruptcy Law Journal Issue 2）
Miller, Harvey［2005］
　'The Beginning of a new Bankruptcy Era in Law'
　（Remark at American College of Bankruptcy）
Scarberry, Mark S. & Klee, Kenneth N. & Newton, Grant W. & Nickles, Steve H.［2001］
　'Business Reorganization in Bankruptcy'
　（West Group, American Casebook Series）
Skeel, David A. Jr.［2004］
　'Debt's Dominion：A History of Bankruptcy Law in America'
　（Princeton University Press）
木下信行［2002］
　「企業再建と金融市場」（ジュリスト、No.1232）
木下信行［2006］
　「企業再建と金融システム」

（吉野直行編『中小企業金融と日本経済』慶應義塾大学出版会）
高木新二郎［1997］
　「米国倒産法の歴史」（法学志林、94巻2号）
高木新二郎［2004］
　「早期事業再生と再建法の課題――プレ倒産のワークアウトの普及と活用のために」（金融法務事情）
広瀬純夫・秋吉史夫［2005］
　「倒産処理法制改革のインパクト」（金融庁金融研究研修センター、Discussion Paper Series Vol.13）
柳川範之［2004］
　「事業再生に関する経済学的分析」（ジュリスト、No.1265）
事業再生研究機構［2004］
　『事業再生ファイナンス――米・英の現状と日本への示唆』（商事法務）
事業再生研究機構［2004］
　『プレパッケージ型事業再生』（商事法務）
私的整理に関するガイドライン研究会［2002］
　「私的整理に関するガイドライン」（全国銀行協会）
日本銀行信用機構局［2005］
　「わが国における事業再生ファンドの最近の動向」（日本銀行のホームページ）
UFJ総合研究所［2003］
　「産業再生機構と企業再生の課題」（調査レポート）

〈主として第7章関係〉
Baird, Douglas G. & Morrison, Edward［2004］
　'Serial Entrepreneurs and small Business Bankruptcies'
　（Columbia Law and Economics Working Paper No.265）
Bebchuk, Lucian Arye & Roe, Mark J.［1999］
　'A Theory of Path Dependence in Corporate Ownership and Governance'
　（Stanford Law Review, Vol.52）
Bebchuk, Lucian Arye & Shavell, Steven［1991］
　'Information and the Scope of Liability for Breach of Contract：The Rule of Hadley v. Baxendale'
　（Journal of Law, Economics and Organization Vol.7, No.2）
Beck Thorsten & Demirguc-Kunt, Asli & Levine, Ross［2004］
　'Law and Firms' Access to Finance'
　（NBER Working Paper No.10687）
Berkowitz, Jeremy & White, Michelle J.［2002］

'Bankruptcy and Small Firm's Access to Credit'
(NBER Working Paper 9010)
Macey, Jonathan R. & Miller Geoffrey P. [1995]
'Corporate Governance and commercial Banking'
(Stanford Law Review Vol.48)
Milhaupt, Curtis J. [1996]
'A relational Theory of Japanese Corporate Governance : Contract, Culture and the Rule of Law'
(Harvard International Law Journal Vol.37)
Morrison, Edward [2003]
'Bankruptcy-Decision Making : An empirical Study of Small-Business Bankruptcies'
(Columbia Law and Economics Working Paper No.239)
Roe, Mark J. [1996]
'Chaos and Evolution in Law and Economics'
(Harvard Law Review Vol.109)
グレゴリー・F．ユーデル［2007］
『アセット・ベースト・ファイナンス入門』（金融財政事情研究会）
北川展子ほか［2003］
「特集―中小企業金融の新しいあり方と法務」（金融法務事情1690号）
木下信行［2004］
「担保・保証と企業金融システム」（金融庁金融研究研修センター、Discussion Paper Series Vol.16）
木下信行［2006］
「流動資産担保の活用を」（日本経済新聞2006年3月2日（経済教室））
坂井秀行・小野隆一ほか［2006］
「特集―動産担保の活用と金融サービス」（季刊　事業再生と債権管理112号）
田中亘［2004］
「担保権消滅請求制度の経済分析―民事再生法における担保権の制約の意義と問題点」（NBL No.799-800）
森田修［2004］
「アメリカ法における動産担保権の公示と占有」（NBL No.781）
森田修［2005］
『アメリカ倒産担保法―「初期融資者の優越」の法理』（商事法務）
金融庁監督局［2003］
「新しい中小企業金融の法務に関する研究会報告書」（金融庁のホームページ）
事業再生研究機構［2007］

『ABLの理論と実践』（商事法務）
野村総合研究所［2008］
「動産・債権担保融資（ABL）の普及・インフラ構築に関する調査研究」（経済産業省委託調査）

〈主として第 8 章関係〉
Baird, Douglas G. & Rasmussen, Robert K. ［2004］
　'Corporate Governance, State-Contingent Control Rights, and financial Distress'
　(University of California, Berkley, Law and Economics Workshop, Paper 7)
D'Souza, Juliet & Megginson, William L. ［1999］
　'The financial and operating Performance of the privatized Firms during the 1990s'
　(Journal of Finance Vol.54)
Kikeri, Sunita & Nellis, John ［2002］
　'Privatization in competitive Sectors：The Record to Date'
　(World Bank Policy Research Paper 2860)
Kinoshita, Nobuyuki ［2008］
　'The Economics of Japan's Postal Services Privatization'
　(Columbia Business School, Center on Japanese Economy and Business Working Paper Series No.2638)
Kornai, Janos, Maskin, Eric & Roland, Gerald ［2003］
　'Understanding the Soft Budget Constraint'
　(Journal of Economic Literature Vol.41)
Maskin, Eric & Xu, Chenggang ［2001］
　'Soft Budget Constraint Theories：From Centralization to the Market'
　(Economics of Transition Vol.9)
Megginson, William L. & Netter, Jeffrey M. ［2001］
　'From State to Market：A Survey of empirical Studies on Privatization'
　(Journal of Economic Literature Vol.39, No.2)
Pelouze, F. A. ［2009］
　'Fannie Mae and Freddie Mac and 2008 Financial Crisis'
　(Columbia Law School Working Paper)
Sappington, David E. M. & Stiglitz, Josepf E. ［1987］
　'Privatization, Information and Incentives'
　(Journal of Policy Analysis and Management)
Schleifer, Andrei & Vishny, Robert W. ［1997］
　'A Survey of Corporate Governance'

(Journal of Finance Vol.52, No.2)
Sheshinski, Eytan & Lopes-Calva, Luis F. [2003]
　'Privatization and its Benefits：Theory and Evidence'
　(CESifo Economic Studies Vol.49)
Yanagawa, Noriyuki [2003]
　'Liquidity Demand of Corporate Sector and Soft Budget Constraint'
　(Banking, Capital Market and Corporate Governance)
家森信義・西垣鳴人 [2004]
　「日本の公的金融―肥大化論と官業の特典論の再検証」(フィナンシャル・レビュー、Vol.73)
木下信行 [2008]
　「郵政事業を取り巻く環境の変化」(都市問題)
経済企画庁経済研究所編、松浦克己 [1990]
　経済分析第119号「財政投融資―公的金融―の研究」(内閣府経済社会総合研究所)
世界銀行、生島靖久訳 [2005]
　『インフラストラクチャーの改革―民営化と規制と競争の経済学』(スプリンガー・フェアラーク)
山口修 [1997]
　『郵便貯金の100年』(郵便貯金振興会)
郵政省郵務局郵便事業史編纂室 [1991]
　『郵便創業120年の歴史』(ぎょうせい)
郵政会計法令研究会 [1984]
　『詳解　郵政事業特別会計法』(ぎょうせい)

〈主として第9章関係〉
Acharya, V.Viral & Johnson, C. Timothy [2007]
　'Insider Trading in Credit Derivatives'
　(Journal of Financial Economics Vol.84)
Arestis, Philip, Luintel, Ambika D. & Luintel, Kul B. [2004]
　'Does financial Structure Matter?'
　(Levy Economics Institute Working Paper No.399)
Bebchuk, Lucian Arye & Ferschtman [1994]
　'Insider Trading and the managerial Choice among risky Projects'
　(Journal of Financial and Quantitative Analysis Vol.29, No.1)
Beny, Laura Nyantung [2005]
　'Do Insider Trading Laws matter? Some preliminary comparative Evidence'

(American Law and Economics Review Vol.7, No.1)
Bethel, Jennifer E. & Ferrell, Allen & Hu, Gang [2008]
　'Legal and Economic Issues in Litigation arising from the 2007-2008 Credit Crisis'
　(Harvard Law School Discussion Paper)
Bhattacharya, Utpal & Daouk, Hazem [2002]
　'The World Price of Insider Trading'
　(Journal of Finance Vol.57)
Black, Bernard S. [1998]
　'Shareholder Activism and Corporate Governance in the United States'
　(The new Palgrave Dictionary of Economics and the Law Vol.3)
Coffee, John C. Jr. [1991]
　'Liquidity versus Control : The Institutional Investor as Corporate Monitor'
　(Columbia Law Review Vol.91, No.6)
Coffee, John C. Jr. & Sale A. Hillary [2008]
　'Redesigning the SEC : Does the Treasury have a better Idea?'
　(University of Iowa Legal Studies Research Paper No.08-51)
Jackson, E. Howell & Roe, J. Mark [2009]
　'Public and private Enforcement of Securities Laws : Resource-based Evidence'
　(Harvard Law and Economics Discussion Paper No.638)
Kanda, Hideki & Milhanpt, Curtis J. [2003]
　'Re-examining legal Transplants : The Director's fiduciary Duty in Japanese Corporate Law'
　(Columbia Law School, The Center for Law and Economic Studies Working Paper No.19)
Kinoshita, Nobuyuki [2004]
　'A Presentation in 'Should Hedge Funds be regulated?''
　(Columbia University, Center on Japanese Economy and Business, Event Reports and Videos)
La Porta, Rafael & Lopez-de-Silanes, Florencio & Schleifer, Andlei & Vishny, Robert W. [1997]
　'Legal Determinants of external Finance'
　(NBER Working Paper No.5879)
Levine, Ross [2002]
　'Bank-based or Market-based financial Systems : Which is better?'
　(William Davidson Institute Working Paper No.442)
Pistor, Katharina & Xu, Chenggan [2002]
　'Incomplete Law-A conceptual and analytical Framework and its Application to

the Evolution of financial Market Regulation'
(Columbia Law and Economics Studies Working Paper No.204)
Poser, Norman S. [2009]
'Why the SEC failed：Regulators against Regulation'
(Brooklyn Law School Legal Studies Research Paper No.132)
Shadab, B. Houman [2009]
'The Law and Economics of Hedge Funds；financial Innovation and Investor Protection'
(Berkeley Business Law Journal Vol.6)
Shavell, Steven [1983]
'Liability for Harm versus Regulation of Safety'
(NBER Working Paper No.1218)
Spamann, Holger [2008]
'Law and Finance：Revisited'
(Harvard Law School John M. Olin Center Discussion Paper No.12)
Xu, Chengegangu & Pistor, Katharina [2003]
'Law Enforcement under Incomplete Law：Theory and Evidence from financial Market Regulation'
(Columbia Law School Working Paper No.222)
木下信行 [2010]
「国民経済と証券取引等監視委員会の活動」（商事法務1892号）
藤田友敬 [1999]
「内部者取引規制」（フィナンシャル・レビュー、Vol.49）
NERAエコノミックコンサルティング [2009]
『証券訴訟の経済分析』（中央経済社）
金融財政事情研究会 [2010]
「オール・アバウト証券取引等監視委員会」（金融法務事情1900号）

〈主として第10章関係〉
Bebchuk, Lucian A. [2009]
'How to make TARP II Work'
(Harvard Law and Economics Discussion Paper No.626)
Bernauer, Thomas & Koubi Valley [2002]
'Regulating Bank Capital：Can Market Discipline facilitate or replace Capital Adequacy Rules?'
(Eidgenoessische Technische Hochshule Zürich, Working Paper)
Brunnermeier, Markus & Crocket, Andrew & Goodhart, Charles & Persaud, Avinsh

D. & Shin, Hyu [2009]
  'The Fundamental Principles of Financial Regulation'
  (Geneva Reports on the World Economy)
Calomiris, Charles W. [2009]
  'Banking Crisis and the Rules of the Game'
  (NBER Working Paper No.w15403)
Diamond, D.W. & Rajan, R.G. [2009]
  'Fear of Fire Sales and the Credit Freeze'
  (NBER Working Paper No.w14925)
Diamond, D.W. & Rajan, R.G. [2009]
  'The Credit Crisis : Conjectures about Causes and Remedies'
  (American Economic Review, Vol.99(2))
Haldane, A.G. [2009]
  'Rethinking the financial Network'
  (Speech at the Financial Student Association)
Jordan Cally & Majnoni [2002]
  'Financial regulatory Harmonization and the Globalization of Finance'
  (World Bank Policy Research Working Paper No.2919)
Kinoshita, Nobuyuki [2010]
  'Japan's Capital Market Regulation in the Aftermath'
  (A Presentation at the international Conference Regulation Crossing Borders')
Lawless, Robert M. & Littwin, Angela K. & Porter, Katherine M. & Pottow, John Thorne, Deborah & Warren, Elizabeth [2008]
  'Did Bankruptcy Reform Fail? An empirical Study of Consumer Debtors'
  (American Bankruptcy Law Journal Vol.82)
Mason, Joseph R. [2002]
  'A real Options Approach to Bankruptcy Costs : Evidence from failed Commercial Banks during the 1990s'
  (Wharton Financial Institutions Center Working Paper No.02-20)
Morrison, Edward R. [2009]
  'Is the Bankruptcy Code an adequate Mechanism for Resolving the Distress of systemically important Institutions?'
  (Columbia Law and Economics Working Paper No.362)
Nier, Erland, Yang, Jing, Yorulmazer & Alentorn, Amadeo [2008]
  'Network Models and financial Stability'
  (Bank of England Working Paper No.346)
Veronesi, P. & Zingales, L. [2009]

'Paulson's Gift'
(Chicago Booth Research Paper No.09-42)
Whitehead, K. & Charles［2009］
'Reframing financial Regulation'
(Legal Studies Research Paper Series of Cornell Law School)
Financial Services Authority U.K.［2009］
'The Turner Review - a regulatory Response to the global Banking Crisis'
The International Organization of Securities Commissions［2009］
'The Role of Credit Rating Agencies in Structured Finance Market'
The International Organization of Securities Commissions［2008］
'Hedge Fund Oversight'
The International Organization of Securities Commissions［2008］
'Unregulated financial Markets and Products'
ジョセフ・E・スティグリッツ［2010］
『フリーフォール』（徳間書店）
ヘンリー・ポールソン［2010］
『ポールソン回顧録』（日本経済新聞出版社）
池尾和人・池田信夫［2009］
『なぜ世界は不況に陥ったのか』（日経BP社）
木下信行［2010］
「金融危機について」（吉野直行編『金融投資サービス論』慶応義塾大学出版会）
野崎浩成［2010］
『銀行の罪と罰』（蒼天社出版）
淵田康之［2009］
『グローバル金融新秩序』（日本経済新聞出版社）
御船純［2010］
「諸外国における金融システム安定化策の動向―預金保護拡充の現状と課題を中心に―」（預金保険研究第3号）
日本銀行金融市場局
「金融市場レポート」（2009年1月号・7月号）

事項索引

英字

ABL（資産担保融資、Asset Based Lending） ……………………209, 210
ABS（資産担保証券） ………………………………………………………163
CAMELS ……………………………………………………………………138
Canary Warning System …………………………………………………138
CCP（中央清算機関、Central Counter Party）……………………316, 317
CDS（クレジットデフォルトスワップ、Credit Default Swap） ……191, 315, 321
COSO（トレッドウェイ委員会支援機構、Committee of Sponsoring Organizations of the Treadway Commission）……………………………………………14
DDS（Debt Debt Swap） …………………………………………………204
DES（Debt Equity Swap） ………………………………………………204
DIP（占有継続債務者、Debtor in Possession）…………62, 63, 165, 166, 191
DIPファイナンス ……………………………175, 182, 191, 192, 197, 223, 301
EDINET（エディネット、Electronic Disclosure for Investors' Network）………261
FATF（金融活動作業部会、The Financial Action Task Force）……………246
FDIC（連邦預金保険公社、Federal Deposit Insurance Corporation）………61
Fiduciary Duty ……………………………………………………………271
FRB（連邦準備制度理事会、Federal Reserve Board）……………………295
FSA（Financial Services Authority）……………………………………138
G20サミット ………………………………………………………………315
INSOL International（International Association of Restructuring, Insolvency & Bankruptcy Professionals）……………………………………167, 168
IOSCO（証券監督者国際機構、International Organization of Securities Commissions）………………………………………………………………………315
LIBOR-OISスプレッド（The Spread between London Interbank offered Rate and Overnight Indexed Swap）…………………………………………………293
MMF（Money Market Fund）……………………………………………122
MSCB（転換価格修正条項付転換社債、Moving Strike Convertible Bond）………198
NTT株式の売却益 …………………………………………………………96
OTDモデル（Originate to Distribute Model）……………313, 315, 319〜321
PCAOB（公開会社会計監督委員会、Public Company Accounting Oversight Board）……………………………………………………………257, 263, 264, 268
RCC（整理回収機構、Resolution and Collection Corporation）…………52, 171, 173, 174
RFC（復興金融公社、Reconstruction Finance Corporation）……………97, 125
S&L（貯蓄貸付組合、Savings and Loan Associations）………………67, 152, 292
SEC（証券取引委員会、Securities and Exchange Commission）………3, 6, 7, 11, 12, 14, 257, 258, 268, 323

TDNET（ティー・ディー・ネット、Timely Disclosure Network） 261
TOB（株式公開買付け、Takeover Bid） 269
VAR（Value at Risk） 130

あ行

アームズレングスルール 149
アセットストリッピング（資産の切売り、Asset stripping） 197
新しい中小企業金融の法務に関する研究会 203
暗黙の政府保証 234
一斉検査 16, 47
一般会計 247, 248, 250
一般貸倒引当金 72
一般要注意先 16
インターバンク市場 60, 124, 145, 150, 157
インターバンクの短期金融市場 146, 156, 276, 292
インテグリティ（完全性、Integrity） 260, 261, 273, 277, 294, 313, 315, 319
売掛金 209
エージェントアプローチ 281
エフオーアイ 265
延滞債権 6, 14
エンフォースメント（Enforcement） 290, 322, 323
エンロン事件 246, 257, 263, 264
大きすぎて潰せない（Too Big to Fail） 152, 312
オフサイト・モニタリング 132, 133
オフバランス化 21, 159, 177

か行

改革先行プログラム 173, 176
会計と経済学（Accounting and Economics） 87, 89
開示行政 261, 267
会社更生法 30, 56, 171, 187
外部不経済 289
貸し渋り・貸し剥しホットライン 200〜202
貸出条件緩和債権 6, 12, 14, 15
過少資本 47, 71, 85, 87, 90, 116, 124, 152
課徴金制度 266
カネボウ事件 257
株価算定委員会 43, 44
可変保険料率 57, 58, 138, 156
簡易生命保険特別会計 247
監査証明 70, 247

関連会社……………………………………………………8, 50, 110, 112
企業再建ファンド……………………………………………171, 173, 174
危険債権…………………………………………………………………14
基準金利…………………………………………………………15, 24
岐阜商銀事件……………………………………………………39, 40
規模の経済性…………………………………………………………193
逆選択（Adverse Selection）……………………………124, 183, 213, 214
キャピタルクランチ（Capital Crunch）………………………………124
業務改善命令……………………………………90, 100, 107, 139, 141, 154
虚偽開示…………………………………………………265, 277, 288
緊急金融システム安定化対策本部……………………………5, 6, 95
緊急経済対策……………………………………………………………167
銀行取引停止処分………………………………………………34, 119
銀行取引約定……………………………………………………………15
銀行の財務書類の公告に関する政令……………………………………8
銀行法………………………………………3, 6, 7, 8, 9, 15, 25, 73, 96, 107, 110, 139, 141
銀行持株会社…………………………………………………………4, 5
金融危機管理審査委員会…………………………………………95, 97
金融危機対応会議………………………………………………51, 76, 116
金融機能安定化法……………………………………………95, 110, 297
金融機能強化法…………………………………………………81, 82, 117
金融検査マニュアル………………………14〜17, 130, 199, 200, 204, 208, 265
金融国会……………………………………………………………12, 43, 73
金融再生委員会……………………12, 73, 74, 95, 97〜100, 102〜107, 109〜112, 116, 161
金融再生トータルプラン（第二次とりまとめ）………………………38, 39
金融再生プログラム…………………………………22, 24, 78, 79, 139, 141, 178, 200
金融再生法………………………………………………………43, 44, 73, 164, 174
金融再生法開示債権……………………………………………………13, 14
金融システム改革………………………………………………4, 7, 9, 110
金融商品取引法…………………………237, 246, 247, 258, 260, 261, 270, 277, 316
金融制度調査会………………………………………………………4, 5, 8
金融と産業の一体再生…………………………………………………327
金利減免債権……………………………………………………………6
金利体系………………………………………………………………251
金流情報……………………………………………………………118〜120
クラスアクション……………………………………………283, 290, 323
繰延税金資産………………………………………………70, 76, 77, 81, 89
クレジットクランチ……………………………………………………307
経営健全化計画………………98〜100, 102, 103, 105, 107, 111, 113, 116, 303
経済活性化のための産業金融機能強化策………………………………206
経済財政諮問会議……………………………………………17, 18, 20, 170

376

経済団体連合会 ……………………………………………………………………169
経済の集中調整期間………………………………………………………………18
継続価値……………………………………………………………………………79
継続的関係……………………………………………29, 64, 191, 212〜215, 274
経路依存性（Path Dependence）……………………212, 217, 218, 222, 224
ゲーム理論…………………………………………………………………………27
結合生産………………………………………………………………118〜120, 122
決済手段 ……………………………………………………26, 28, 54, 55, 58, 60
行為規制……………………………………………90, 123, 148, 149, 159, 270, 316
公開情報（Public Imformation）………………………………………54, 220, 313
公的エンフォースメント（Public Enforcement）………………273, 287〜290
護送船団行政 ………………………………………………………………49, 81
コベナンツ（誓約条項、Covenants）……………………………………184, 221
コロンビア大学 ……………………………………………………………24, 79, 209

さ行

サーベンス・オクスレー法 …………………………………………………246
最安価損害回避者（The Cheapest Cost Avoider）の原則…………………289
再建型倒産制度………………………………………………56, 165, 166, 187, 224
再建型倒産手続………………………………………………59, 187, 189, 196, 299
債権償却特別勘定…………………………………………………………………72
債権譲渡の対抗要件に関する民法の特例等に関する法律 ………………207
債権放棄のガイドライン…………………………………………………………167
再交渉（Renegotiation）………………………………32〜34, 215, 216, 221, 224
最後の貸し手（Lender of the Last Resort）………………………………150
最後のマーケットメーカー（Market Maker of the last Resort）…………295
財政投融資制度…………………………………………………233, 245, 251, 254
財政法……………………………………………………………………………248
債務者区分………………………………………16, 17, 29, 30, 68, 74, 173, 199, 200
財務制限条項………………………………………………………………207, 219
裁量行政…………………………………………………………………………130
差押危機（Foreclosure Crisis）………………………………………………299
サフォークシステム……………………………………………………………148
サブプライム問題 ……………………………………………………………294
産業再生委員会…………………………………………………………………180
産業再生機構………………………………………………176, 180, 181, 202, 206
サンクコスト（埋没費用、Sunk Cost）……………………………………32
残余請求者の決定権（Residual Claimants' Theory）…………………60, 184
シカゴ学派…………………………………………………………………281, 282
時間の非整合性問題（Time Inconsintency Problem）………………125, 240
事業再生ADR（Alternative Dispute Resolution）……………………………171

事項索引　377

事業再生研究機構 …………………………………………………171, 210
資金運用部 ………………………………………………245, 248, 250, 253
資金管理特別会計 ………………………………………………………247
資金繰破綻……………………………………………30, 40, 48, 148, 151, 303
資金繰り面の保護（Bankruptcy Protection）………………………………187
シグナリング（Signaling）…………………………125, 212, 215, 216, 220
自己査定…………………………………10, 16, 23, 68, 70, 72, 75, 76, 81, 173
事後責任制度 …………………………………………………282, 283, 322
事後チェック行政 ……………………………………………130, 133, 173
資産担保証券 …………………………………………………121, 197, 315
市場の失敗 ……………………………………………………239, 240, 249
市場リスク ……………………………………………………130, 138, 139
システミックリスク……………………………………………17, 152, 316, 323
事前規制制度 …………………………………………………282, 283, 322
自然独占 ………………………………………………………………240
事前予防………………………………………………………84, 133, 154, 290
実務指針 ………………………………………………………………15
私的エンフォースメント（Private Enforcement）……………273, 287〜290, 322, 323
私的情報（Private Imformation）……………………54〜56, 88, 119, 218, 220, 305, 313
私的整理 ……………………………………………………………48, 188
私的整理に関するガイドライン ………………………22, 23, 165, 167, 170, 171, 173
事務ガイドライン ……………………………………………136, 141, 142, 203
シャドウバンキング ……………………………………………301, 303, 322
収益管理（Earnings Management）…………………………………………89, 262
住専処理 ………………………………………………………………96
集団投資スキーム ……………………………………………269〜271, 316〜318
準特別公的管理 ………………………………………………………43, 44
準レント（Quasi-rent）…………………………………………56, 220, 276, 313
準備銀行 ………………………………………………………………295
償却証明 ………………………………………………………………10
商業銀行業務 …………………………………………………………118, 120〜122
証券市場アプローチ …………………………………………………281, 286, 287
証券法（Securities Law）………………………………273, 282, 285, 288〜290
情報生産………………………………………29, 55, 197, 212, 213, 218, 219, 274, 313, 319〜321
情報生産機能（Information Production Function）……………119, 121, 243, 252
情報の非対称性（Information Asymmetry）………………31, 33, 85, 99, 125, 182,
　　　　　　　　　　　　　　183, 196, 212, 216, 219, 220, 275, 280, 281, 287, 292, 294
情報優位 ………………………………………………………91, 92, 297
情報劣位 ………………………………………………………33, 85, 146, 212, 215
商流情報 ………………………………………………………………118, 120
信書便 …………………………………………………………………241, 242

378

信用格付モデル …………………………………………………………………207
信用収縮……………………………………………24, 25, 52, 101, 117, 124, 125, 159, 309
信用リスク………………………15, 18, 24, 103, 131, 139, 204, 207, 220, 245, 246, 256, 292, 294, 295
スーパープライオリティ（超優先性、Super Priority）……………………………192
スクリーニング（Screening）………………………………………151, 212, 216
スケールフリー性………………………………………………………308, 309
ストラテジックスポンサー………………………………………………64, 193, 197
ストレステスト（Stress Test）……………………………………………104, 296
スモールワールド性………………………………………………………308, 309
清算型倒産制度………………………………………………………………187
清算型倒産手続………………………………………………………59, 187, 189
清算価値……………………………………………………………………79
正常先………………………………………………………………………10
セーフティネット ………………39, 59, 64, 126, 127, 150～152, 234, 250, 274, 276, 311
遷移確率……………………………………………………………………18
遷移行列……………………………………………………………………18
善管注意義務………………………………………………………………271
全銀協統一開示基準………………………………………………………4, 6
全国銀行協会………………………………………………………………168
早期警戒制度……………………………………………………………22, 139
早期健全化法……………………………71, 73, 74, 95～97, 100, 103, 109, 116, 117, 164, 297
早期是正措置（Prompt Corrective Action）……………………10, 47, 48, 67, 68,
　　　　　　　　　　　70, 71, 73～76, 79～81, 83, 84, 86～95, 97, 104,
　　　　　　　　　　　106, 107, 111, 117, 129, 130, 133, 138, 149, 155, 250, 261
ソフトな予算制約（Soft Budget Constraint）……………………………239, 240
ゾンビ企業………………………………………………………………21, 169

た行

大恐慌……………………………………………………97, 125, 151, 292, 298
大数の法則…………………………………………………………………57
担保・保証と企業金融システム………………………………………………208
チャプター 11…………………………………………………167, 221, 224, 301
中央清算機関（Central Counterparty）………………………………316, 317
中小企業再生支援協議会……………………………………………205, 206
チューリップ投機事件…………………………………………………………292
長期の黙示的契約（Implied long-term Contract）……………………………31
長期プライムレート………………………………………………………251
貯蓄奨励政策………………………………………………………………253
追加責任準備金……………………………………………………………243
通達行政……………………………………………………………………141
ディープポケット（大きな財源、Deep Pocket）……………………………264

事項索引　379

用語	頁
ディスカウントキャッシュフロー	222
ディスカウントペイオフ	163, 186
ディスクローズするか取引を差し控えるか（Disclose or Abstain）	279
適合性の原則	246
デットオーバーハング（Debt-Overhang）	162
デレバレッジング	292, 298〜300
統一商事法典（Uniform Commercial Code）	221, 224
動産・債権譲渡の公示制度	222
倒産裁判所（Bankruptcy Court）	62
動産譲渡登記制度	207
投資銀行	122, 320
特別検査	22, 52, 173, 177, 200
特別公的管理	42, 43, 46, 62, 161, 162, 165
土地・債権流動化トータルプラン	162, 163
取付け（Bank Run）	27, 40〜42, 47, 52, 54〜60, 146, 157, 185, 307
取引費用（Transaction Cost）	188, 189, 278, 280, 286, 289

な行

用語	頁
内部統制	14, 234, 246, 247, 290, 323
ナッシュ均衡（Nash Equilibrium）	218, 219, 225
南海泡沫事件	292
根抵当権	35, 214, 216, 219, 221
根保証	207
根雪	203, 214

は行

用語	頁
バーゼル銀行監督委員会	68, 76, 107, 129〜132, 156, 157, 204
破産・更正債権	14
破産法	30, 187
破綻懸念先	10, 14, 18〜21, 30, 72, 88, 172, 177
破綻先	10, 14, 20, 30, 72
ハブ＆スポークシステム	26
範囲の経済性	193
犯罪収益移転防止法	246
犯則調査	258, 263, 265
引当率	11, 16, 71, 73, 74, 81, 88, 104, 105, 269
ビッグ・バス会計（Big Bath Accounting）	87, 89
フィナンシャルスポンサー	64, 193, 197
不完備契約（Incomplete Contract）	31, 32
不完備法律（Incomplete Law）	283, 284
浮動担保（Floating Lien）	221

フリーライダー（Free Rider）	146
ブリッジバンク法案	38, 39, 42, 43
不良債権のオフバランス化	18, 22, 161, 162, 167, 170, 177
プリンシパル・エージェント問題	145
プルーデンス規制	311, 322
プレパッケージ型の法的整理	193
不渡り	177
分類債権	9〜12, 14, 68, 70, 135
ペイオフ解禁	50〜53, 79, 80, 83, 178
平和相互銀行事件	39
ヘルシュタット・リスク	147
ポイゾンピル（毒薬条項、Poison Pill）	195
包括根保証	35, 203, 205, 214
法制審議会	205, 207
法的整理	23, 30, 48, 53, 59〜61, 168, 173, 186〜192, 194, 221, 274
法と経済学（Law and Economics）	31, 217
ホールドアップ問題（Hold-up Problem）	32
本源的資金供給者	274, 275
ポンジースキーム（ねずみ講、Ponzi Scheme）	270

ま行

マネーロンダリング	149, 246
民事再生法	30, 162, 165, 171〜174, 187
民事法	208, 269
メインバンク	15
メイン寄せ	30
メール便	242
モニタリング（Monitoring）	58, 81, 84, 85, 119, 121, 135, 136, 138, 139, 142, 143, 153, 177, 199, 201, 212〜214, 216, 217, 219, 220, 239, 280, 294, 322
モラルハザード（Moral Hazard）	58, 59, 63, 64, 151〜153, 156, 167, 183, 296, 298, 299, 303, 310

や行

郵政事業特別会計	247, 248
郵政民営化委員会	227, 231〜234, 258
郵政民営化法	234, 236, 237
郵便貯金銀行及び郵便保険会社の新規業務の調査審議に関する所見	235
郵便貯金特別会計	247, 250, 251
ユニバーサルサービス	240〜242
要管理債権	14, 16, 17, 19, 21, 177
要管理先	16, 21〜23, 29, 88, 177

要注意先 …………………………………………………………………10, 11, 16, 29, 72, 88
預金金利自由化措置 …………………………………………………………228, 229
預金保険機関 ……………………………………………………………60～62, 88, 152
与信公示書（Financial Statement）……………………………………………221
預託義務 ………………………………………………………………………………245
預託金利 ……………………………………………………………233, 239, 250, 251

ら行

ライブドア事件 ……………………………………………………………………265
リスクウェイト ……………………………………………………………131, 320, 321
リスク管理債権 ………………………………………………………………………10
リスク管理モデルに関する研究会 ………………………………………129, 131
流動資産担保 ……………………………………………192, 207, 209～211, 220～225
流動性リスク ………………………………………………………60, 255, 256, 292, 294
リレーションシップバンキング ………………………………141, 200, 202, 207, 210
臨時不動産関係権利調整委員会 …………………………………………………163
レモン（欠陥中古車、Lemon）の理論 ………………………………………183, 275
レモン費用（Lemon Cost）……………………………………………56, 86, 151, 275
ロジスティックサービス …………………………………………………………244

わ行

和議法 …………………………………………………………………………………165

金融行政の現実と理論

平成23年4月20日　第1刷発行

著　者　木　下　信　行
発行者　倉　田　　　勲
印刷所　文唱堂印刷株式会社

〒160-8520　東京都新宿区南元町19
発　行　所　社団法人　金融財政事情研究会
　　　　　編集部　TEL 03(3355)2251　FAX 03(3357)7416
販　　　売　株式会社　きんざい
　　　　　販売受付　TEL 03(3358)2891　FAX 03(3358)0037
　　　　　URL http://www.kinzai.jp/

・本書の内容の一部あるいは全部を無断で複写・複製・転訳載すること、および磁気または光記録媒体、コンピュータネットワーク上等へ入力することは、法律で認められた場合を除き、著作者および出版社の権利の侵害となります。
・落丁・乱丁本はお取替えいたします。定価はカバーに表示してあります。

ISBN978-4-322-11878-0